新潟県立大学・権寧俊 編

歴史・文化からみる東アジア共同体

創土社

目次

はじめに　　　　　　　　　　　　　　　　　　権寧俊　　　　3

Ⅰ．地域統合から考える「東アジア共同体」

第1章　東アジアにおける人権保障機構創設の可能性
　　　　　　　　　　　　　　　　　　　　　堀江薫　　　　17
第2章　〈東アジア共同体〉の構築へ向けて　若月章　　　　59
第3章　東南アジア・沖縄から考えるアジア共同体
　　　　　　　　　　　　　　　　　　　　　木佐木哲朗　　79
第4章　地方からみた東アジア共同体－1990年代の「環日本海」から考える－
　　　　　　　　　　　　　　　　　　　　　櫛谷圭司　　　101

Ⅱ．「人的・文化的交流」の過去と現在

第5章　姓氏の発生と祖先意識及び神話伝説　金光林　　　121
第6章　抗日戦争期の中国・重慶市における人的交流
　　　　──韓国人（朝鮮人）と日本人を中心に
　　　　　　　　　　　　　　　　　　　　　内田知行　　　137
第7章　香港と東アジア共同体　　　　　　　谷垣真理子　　155
第8章　国際教育交流からみる東アジア共同体
　　　　　　　　　　　　　　　　　　　　　権寧俊　　　　181

Ⅲ．知識人からみた「東アジア共同体」

第9章　安重根と東洋平和論　　　　　　　　韓相禱　　　　221
第10章　李光洙の日本語小説「大東亜」―アジアの共同体のために－
　　　　　　　　　　　　　　　　　　　　　波田野節子　　241
第11章　戦間期の中国知識人が考えた「世界語」と国際連帯
　　　　　　　　　　　　　　　　　　　　　崔学松　　　　267
第12章　中国東北地域における農業開発と横山敏男
　　　　　　　　　　　　　　　　　　　　　朴敬玉　　　　293
第13章　遅子建『偽満洲国』からみる中国東北地方
　　　　　　　　　　　　　　　　　　　　　後藤岩奈　　　313

あとがき　　　　　　　　　　　　　　　　　権寧俊　　　　337
執筆者一覧　　　　　　　　　　　　　　　　　　　　　　　340

はじめに

1. 本書による「東アジア」地域の定義

「東アジア共同体」を検討するさいに、「東アジア」地域をどのように定義するか、が現在1つの争点となっている。「東アジア」地域という概念の内容を定めることは、かなり難しい。一般に、アジアは西アジア・東南アジア・中央アジア・南アジア・東アジア（北東アジア）等に区分されるが、その「アジア」の地域概念には依然として合意はほとんど存在しない。この地域を定義するさいには、言語・文化・宗教・政治体制などさまざまな枠組みにおうじた定義が可能であるが、それゆえに内実は多様である。

「東アジア共同体」構想は、はじめは東南アジア諸国から提唱された。2001年12月に開かれた第5回ASEAN（Association of Southeast Asian Nations：東南アジア諸国連合）＋3（日本、中国、韓国）の首脳会議」で「東アジア共同体」の創設に向けて政治・経済分野の地域協力を推進することが確認された。2005年12月に開催された第1回「東アジア・サミット」でも、欧州に倣った政治・経済統合を目指す「東アジア共同体」が議論されるようになった。これ以降、「東アジア共同体」における「東アジア」地域は「ASEAN＋3」の13カ国であるのか、あるいは「ASEAN＋6（さらにオーストラリア、ニュージーランド、インドを追加する）」の16カ国であるのか、が議論となった。近年の議論では、「ASEAN＋3」の理解が優勢になってはいるものの、その定義は未だに確定してはいない。

現在、「東アジア共同体」構想における地域の定義をみると、日本・中国・韓国に加えてASEANとオセアニア地域の2カ国、南アジア地域のインドまでを包含する。これらの地域は、歴史的にはアジア太平洋戦争の時代に「大東亜共栄圏」と呼ばれていた地域に重なる。当時の「大東亜」は、日本帝国の植民地だった朝鮮、台湾と日本本土・「満洲」・中国を中心にして、現在の

ベトナム・ラオス・カンボジア・ビルマ・タイ・マレーシア・フィリピン・インドネシアまでを勢力下に置いていた。最大の「版図」を誇った時期には、インド・オーストラリア・ニュージーランドの周縁地域までをカバーしていた。これは、現在の「ASEAN＋6」地域にほぼ重なる。

　しかし、これらの地域を包括して「東アジア共同体」の形成を議論することは、実際には難しい。本書では、「東アジア」の中心を日本・中国・韓国・台湾・香港等に定め、それらの地域の歴史と文化の視点から「東アジア共同体」について考えてみたい（ただし、第２章の「東アジア」が指す地域とは異なる）。

　多民族多文化社会を特質とするASEAN地域では、2015年をめどにASEAN経済共同体（ASEAN Economic Community；AEC）、政治・安全保障共同体（ASEAN Political-Security Community；APSC）、社会・文化共同体（ASEAN Socio-Cultural Community；ASCC）の３つの共同体から構成される「ASEAN共同体」の創設を目指した動きが加速化している。「東アジア」でも、これまで政治・経済の視点からの「東アジア共同体」議論は活発に進められてきた。この地域は漢字文化圏としてその価値や文化を歴史的に共有してきたにもかかわらず、相互の歴史認識の隔たりが依然として大きい。それゆえに、「東アジア」地域にかんする民族や言語・文化をめぐる多面的な考察はますます重要になってきている。

　本書は、そうした問題意識に基づいて「東アジア共同体」を歴史と文化の視点から検討し、歴史・文化の厚い壁をのりこえた「共同体」創出の可能性を模索してみたい。

2.「東アジア共同体」の形成をめぐる「東アジア」の現状と課題

　「東アジア」地域は、冷戦時代には東西両陣営対立の最前線であった。そこで、この地域の人々は国際的な政治的緊張を肌身に感じていた。1980年代後半に始まる冷戦の溶解によって、「東アジア」地域は平和と交流の地域になる

だろうという期待が高まった。それは、地域の振興を促進する希望ともつながっていた。1990年から95年にかけては、「東アジア」情勢は緊張緩和にむけた地殻変動が発生した。例え日本政府の歴史認識をめぐる対応についていえば、1990年7月に鹿島建設がアジア太平洋戦争末期に起きた秋田県花岡事件で中国人遺家族に謝罪した。同年8月、日本政府は戦時中の朝鮮人強制連行被害者名簿の調査結果を発表した。1992年1月、韓国政府は、日本に従軍慰安婦問題の真相究明と補償を求める方針を決定した。1993年8月、日本政府は、従軍慰安婦の強制性を認め謝罪する談話を発表した（河野談話）。同年8月、細川連立内閣（38年ぶりの非自民政権の成立）が成立し、細川首相はアジア諸国の戦争犠牲者・遺族に歴代首相として初めて「哀悼の意」を表明した。また、細川首相は同年11月、日韓首脳会談で日本の植民地支配を陳謝した。1994年6月、日本では、自民・社会・さきがけ3党連立の村山内閣が成立した。村山首相は同年8月、フィリピン大統領に従軍慰安婦問題で「おわびと反省」を表明した。同年12月には日本政府の連立与党が、「女性のためのアジア平和友好基金」設立を合意した。1995年5月、村山首相は中国を訪問し、過去の戦争について「深い反省の念」を表明した。同年8月には日本の侵略についての「歴史認識」を示す談話を行なった（「村山談話」）。

　中国と韓国を軸にした外交関係の転換についていえば、1992年8月、中国と韓国が国交を樹立した。「東アジア」における冷戦の溶解であった。同年9月、盧泰愚韓国大統領が中国を訪問した。

　中国はその他の周辺諸国との関係改善も進めた。1990年4月に李鵬首相が、ソ連を訪問した。同年5月には李登輝台湾総統が、中国と「対等の立場」で統一問題を交渉する用意があると表明した。1991年5月、江沢民中国共産党総書記がゴルバチョフソ連大統領と会談した（於モスクワ）。同年8月、ゴルバチョフソ連大統領がソ連共産党解散を提唱して、大きな衝撃を与えた。同年11月、中国とベトナムが関係正常化を宣言した（約20年ぶりの復交になった）。1992年4月、江沢民中国共産党総書記が日本を訪問した。さらに同年10月には、明仁天皇が初めて中国を訪問した。

韓国と中国以外の周辺国との関係改善も進んだ。1990年12月、盧泰愚韓国大統領がゴルバチョフソ連大統領と会談した（於モスクワ）。1991年12月、韓国と北朝鮮とが朝鮮半島の「非核化」に合意した。1991年12月には、ソ連の解体という世界史の大事件が発生した（ソ連は69年の歴史に幕を閉じた）。1992年8月、韓国とロシアが韓ロ基本関係条約を仮調印した（11月正式調印）。同年12月、韓国とベトナムが国交を樹立した。

　日本と北朝鮮との関係にも新しい動きがあった。1990年11月、日本と北朝鮮が関係正常化のための最初の政府間交渉予備会談を行なった（於北京）。1991年1月、日本と北朝鮮は、国交正常化のための第1回政府間交渉を進めた（於平壌）。

　以上のように、1990年代の前半は日本や韓国の国内政局に大きな変化が生れ、「東アジア」に暮らす人々にとっては、東アジア3国の外交関係の好転と「平和の接近」の予感が感じられる時代になった。

　アジアでは、1990年代初頭から地域協力の制度的枠組みをつくろうとする動きが進んだ。1997年7月のタイ・バーツの急落に端を発するアジア通貨危機以降、「東アジア共同体」の議論が国際的にひろがった。その中では、日本・中国・韓国を中心とする「東アジア経済圏」が、その経済的ポテンシャルの高さから世界経済の中軸の1つを担う地域として注目されることになった。「東北アジア共同体」や「東北アジア共同の家」という理念も提唱された。これらの現象は、東アジアを超え、アジア共同体に向けての地域交流を促進させる可能性と夢を持たせる要因となった。

　しかし、これまでのところ「東アジア」地域間の交流は当初の予想ほどには進んでいない。近代日本は、アジア太平洋戦争の敗戦までの時代、東アジア諸国にたいして植民地支配や侵略戦争を通じて多くの人的物的な被害を与えた。そして今日、日本と東アジア諸国とのあいだには、歴史認識問題・靖国神社参拝問題・領土問題・教科書問題・賠償補償問題などをめぐって激しい対立が継続している。とりわけ「従軍慰安婦」問題をはじめとする戦後処理問題は重大な未解決課題として日本と東アジア・ASEANとのあいだに横た

わっている。その結果として、ASEAN や「憲法をめざさない国家」としてのEU の「共同体」化は紆余曲折を経ながらも進行しているにもかかわらず、「東アジア共同体」の形成は遅遅として進んでいない。

2008年に初めて「日中韓サミット」が開かれた。これを契機として、「東アジア共同体」構想が提起され、日中韓の地域協力をめぐる議論が始まった。そして、経済連携、人的・文化的交流の拡大、地域・国際間における協力の深化などを中心とする「共同声明」が出された。2012年5月に中国北京で開かれた「日中韓サミット」では、「3国間の包括的な協力パートナーシップの強化に関する共同宣言」が出された。この宣言では、3国の国民間の相互理解、相互信頼、友好を効果的に強化し、「東アジア文化都市」事業を適切な時期に立ち上げ、2015年までに日中韓3国間の人的交流規模を2600万人にすることが目標に掲げられた。さらに、姉妹・友好都市交流や文化交流事業を拡大することが協議された。

2014年から「東アジア文化都市」事業が始まった。この交流事業では、毎年、日中韓各国から1都市を選定し、1年を通じて多彩な文化芸術イベント等を開催することになった。こうして、東アジア域内の相互理解・連帯感を形成し、東アジアにおける多様な文化の国際発信力を高めていくことが確認された。2014年11月30日の日中韓文化閣僚会合（於横浜市）では、2015年度「東アジア文化都市」の開催地として、青島市（中国）、清州市（韓国）、新潟市（日本）が選ばれた。このような交流事業は、東アジア域内の相互理解と「東アジア市民」意識の形成・涵養において大きな貢献をすると考えられる。

しかし、2012年5月の北京を最後に日中・日韓関係が悪化して、日中韓の首脳会談は開催できなくなった。2012年8月15日、中国の公民が尖閣諸島に上陸し、上陸した者が海上保安庁に逮捕されて強制送還された事件が発生した。これにたいする反応として、中国国内では反日デモが繰り広げられた。さらに、同年9月10日に日本政府が尖閣諸島を民間から買い上げ国有化することを閣議で決定すると、日中国交正常化以降で最大規模の反日デモが発生

した。日中関係は最悪の局面を呈した。安倍自民党公明党連立政権が発足すると、首相の歴史認識が中国や韓国を刺激した。以後、きちんとした形の日韓・日中首脳会談は実現していない。まさに異常の事態の継続である。2014年11月10日にアジア太平洋経済協力会議（APEC）が北京で開かれた。安倍首相と中国の習近平国家主席とのあいだで形ばかりの「首脳会談」（於人民大会堂）が開かれた。2年半ぶりであった。両首脳は、これまでの断絶で傷ついた経済関係改善に向けてともに一歩を踏み出す方針に合意したが、歴史認識や尖閣諸島をめぐる対立の構図は変わっていない。韓国の朴槿恵大統領も、同年11月13日、ミャンマーで開かれた「ASEAN＋3」会談で、「遠くない将来に3カ国の首脳会談が開催できことを希望する」と述べた。しかし、その際にも「慰安婦問題をめぐる日本の努力が必要である」という従来の立場を改めて強調していた。

　このように、異なった歴史記憶、歴史教育を有する東アジアの人々は、従軍慰安婦問題、靖国神社合祀問題、領土・領有権問題など、植民地統治やアジア太平洋戦争が残した負の遺産に翻弄され続けている。真に「東アジア共同体」を形成するには、地域内の「相互認識・相互理解」が不可欠である。しかし、いまだに東アジア諸国間では相互不信や敵対感覚が根強く存在している。それが「共同体」形成の大きな壁になっている。こうした相互不信や敵対感覚を解決しない限り、「東アジア共同体」の形成は「画餅」に終わるであろう。

　本書では、以上に指摘した課題を解決するためのヒントを提起したい。この地域内の過去と現在を見つめ、東アジア共同体をめぐる「人的・文化的交流」や東アジア知識人が果たした役割について考察を進めたい。そのために、国際関係、国際法、文化人類学、歴史学、文学、言語社会学、教育学、地理学、地域研究などさまざまな分野の研究者の協力を得た。

3. 本書の構成および内容

本書は3部に分かれる。

第1部の「地域統合から考える『東アジア共同体』」では、ASEANやEUとを比較しながら「東アジア共同体」構築に対する提案を論じる。すなわち、東アジア地域統合と東アジア共同体の形成にめぐって、理論と制度的諸問題を明らかにし、東アジア共同体をどう作るのかについての提示をしようとする。

第1章「東アジアにおける人権保障機構創設の可能性」（堀江薫）は、欧州連合（EU）のように地域内の人権保障のための人権保護条約と人権保障機構は作れるか。そのための各国の政治的意思は存在するか。実効的な履行確保制度は構築できるか。これらの問いについて考察を行なった論文である。東アジア地域の人権保障問題に関する様々な困難が伴う現状を勘案しつつ、その課題の提示をしようとするものである。

第2章「〈東アジア共同体〉の構築へ向けて」（若月章）では、東南アジア地域と北東アジア地域とをつなぐ構想としての「東アジア共同体」の歩みを、ASEANを中心とする東南アジアの地域統合、北東アジアの国際関係の経緯とその特徴、東アジアにおける新たな国際関係秩序の形成に向けた課題を考察し、さらに日中韓の対話と協力、そして東南アジア各国との連携を踏まえた東アジア共同体形成のための方途を論じている。

第3章「東南アジア・沖縄から考えるアジア共同体」（木佐木哲朗）では、東北アジア・南アジア・西南アジア・中央アジア・東南アジアの各社会を概観し、その中でアセアンを核に統合が比較的進んでいる東南アジアに注目して多様性に満ちている東南アジアの共通項や紐帯を探り、対等性を前提としたゆるやかな統合（共同体）を考察する。さらに、その東南アジアと東北アジアの結節点となる琉球・沖縄社会をヒントに東アジア共同体の可能性を模索している。

第4章「地方からみた東アジア共同体」（櫛谷圭司）は、1990年代前半の

新潟などの日本海側道府県において「環日本海ブーム」が行なわれた経緯とその特徴や背景を振り返って整理しながら、今後「東アジア共同体」形成の課題を提示した論文である。「環日本海」地域が特徴的な国際交流の歴史を有することや、海外と日本各地との結節点になること、さらに国境を越えたコミュニケーション・ネットワークの拠点となること、に注目し、地方に蓄積されている資産を生かし、さらに地方がそこから利益を得られるような「東アジア共同体」の構築を提案している。

　第2部の「『人的・文化的交流』の過去と現在」では、漢字文化圏という共通性をもつ東アジアの人々の過去と現在の「人的・文化的交流」を論じる。それを通して「東アジア共同体」形成への道を模索することを目指している。
　第5章「姓氏の発生と祖先意識及び神話伝説」（金光林）は、中国と中国周辺の異民族、ベトナム、朝鮮、日本を対象に、それぞれの姓氏の形成過程を分析し、その特徴を明らかにしながら、東アジアにおける姓氏の発生と祖先意識及び神話伝説との関連性について考察する。中国・朝鮮・日本・ベトナムは漢字を媒介とする共通の文化圏を形成し、中国の漢民族の姓氏が周辺の異民族に広く受け入れられている。中国の漢民族の姓氏を受容しながらも、周辺民族が独自のアイデンティティの保持に努力した、ということを明らかにする。
　第6章「抗日戦争期の中国・重慶市における人的交流」（内田知行）は、中国内陸の重慶市を戦時首都とした中国国民政府の抗日中国を対象として、韓国人（朝鮮人）と日本人がどのように活動し生活していたのかについての論考である。戦時首都・重慶市には、どのくらい日本人や韓国人がいたのか。重慶国民政府は彼らをどのように処遇したのか。彼らはどのような活動に従事していたのか。彼らの人数は、抗戦の推移とともにどのように変化したのか、ということを当時の資料に基づき明らかにしている。
　第7章「香港と東アジア共同体」（谷垣真理子）は、結節点としての機能に注目しながら、香港と東アジア共同体の関係について論じる。香港が仲介者

となり、日本の電化製品や、香港に集った映画人が作成した映画が越境していき、各地で受容されていった。こうしたモノや情報の伝播の背景には人的ネットワークが存在した。自由港というハードに加えて、人的ネットワークというソフトがあったからこそ、香港が結節点として機能しえたことを、明らかにしている。

第8章「国際教育交流からみる東アジア共同体」（権寧俊）は、「東アジア共同体」構想を具体化させるためには、東アジア地域内の国際教育交流と文化交流を活性化させて、相互意識と相互理解をもつ「東アジア市民」を形成していかなくてはならないが、その主役になるのは留学生である、と考える。その観点から、東アジアにおける留学生移動の実態と構造を検討して、東アジア共同体の形成のための「人的・文化的交流」のあり方をさぐる。留学生政策の位置づけと留学生の役割について考察しつつ、「東アジア共同体」の構築にとって大きな壁となる東アジア諸国間の相互不信感の要因を探り、その改善策を提起している。

第3部の「知識人からみた『東アジア共同体』」では、東アジア共同体に対して東アジア知識人たちはどのように認識し、どのように対応してきたのかを集中的に論じる。東アジア3カ国の知識人は何を共有し、自律的に何を構想したのかを把握しようとする。

第9章「安重根と東洋平和論」（韓相禱）は、安重根が伊藤博文を暗殺する目的とその経緯を考察し、彼が構想した東アジア平和はどのようなものであったのか、を「東洋平和論」を通して分析する。韓論文は、安重根は伊藤博文をはじめとする少数の日本帝国主義者たちが日本国天皇と日本国民を騙し、さらに日中韓3カ国の平和と共同繁栄を破壊しているので、東洋平和を守るために伊藤博文を狙撃したと強調する。また、「東洋平和論」は、現在、日中韓の3カ国間で行なっている歴史論争の中で、歴史認識の溝をどのように埋め、克服できるか、という問題への糸口を提供するものである、と考える。

第10章「李光洙の日本語小説『大東亜』」(波田野節子)は、李光洙の『大東亜』小説を通して、朝鮮の代表的な近代作家である李光洙が見た「大東亜共栄圏」構想について考察する。李光洙の『大東亜』は日本帝国が叫んでいた「大東亜戦争」の大義を具現し、「大東亜共栄圏」構想を日本人女性朱美と中国人男性于生の愛に形象化した恋愛小説であった。李はこの作品で「帝国」の歪んだ姿をありのままに映し出した。現在「大東亜共栄圏」に対する「記憶差」「忘却差」が存在し、それが日本といくつかの国とのあいだに軋轢をもたらす原因になっている。李光洙の『大東亜』は、この忘却に警鐘を鳴らすテキストである、と波田野論文は強調する。

第11章の「戦間期の中国知識人が考えた『世界語』と国際連帯」(崔学松)は、戦前を中心に高揚した東アジアの社会変革において国際連帯活動としてのエスペラント運動が果たした役割を考察する。とくに中国新文化運動とエスペラントをめぐる論争をとりあげ、その実態と意義を明らかにする。「東アジア共同体」の形成過程において、エスペラント運動は世界史的に、あるいはアジアにおいて地理的・空間的に国境を超える連帯を意味していた。さらに、ナショナルなアイデンティティの形成によって生み出された異文化・異民族に対する偏見を解消する活動になった。

第12章の「中国東北地域における農業開発と横山敏男」(朴敬玉)は、近代中国東北地域における稲作農業の歴史的背景や朝鮮人移民による新しい農耕文化の形成過程を検討する。横山は、昭和初期のプロレタリア文学運動の主要な理論家であり、「満洲水稲作」を研究した人物であった。横山は日本人の中国語学習の必要性を主張し、稲作における朝鮮人移民の果たした役割を強調した。本章では、農業技術の移転、国境を越えた人の移動という視角から中国東北地域における農業開発と「民族共同体」との関係を分析する。

第13章の「遅子建『偽満洲国』からみる中国東北地方」(後藤岩奈)は、黒龍江省出身である女性作家・遅子建の長編小説『偽満洲国』を通して、そこに描かれているもの、作者の執筆の動機、創作の方法などについて考察する。この作品には当時の中国東北部(旧満洲国)の様々な階層、職業、民族

の人々の生活やその境遇が描かれており、そこに作者の「生と死が一体となった人生観」、性と生、生と死の密接なつながり、生活者、庶民の視点、歴史的事実を踏まえた上での作者の逞しい想像力などが見られ、また黒龍江省出身の女性作家・蕭紅の作品と共通する所があり、作者自身の自己形成、成長の原点とも言える故郷での記憶、体験を整理し、また自分が身を置く環境全体の個々人の人生の総和として描かれている、としている。

　以上のように、本書は日本・中国・韓国を中心とする「東アジア地域」を、それらの地域の歴史と文化から、「地域の統合」「人的・文化的交流」「知識人からみた視点」にもとづく「東アジア共同体」の構想を描いている。各章は独立したモノグラフィーであり、興味のある章からお読みいただいてもよいが、全体を通読していただくための工夫をこらしている。互いに補完し合う面もあるので、できれば是非、通読することをお勧めしたい。本書が、今後の「東アジア共同体」研究にたいする問題提起になるならば、まことに幸いである。

2014年12月
権寧俊

I.
地域統合から考える
「東アジア共同体」

第1章
東アジアにおける人権保障機構創設の可能性

堀江 薫

はじめに

　グローバル化が進展する現在、人や資本や様々な物や情報が大規模かつ活発に国境を越えて移動している。しかし、人々の生活や考え方は様々であり、世界の国々の成立の背景や歴史、国内の文化、言語、宗教、政治経済体制、民族構成なども、独自かつ多様である。　時には、摩擦や衝突も生じうる。しかし、国際的な人権保障の歴史は短い。

　第2次世界大戦終結後も一国内または複数国間における紛争が多発し、近時の報道を見れば、紛争に関わったあるいは巻き込まれた多くの人々の多様な人権侵害が生じている[1]。紛争に際しては、ある国または地域の内部で軍や警察や武装勢力による大規模な人権侵害問題が生じた場合、ときには他国もしくは他の複数国が経済制裁を行ったり当該地域の人々の生命や権利を守るために人道的介入という形式で空爆・地上戦等の武力行使を行ったりすることもあり、その是非も含めて事態がより錯綜することもある。平和時に、民主的な社会の構築・維持、紛争の種をなくし軍事力の増大や暴走を防ぐ制度の構築、差別や言論抑圧や拷問・虐待などの人権問題をなくすための制度の構築、国内の人権保護水準の向上だけではなく国際的な人権保障のための政府間機構の創設と整備等が必要となる所以である。

　また、国際社会での人的交流活発化に関連する問題も種々の形で生じているが、その1つの例として世界的な感染症の大流行を挙げることができる。

Ⅰ．地域統合から考える「東アジア共同体」

直接的に人々の健康・生命に関わるほか、大流行を食い止めるために人々の国内移動や海外渡航を一定の地域で一定の期間制限することになれば、学校や官公庁や会社は閉鎖され、公共交通機関もストップし、外国との貿易の制限にもつながり、日常生活も経済活動も停滞することになる。こうした事態に対応するために、世界では世界保健機関（WHO）が創設されており、2014年3月以降アフリカを中心として流行しているエボラ出血熱[2]への対応でも情報提供も含めて機動的に活動しているが、シエラレオネでは3日間の外出禁止令が出される事態となった。必要以上の規制は社会経済の停滞を招くと同時に人々の自由や権利の制限につながるおそれがあるほか、感染症防止を名目とする権力者による反対勢力の抑圧・隔離等につながるおそれもあり、このような側面でも人権保護のための国際社会におけるルール作りと対応のための実効的な制度の整備および機構構築の必要性が理解されるところである。

現在では、国際的な人権問題がある場合には、種々の課題について協議が行われ、対応のために多数の個別の条約が作られ、必要に応じて常設のまたは臨時的な政府間国際機構が創設されるようになっている。普遍的国際機構（または世界的国際機構）としては、国際連合その他が存在し、地域的国際機構としては、ヨーロッパ連合その他が存在している。

一方、刻々と変化する社会経済情勢とともに新たな形態の人権侵害が生じてくることを想起すれば、いずれの時点においても人権保護の視点から世界各国の現状を見て十全であるということはできない。日本を含め、アジア各国においても同様である。

では、アジアにおいて、あるいはアジア地域内の一定地域、例えば、東アジアと呼ばれる地域において、各国内および地域内の人権保護水準の向上に資するような制度の構築は可能か、具体的には、何らかの人権保障機構が創設され、人権条約が採択され、人権保障のための実施システムを作る可能性はあるのか。

こうした問いについて、本章では、憲法学、国際法学、国際人権法学、国

際機構法学等が関わる法律学的見地から、地域限定や機構面に関するいくつかの課題を提示した上で若干の考察を行う。考察の方法としては、政府間国際機構の定義・条件に関して、複数の主権国家が創設するものであること、一定の共通の利益を増進する目的で創設されるものであること、設立条約に基づいて創設されるのが通例であること、活動を行うために加盟国とは独立した常設の機関を有するのが通例であること、などが挙げられることに鑑み、アジアまたは東アジアという一定の地域内において、複数の国家が地域内諸国における人権保護水準を向上させる目的および政治的意思を有して、実体的権利および機構整備のための規定を定める人権保護条約を採択し、人権の実施措置あるいは履行確保制度を構築できるか、について歴史的検討を行いつつ考察するものとする。また、その際、異質かつ多様な国家によって創設された普遍的国際機構である国際連合、および、異質性も多々存在するとはいうものの文化や歴史的伝統等に一定の同質性が見られるヨーロッパ地域内における人権保障のために創設されたヨーロッパ人権条約機構を比較対象として考察を行うことにする[3]。

1. 国際的人権保障のあり方
   －国際連合、ヨーロッパ人権条約機構を例にして

1）国際的人権保障と世界平和・民主主義との関連性、および国際連合創設の意義等に関する歴史的経緯の概観

　現在では、国際社会において生じる諸問題について対処するために、一方では世界の大多数の国々が加盟する国際連合等の普遍的国際機構が作られ、他方では一定地域内の問題について対応するためにヨーロッパ連合その他の地域的な国際機構が作られているが、独自性を有し多様な主権国家群からなる国際社会においてなぜ国際的な人権保障が必要なのかという問題においては、最初に国際的人権保障と平和および民主主義の関連性の視点から考察する必要がある。

Ⅰ．地域統合から考える「東アジア共同体」

　まず、第2次世界大戦中の 1941 年には、当時のアメリカ大統領フランクリン・ローズヴェルトとイギリス首相ウィンストン・チャーチルが会談し、大西洋憲章（1941 年 8 月 14 日の英米共同宣言）が調印された。大西洋憲章では、すべての国民が政府形態を選択する権利の尊重、恐怖および欠乏から解放されて生命を全うする平和の確立、一般的安全保障制度の確立までの武力の使用の放棄などが述べられた[4]。その後も 1945 年まで続いた第 2 次世界大戦は、人類が以前には経験したことがない大規模な戦争であり、世界中の人々に影響が生じた。国際連合教育科学文化機関憲章（ユネスコ憲章）の前文の一部が、「……ここに終わりを告げた恐るべき大戦争は、人間の尊厳・平等・相互の尊重という民主主義の原理を否認し、これらの原理の代わりに、無知と偏見を通じて人間と人種の不平等という教義をひろめることによって可能にされた戦争であった」と規定している通りである[5]。ここでは、人類の相互理解の重要性が述べられているが、他国・他民族の生活や文化や風習についての無知・無理解は日常の争いばかりか戦争にまでつながることを示している[6]。

　したがって、個人の尊厳や平等および人類的な相互理解が全体主義国を中心として踏みにじられ、国内での多数の人々に対する弾圧や人権侵害、他民族・他国に対する抑圧と侵略行為による困窮と悲惨さが世界中にもたらされたことへの強い反省に立脚し、戦後、国際協調によって平和を追求すると同時に、並行して世界的に人権や民主主義を保障していくことが重要であると強く認識されるようになった。また、その反省に基づいて、国際連合のような強力な世界的国際機構を作ろうという機運あるいは政治的な熱意も生まれたのである。

　ここで、国際的な平和の維持と人権保障の関連性および国際的な人権保障機構の創設の必要性について検討すれば、国内において平和でなければ人々は人権を十分に享受できない、逆に、人権がきちんと確保されていない社会は政治的対立勢力や民族的少数者や宗教的少数者などに対して差別や言論抑圧や拷問・虐待が行われやすい社会とも考えられ、そのことが地域の不安定

第1章　東アジアにおける人権保障機構創設の可能性

化あるいは国際社会の不安定化をもたらし世界平和を脅かす、という連関が想定できる。そして、この国際平和の維持と人権保障の関連性のために、一国内の人権保護水準の向上だけではなく、国際的な人権保障がきわめて重要な意義を持っていると考えられ、国際の平和を維持するために、同時に国際的な人権保護水準を向上させるために、国際連合その他の国際的機構の創設が必要と考えられるようになったのである[7]。

このことは、「……われら一生のうちに2度まで言語に絶する悲哀を人類に与えた戦争の惨害から将来の世代を救い、基本的人権と人間の尊厳及び価値と男女及び大小各国の同権とに関する信念をあらためて確認し…」と規定している国際連合憲章前文の一節、および、「……すべての人権および基本的自由の促進および保護は、国際連合の目的および原則、とくに国際協力の目的にしたがって、国際連合の優先的な目標とみなされなければならない」と規定した1993年の「ウィーン宣言及び行動計画」（世界人権会議で採択）第4項が、端的に示していると考えられる[8]。

現実には、国際連合創設後も、北大西洋条約機構（NATO）とワルシャワ条約機構という2つのブロックが対立した東西冷戦時代があり、また東西冷戦終結後も、戦争あるいは紛争が各地で起きていることは日々の報道で明らかである。しかし、人権の保障と平和とが関連性を有するという認識に立てば、上記の国際連合憲章前文や「ウィーン宣言及び行動計画」の表現に示されているような、世界各国の政治的意志ならびに国際連合の創設理由はきわめて重要な意義を持っていると考えられるのである。

2）国際連合における人権保障制度
（1）国際連合が目指す国際的な人権保障の方向性と関連諸機関

次に、国際連合における人権保障制度について考察を行う。

まず、国際連合憲章第1条では、「国際の平和及び安全を維持すること」、「人民の同権及び自決の原則の尊重に基礎をおく諸国間の友好関係を発展させること」、「人権及び基本的自由を尊重するように助長奨励することについ

て、国際協力を達成すること」などが国際連合の目的であると規定されている。国際連合が目指すべきは、まず平和の維持である。国際連合憲章前文では、「……寛容を実行し、かつ、善良な隣人として互いに平和に生活し、国際の平和及び安全を維持するためにわれらの力を合わせ、共同の利益の場合を除くほかは武力を用いないことを原則の受諾と方法の設定によって確保し」と規定され、紛争解決については原則として安全保障理事会が担当するシステムを採用している。民族紛争や内戦などに際しては、大規模な虐待・殺戮などの人権侵害が生じることもしばしば見られるところであり、このような場合には安全保障理事会が国際平和の観点から対応することになる。

次に、前文で、「一層大きな自由の中で社会的進歩と生活水準の向上とを促進すること」ならびに「すべての人民の経済的及び社会的発達を促進するために国際機構を用いること」が規定され、人権保障の必要性を最重要項目の1つとして掲げる国際連合では、国際連合憲章第13条第1項bにおいて、「経済的、社会的、文化的、教育及び保健的分野において国際協力を促進すること並びに人種、性、言語又は宗教による差別なくすべての者のために人権及び基本的自由を実現するよう援助すること」が規定され、これを受けて、例えば南アフリカ共和国のアパルトヘイト（人種隔離政策）に関しては1994年に廃止されるまでは毎年総会決議が行われていた。

また、「第9章　経済的及び社会的国際協力」が定められる一方、「第10章　経済社会理事会」が定められ、人権保障に関して、生活水準の向上や経済的社会的な発展まで視野に入れた経済社会理事会が設置された。経済社会理事会は、具体的には、貿易、輸送、工業化、経済開発などの経済問題と、人口、子ども、住宅、女性の権利、人種差別、麻薬、犯罪、社会福祉、青少年、人間環境、食糧などの社会問題を担当している。また、国際連合は、専門機関として、教育・科学・文化を通じた相互理解と協力のために国連教育科学文化機関を設置するなど、各種の国際機構の創設と整備を行なっている。

また、各種の人権問題に対処するために、2006年に、経済社会理事会の下部機関であった人権委員会を廃止して、国連総会の補助機関の1つとして国

際連合人権理事会を設置した。主な任務は、人権と基本的自由の保護・促進およびそのための加盟国への勧告、大規模かつ組織的な人権侵害を含む人権侵害状況への対処および勧告、人権分野における協議・技術協力・人権教育、各国の人権状況の普遍的定期的審査[9]などである。また、1993年に設立された国際連合人権高等弁務官事務所は、国際連合人権理事会と協力しながら、人権促進のための国際協力の推進と調整などを行っている。

(2) 国際連合が関連する国際的な人権の宣言的保障－世界人権宣言、国際人権規約、その他の主要な人権条約

では、国際連合は、国際社会における人権問題に関して、どのように対処しているのか。この問いを検討することは、アジア、もしくは東アジアにおける国際的な人権保障システムを作るときに何がまず必要か、ということを考察する上で有用である。

国際連合は、国際社会の人権保護水準の向上のために、まず、1946年に経済社会理事会決議で人権委員会を設立した。人権委員会は、1947年に、最初に法的拘束力はないものの人権の具体的な内容を明確にした宣言を作成すること、およびその後に人権に関する条約形式で締約国に義務づける規約と規約所定の人権の国際的保障を与えるための実施措置に分けて検討することを決定した上で、世界人権宣言を1948年に採択した[10]。

すでにこの段階で、国際的な人権保護のためには、締約国に人権保障を義務づける条約を作ること、および、世界的または一定地域での人権保護のための実効的な実施措置を含むシステムを創設すること、という2つの方向性、すなわち前者の人権の宣言的保障、後者の人権の手続き的保障という方向性が示されていたのである。

その後、法的拘束力を有する条約の作成のための努力が、1966年採択の国際人権規約自由権規約（市民的及び政治的権利に関する国際規約：B規約ともいう）および社会権規約（経済的、社会的及び文化的権利に関する国際規約：A規約ともいう）に結実した。

自由権規約に規定された実体的権利の主なものを挙げれば、生命権・死刑制度、拷問または非人道的な刑罰の禁止、奴隷および強制労働の禁止、身体の自由・逮捕抑留の適正手続き、外国人の恣意的追放の禁止、公正な裁判を受ける権利、私生活・名誉および信用の尊重保護、思想・良心および宗教の自由、表現の自由、戦争宣伝および憎悪唱道の禁止、児童の保護、参政権、法の前の平等、少数民族その他少数者の文化享有権・言語使用権等[11]などとなっている。また、社会権規約には、労働の権利、公正かつ良好な労働条件を享有する権利、社会保障についての権利、家族・母親・児童の保護、生活水準についての権利、健康を享受する権利、教育を受ける権利、文化的な生活に参加する権利・科学の進歩およびその利用による利益を享受する権利などが規定されている。

その後も、人種差別撤廃条約、女性差別撤廃条約、拷問等禁止条約、子どもの権利条約、障害者の権利に関する条約その他、多くの人権保護に関する個別条約が採択された。

世界各国の人権に関する考え方や人権保護に関する積極性は必ずしも一様ではなく、主要な人権条約を批准していない国も一部に存在するが[12]が、それでも、世界の大多数の国々が批准していることに鑑みれば、国際的な人権の宣言的保障は進展していると考えられるのである。

(3) 人権の手続き的保障－国際連合が関連する人権条約の実施措置（履行確保制度）等

一方、実体的権利を多数規定した人権条約を作っても、実施措置がない場合は、人権が実効的に保護される保証はない。そこで、国際的な人権の手続き的保障も重要となる。

例えば、国際人権規約自由権規約では、第28条以下に基づいて自由権規約委員会が実施措置の中心的役割を果たしており、①第40条に基づく国家報告書（政府報告書）の審査、②第41条（選択条項であり日本は未受諾）に基づく国家間通報の処理、③自由権規約第1選択議定書（市民的及び政治的権利

に関する国際規約の選択議定書：日本は未批准）に基づく個人通報の審査、という実施手続きが設けられている。

　国家報告書審査制度とは、国際人権規約その他主要な人権条約において、所定の人権について、各国が国内でどのように人権保護のための具体的現実的な取り組みを行っているのかを国際連合に報告させ、それを国際連合の内部機関が審査し、改善すべき点があれば勧告を行うという制度である。

　国際人権規約自由権規約については、第40条に基づいて自由権規約委員会が設けられているが、締約国政府が国内の規約内容実施状況を記載した国家報告書を国際連合の事務総長に提出し、それが自由権規約委員会に送付され、自由権規約委員会が審査し勧告書（最終見解あるいは総括所見）を公表するという実施状況監視制度が設けられている。

　一般に、どの国も、国家報告書では、自国内の人権保護は十分であり、制度も万全に機能していると書くのが通例である。日本も例外ではない。それに対して批判的な立場から見解を述べるのが人権保護のための非政府組織であり、日本の場合には日本弁護士連合会なども大きな役割を果たすことが多い。国家報告書を審査する自由権規約委員会も、審議検討を行った上で、締約国に対して改善するための勧告意見を出す。自国の長所・短所は内部からはわかりにくいため、このような第三者によるチェックシステムが有用なのである[13]。

　なお、近時設立された国際連合人権理事会の普遍的定期的審査制度は、「対象の普遍性およびすべての国についての平等な取り扱いを確保するようなやり方で、客観的かつ信頼できる情報に基づき、各国の人権義務および約束の履行」を定期的に審査する制度であるが、この手続きが「実際にどのように機能していくか。理事会の構成から見て政治性を完全に払拭することはありえないし、コンセンサスを得る過程では妥協も避けられないだろう。人権の普遍性と客観性を高めるために試行錯誤を繰り返しながら歩み始めたこの手続の今後の展開が注目される。また人権条約に基づく国家報告制度との相互関係も今後に残された課題となっている」[14]、と評されており、未知数の部分

が多い状況である。

　一方、個人通報制度について見ると、自由権規約選択議定書第1条は、「規約の締約国でありこの議定書の締約国となるものは、その管轄下にある個人であって規約に定めるいずれかの権利を当該締約国によって侵害されたと主張する者からの通報を、委員会が受理し、かつ、検討する権限を認める」と規定し、個人が国家によって人権を侵害された場合で、国内的救済を尽くしても十分な救済を得られなかったときは、その個人の通報に基づいて自由権規約委員会が審査し、締約国による自由権規約違反が存在すると認定した場合は被害者に対して実効的な救済を与える見解を作成し当該個人と関係締約国に送付することになっている。

　また、国際人権規約社会権規約でも、社会権規約第16条以下に基づいて国家報告制度と選択議定書に基づく個人通報制度を設けている。

　このほか、個別条約に基づいて、人種差別撤廃委員会、女性差別撤廃委員会、拷問禁止委員会、子どもの権利委員会などが設立されており、国家報告制度を設けているほか、人種差別撤廃条約、女性差別撤廃条約、拷問禁止条約には個人通報制度も設けられている。

　しかし、個人通報制度については、日本も批准していないように、当該制度を規定した条項を受諾したり選択議定書を批准したりする国は少ないのが現状であり、国際的な人権保障機構による個人の人権の保護に関してはなお多くの課題が残されている。

　他方、ある国の中で国家機関によって大規模な人権侵害が確実に行われている場合は、内政干渉となるような人道的介入名目での武力介入よりも、国際機関に通報して国際世論に訴えたり、個人または他国がその国を国際的な裁判所に被告国として引き出して人権侵害の事実を認めさせて改善を迫り履行監視機関が監視したりする方が平和的な解決につながるものと考えられる。そこで、ある国が大規模な人権侵害を行っている場合には他国が国際機構に通報できるというような、国際的な人権保障機構ないしシステムの創設が必要となる。そのため、前述のように、国際人権規約自由権規約では、他国の

自由権規約義務違反が存在する場合に、別の当事国が自由権規約委員会に通報できる国家通報制度を第41条に基づいて設けている。

ただし、国家通報制度は、自国が他の国の人権侵害を申し立てた場合、逆に同じことをされるおそれがあると考える国が多いために、これまで利用されたことはない。

この点、ヨーロッパにおける、ヨーロッパ人権条約とヨーロッパ人権裁判所を中心とするヨーロッパ人権条約機構では、個人申し立て制度は多数の人々に利用されているほか、数少ないとはいえ国家間争訟も行われており、参照に値すると考えられるのである。

3）ヨーロッパにおける人権保障制度
（1）ヨーロッパ域内の人権の地域的集団的保障機構－ヨーロッパ審議会を中心とするシステム

既述のように、第2次世界大戦は戦争が大規模な人権侵害の極致であることを世界中の人々に実感させ、国際連合憲章、世界人権宣言の採択につながったのであるが、ヨーロッパでは、域内の平和の実現を目指すヨーロッパ統合運動の一環として、人権の地域的集団的保障のために、ヨーロッパ審議会（欧州評議会ともいう）が創設されるとともに、ヨーロッパ人権条約（人権及び基本的自由の保護のための条約）が採択され、その後のヨーロッパ人権裁判所の創設に結実した。アジアとの比較において、ヨーロッパ人権条約は国際的な人権の宣言的保障に関して重要な意義を有するので、ここで考察を行う。

まず、ヨーロッパにおける人権保障の中核をなす地域的政府間国際機構が、ヨーロッパ審議会である。ヨーロッパ審議会規程[15]は、前文において、「……正義と国際協力とを基礎とする平和を追求することが人類の社会および文明の保存に欠くことのできないものであることを確認し、その人民の共通の遺産であり、かつ、すべての真正の民主主義の基礎をなす原則である個人の自由、政治的自由および法の支配の真の根元である精神および道徳の価値のた

めに献身することを再確認し、これらの理想の維持および一層の実現のためならびに経済的および社会的の進歩のためには、心を同じくするヨーロッパのすべての国の間の一層緊密な一致が必要であることを信じ」ると規定している。そして、同規程第1条においては、民主主義、人権保障、法の支配などの理想を実現し、加盟国間の一層大きな一致を達成することが目的であると規定されている。

このように、ヨーロッパ審議会の創設は、国際平和を脅かすような全体主義や独裁政治に対して民主主義を擁護・実現することがその当初の目的の1つであり、ヨーロッパ人権条約採択やヨーロッパ人権裁判所設立等の人権保障システムの整備はそのための手段だったのである。そして、東西冷戦後の急激な加盟国の増加により、人権の地域的集団的保障の必要性および重要性はヨーロッパのほぼすべての国々に共有されてきているとも考えられるのである。

現在は、人権条約署名国47カ国がヨーロッパ審議会の正式な加盟国である。加盟国は、第7条に基づいてヨーロッパ評議会から脱退することができる。実際に、後述のギリシア事件の際には、ギリシアは、きわめて厳しい国際世論にさらされたために、1969年12月に審議会から脱退した（ただし1974年の軍事政権崩壊後にヨーロッパ審議会に復帰した）。

このように、ヨーロッパ審議会加盟国は、民主主義の実現、法の支配の徹底、管轄内のすべての人々の人権の擁護などの目的を共有することになっているのである。また、これは、ヨーロッパ人権条約前文にも、「……同じような考え方をもち、また、政治的伝統、理想、自由及び法の支配の共通の遺産を有する欧州諸国」と述べられていることにも明らかである。

また、ヨーロッパ審議会のもとには、事務総長がおり、ほかに、ヨーロッパ人権裁判所、議員総会、閣僚委員会、および地域的民主主義の強化のための地方自治体会議があり、関連する機関として、ヨーロッパ拷問等禁止条約に基づくヨーロッパ拷問禁止委員会等がある。このうち、閣僚委員会は、ヨーロッパ審議会を代表して行動する機関かつ意思決定機関であり、加盟国

47カ国の外務大臣により構成され、毎年2回の定例会議と、必要に応じての特別会合ないし非公式会合が開催される。ヨーロッパ審議会の活動計画原案や審議会予算案原案は、少なくとも毎月1回開催される閣僚委員会副代表会議で決定される。閣僚委員会は、人権保障に関しては、後述するように、ヨーロッパ人権裁判所の判決の執行を監視する義務を有しており、重要な役割を果たしている。

　以上、ヨーロッパ審議会を中心とするヨーロッパ地域内の人権保障のための機構を概観したが、人権の地域的集団的保障機構の整備に関しては非常に進んだものとなっていると考えられるのである[16]。

(2) ヨーロッパ人権条約による人権の宣言的保障－実体規定

　次に、ヨーロッパ人権条約の実体的規定の検討を行う。まず、締約国の人権尊重義務を定めた第1条において、「締約国は、その管轄内にあるすべての者に対し、この条約の第1節に定める権利及び自由を保障する」と規定して、ヨーロッパ審議会の加盟国の国民だけではなく、ヨーロッパ域内にいるすべての人にこの条約の権利保障が及ぶことを示している。そして、そのうえで、実体的規定として、生命に対する権利、拷問または非人道的なもしくは品位を傷つける取り扱いまたは刑罰の禁止、奴隷および強制労働の禁止、身体の自由と安全に対する権利、公正な裁判を受ける権利、刑法の遡及適用の禁止、私生活および家族生活の尊重を受ける権利、住居および通信の尊重を受ける権利、思想、良心および信教の自由、表現の自由、集会および結社の自由、婚姻についての権利、差別の禁止などを規定している。これらの市民的・政治的権利は、多少の修正や変更はあるものの同時期につくられた世界人権宣言と同様のものである[17]。

　一方、ヨーロッパ人権条約に比べて、後に作られた国際人権規約自由権規約のほうがより詳細な権利規定を有している。それは、第2次世界大戦後間もなく採択された世界人権宣言やヨーロッパ人権条約と1966年に採択された国際人権規約との間に、各国内においても国際社会においてもさまざまな

Ⅰ. 地域統合から考える「東アジア共同体」

面で変動が生じたためであり、ヨーロッパ人権条約採択時は、実現可能な権利の保護のために権利規定が限定され、その後議定書により保護される権利が追加されることになったと考えられるのである。

　換言すれば、西欧諸国においても、人権の地域的保障の具体的内容をめぐって多くの点で考え方の相違が見られたが、当初は、どのような国も異議を唱えにくい内容、すなわち人身の自由を中心とする市民的・政治的権利に規定内容をしぼったことによって、各国が条約採択と人権裁判所等の機構設立に賛同するという方向性を取ったのであり、これはアジアもしくは東アジアにおいて人権条約をつくるうえでも参考になるものと考えられるのである。

　そして、当初は人権条約に定められていなかった世界人権宣言所定の規定を追加するために、また、国際人権規約自由権規約・社会権規約とその付属議定書の採択などに見られるような、国際社会の変化ならびに各国内の諸変化を背景とする国際的な人権の保障の進展に伴う実体的規定の増加拡大に対応して、議定書による追加が行われた。第1議定書で、財産権の保護、教育に対する権利、自由選挙に対する権利が、第4議定書で、債務不履行による拘禁の禁止、移動の自由、国民の追放の禁止と入国の権利、外国人の集団的追放の禁止が、第6議定書で死刑廃止、第7議定書で、外国人の追放に関する手続き的保障、刑事における上訴の権利、誤った有罪宣告に対する補償、一事不再理の権利、配偶者の平等、第12議定書で、差別の一般的禁止、第13議定書で、あらゆる状況の下での死刑の廃止および適用除外の禁止が規定され、市民的・政治的権利の拡充が行われている。

　なお、そのほか、社会権等に関しては、ヨーロッパ社会憲章が1965年に効力発生したが、その後、より詳細な内容の改正ヨーロッパ憲章が1999年効力発生となっており、ヨーロッパ拷問等禁止条約、ヨーロッパ民族的少数者枠組条約なども作られ、ヨーロッパにおける人権の宣言的保障は充実したものとなっているのである[18]。

(3) ヨーロッパ人権条約のもとでの実施システム－ヨーロッパ人権裁判所

における国家間争訟および個人申し立て制度

（A）ヨーロッパ人権条約のもとでの実施システムの歴史の概観

　ヨーロッパ人権条約およびそれに基づく人権保障機構が高評価を受けている理由は、人権保護のための履行確保システムが整備されているからである[19]。国際連合とその人権保護関連機構が用意している国家報告制度や個人通報制度と異なり、国家間争訟（国家申し立て）および個人による申し立ての制度が、ヨーロッパ人権裁判所という地域的集団的人権保障のための国際機構によって実効的に機能しているのである。

　歴史的経緯を簡単に考察すると、まず、1953年にヨーロッパ人権条約が効力発生した後、同条約に基づいて、最初にヨーロッパ人権委員会が設置され、国家間争訟だけでなく、1955年に個人の申し立て権を処理する権限をもつようになった。個人の申し立ては、所属締約国が管轄権を認めている場合にだけ行うことができた。このときはまだ人権裁判所は創設されていなかったが、次いで、ヨーロッパ人権裁判所の強制管轄権受諾宣言国が8カ国に達したことにより1959年にヨーロッパ人権裁判所が正式に発足した。

　当時の各機関の任務[20]を見ると、まず、ヨーロッパ人権委員会は、申し立ての受理決定や事実認定や条約違反が存在したか否かという本案についての意見作成などの司法的機能を行うと同時に、当事者間の友好的解決という調停促進のための準外交的役割をもつ多目的機関であり、人権保護のために大きな役割を担っていた。ただし、ヨーロッパ人権委員会の意見は、少なくとも法的には当事国を拘束するものではなかった。また、ヨーロッパ人権裁判所は、司法機関として機能したが、ヨーロッパ人権委員会レベルで友好的解決に達しなかった事件がヨーロッパ人権委員会または締約国によってヨーロッパ人権裁判所に付託された場合にその事件についての決定を行い、必要な場合には被害当事者に公正な満足を与える決定を行った。ヨーロッパ人権裁判所の決定は、法的には拘束力を有するものであったが、そもそも人権裁判所の強制管轄の受諾は各締約国に委ねられていた。閣僚委員会は、友好的解決に達しなかった事件が人権裁判所に付託されずに閣僚委員会に移送された

場合に、条約違反が存在したかどうかを決定することができた。このように、本来は政治的機関である閣僚委員会が、事件の本案を検討し、法的拘束力を有する最終的決定を行う権限を有しており、条約違反が存在すると認定したときは当事国に救済措置をとることを要求することができるほか、人権裁判所の判決の執行を監視する義務を有していた。政治的色彩の濃い国家間争訟の場合には、とくに閣僚委員会の関与が強く見られた。当時の各機関の役割を総合的に判断すれば、システム全体が純粋な司法的制度であるとまでは評価しにくいものであった。

その後、東西冷戦の終結とともに、1990年代に入って旧東側諸国がヨーロッパ審議会に加盟し、個人の申し立て件数も急増した。これを受けて、1994年に大規模な機構改革を行うためのヨーロッパ人権条約第11議定書が採択され、1998年に効力発生したことにより、常設で単一の新しいヨーロッパ人権裁判所が創設された。その結果、以前の制度の問題点であった、ヨーロッパ人権委員会とヨーロッパ人権裁判所との二元的システムの存在とそれに基づく手続きの重複、および政治的機関としての閣僚委員会の司法過程への関与、などによる弊害は解消することになったのである[21]。

以下では、基本的に1998年以降の新制度に基いて、国家間争訟と個人申し立て制度に関して考察を行うことにする。

(B) 国家間争訟

まず、国家間争訟について見ると、ヨーロッパ人権条約第33条で、「いずれの締約国も、他の締約国によるこの条約及びこの条約の議定書の規定の違反を裁判所に付託することができる」と規定されていることにより、例えば、ある締約国において国家機関によって政治的対立勢力などに対する大規模な人権侵害が発生している場合に、他の締約国がそれを国際関心事項としての観点から国家間申し立てを行い、ヨーロッパにおける公序としてその人権侵害を問題とすることができる。これは、国内問題不干渉原則に対する大きな修正ともいえるものである。

また、その際、申し立てを行う締約国は、申し立てられる締約国内で自国民が人権侵害を受けているか否かにまったくかかわらず、相手国の管轄下にあるすべての個人の人権侵害について申し立てを行うことができる。こうしたことは、国家間争訟が、ある国の管轄下にある人々の実効的な人権の保護に関して強力な補完手段となりうることを示しているほか、他国内の人権水準の向上に大きな役割を果たしうるとも考えられ、ひいては国際的な民主主義の維持や国際平和の確保にも重要な意義を有するのである。ただし、国家間争訟は高度の政治判断を伴うために、国際情勢を悪化させるような独裁者が出現したり軍部が独走したりする場合には地域内の平和と民主主義の維持との関連で用いられることも想定されるが、民主化が進展したヨーロッパにおいて多用されるとは考えにくいのであり、大別すれば現在までに9件しかない[22]。

具体的に見れば、内容上、①キプロスがイギリスの植民地であった時代のキプロス内部で虐待等の人権侵害状況が生じたことに関連してギリシアがイギリスを相手国として人権委員会に申し立てた1956年および1957年の2つの事件（Application No.176/56 and 299/57)、②南チロル地方のドイツ語を話す地域の少数民族の若い6人の謀殺の裁判に関連してオーストリアがイタリアを相手国として提起した1960年の事件（(Application No.788/60)、③1967年4月のギリシアの軍事クーデターに際して大規模な人権侵害が生じた状況に関連して、デンマーク、ノルウェー、スウェーデン、オランダが、ギリシアを相手国として提起したいわゆるギリシア事件（Application No.3321 to 3323/7 and 3344/67, Application No.4448/70)、④北アイルランドでテロが続発した際イギリスがテロリスト等に対して行政上の慣行として虐待を行った状況に関連してアイルランドがイギリスを相手国として提起した1971年および1972年のいわゆるアイルランド事件と呼ばれる2つの事件（Application No.5310/71 and 5451/72）、⑤1974年のトルコの干渉後のキプロスの状況に関連してキプロスがトルコを相手国として提起した1974年、1975年、1977年および1994年の4つの事件（Application No.6780/74, 6950/75 , 8007/77 and

25781/94）、⑥トルコの軍事体制下で生じている虐待等の状況に関連して、デンマーク、フランス、オランダ、ノルウェー、スウェーデンによって、トルコを相手国として提起された1982年の事件（Application No.9940/82 to 9944/82）、⑦デンマーク国籍の者がトルコにおいてテロリストとの関連を疑われて拘禁され虐待を受けたことに関してデンマークがトルコを相手国として提起し友好的解決に達した1997年の事件（Application No.34382/97）、⑧グルジア（国名は当該国の日本に対する要望でジョージアに変更される可能性がある）とロシアとの政治的緊張状態を背景にグルジア国籍の人々が逮捕・拘禁されたり国外退去を強制されたりしたことなどに関連してグルジアがロシアを相手として提起した2007年、2008年、2009年の3つの事件（Application No.13255/07,38263/08 and 61186/09）、⑨2014年3月にウクライナがロシアを相手国として提起した事件（Application No.20958/14：本章執筆時点では内容を参照できず）である。

　なお、国家間争訟を契機として、被告国が、国内法や行政慣行を改めることがある。判決によれば、アイルランド対イギリス事件では、イギリスが、取り調べ中の非人道的な行政上の慣行をやめる命令を発令し、デンマーク対トルコ事件では、トルコが、警察による拷問等の慣行をなくすための法令改正を行う一方、警察官の教育訓練等の制度改善を行うことにしたのである。

（C）個人申し立て制度

　次に、個人申し立て制度について検討を行う。

　ヨーロッパ人権条約第34条は、「裁判所は、この締約国の1つによる条約または議定書に定める権利の侵害の被害者であると主張する自然人、非政府団体、又は集団からの申し立てを受理することができる。締約国は、この権利の効果的な行使を決して妨げないことを約束する」と規定して、個人申し立て[23]について定めている。

　現行の個人申し立て手続きの流れ[24]は、以下の通りである。

　まず、個人申し立ては、通常、国内でのすべての国内的救済措置（訴訟手

続き等）が尽くされた後（国内的救済完了原則）で、国内での最終的な決定が行われた日から 6 カ月以内にヨーロッパ人権裁判所に申し立てを行う。そして、裁判所において、単独裁判官または委員会または小法廷により、申し立てが受理可能か否かに関する決定が行われる。受理可能か否かの基準は、明白に根拠不十分等である。受理可能と決定された場合は、委員会または小法廷または大法廷により本案に関する判決が行われる。なお、小法廷に係属する事件が条約または議定書の解釈に影響を与える重大な問題を提起する場合または小法廷における問題の解決が裁判所が以前に下した判決と一致しない結果をもたらす可能性がある場合等には、大法廷が判決を下す。裁判所が条約または議定書の違反を認定し、かつ関係締約国の国内法が部分的な賠償のみを認めるにとどまるときは、裁判所は、必要な場合には、被害当事者に正当な満足を与える。裁判所の最終判決は閣僚委員会に送付され、閣僚委員会が判決履行の監視を行う。

　この個人申し立て制度は、ヨーロッパ域内で、ヨーロッパ人権条約所定の人権の侵害を被ったと主張する個人が、国内において司法的救済手段を尽くしてもなお十分な満足を得られない場合に、ヨーロッパ人権裁判所に申し立てを行うことができるという制度であり、個人がある締約国政府に対する個人申し立て事件で勝訴した場合に賠償金がもらえる（換言すれば、ヨーロッパ人権裁判所が当事国による条約違反が存在したと認定した場合は、当該国家に賠償金の支払いを命じる）制度である。国内で有罪とされた事件について、ヨーロッパ人権裁判所で無罪の判断をしてもらうという制度ではない。

　すでに触れたように、東西冷戦終結後には、旧東側諸国がヨーロッパ審議会にも加盟するようになったため人権条約の締約国も増加し、人権裁判所が処理すべき事件数も急増した。これらを背景にして、1994 年機構改革のためのヨーロッパ人権条約第 11 議定書が採択され 1998 年に効力発生したのである[25]。

　個人申し立ての件数は、ヨーロッパ人権裁判所の Annual Report 2013 および Analysis of statistics 2013 によれば、2013 年度には、約 6 万 5900 件（形式

不備等により行政上除去された申し立てを除いたもの）が裁判所に割り当てられ、そのうち約4万5750件は不受理と宣言される見込みで、残り約2万150件が小法廷または委員会に割り当てられる事件と明定された。なお、形式不備等により行政上除去された事件を除いた裁判体（受理可能性の有無や総件名簿からの削除の可否を判断する機関で、単独裁判官、委員会、小法廷を指す）に割り当てられた申し立て件数は、2000年度1万500件、2004年度3万2500件、2008年度4万9700件、2012年度6万4900件であった。2013年度には、当該年度以前から未決案件となっていた申し立てを含め8万9373件の申し立てが、裁判体により不受理または総件名簿からの削除と決定された。受理可能性が認められ、実際に判決が言い渡されたのは、916件であった[26]。このように、個人申し立て制度は、ヨーロッパ地域内の膨大な人々に利用されていることが理解できるのである。

　個人申し立て事件の意義は、判決内容にも表れている。警察等の国家機関による取り扱いが拷問・虐待・非人道的な取り扱いに該当し人権条約に違反すると認定された事件や、各国内で裁判期間が長期にわたることは申立人の不利益になるので人権条約に違反すると認定された事件は多数にのぼり、各国内の法令や行政制度や裁判のあり方の短所の改善につながっている。ヨーロッパ人権裁判所の司法審査対象は広範囲にわたるもので、「この人権条約のもとでは、国家の責任は、当該国におけるすべての公的機関、すなわち立法部、政府の諸省庁、裁判所、警察、地方当局、および他の諸機関を含むすべての公的機関の諸行為に適用され」、「人権条約のもとでの訴訟手続きは、……立法的、行政的および司法的な政策のすべての領域をも審理の対象となしうるのである」とされている[27]。また、すでに判例の蓄積は膨大なものになっており、「欧州人権裁判所は、欧州人権条約を、国家を拘束する規範として解釈・適用し、その判例は欧州人権条約の公権的解釈、したがって同条約規定の法規を示す重要な根拠となる。のみならず、同判例は、類似の規定をもつ一般国際人権法や米州などの地域国際人権法の解釈指針として、他の地域裁判所や人権委員会、さらに国内の裁判所や人権委員会からも引用・援用

されている」とも述べられており、高く評価されているところである[28]。また、ヨーロッパ人権裁判所の人権保護の意志は強いもので、国内的救済完了原則でさえも免れる場合がある。すなわち、ヨーロッパ人権裁判所がはじめて国家機関による拷問の慣行を認定したアクソイ対トルコ事件（Application No.21987/93）において、裁判所は、国内手救済完了原則は「国内制度において、申し立てられた人権侵害に関して、利用可能な実効的救済が存在している、という仮定に基礎をおくもの」であり、救済措置は「必要な利用可能性と実効性に欠けるようなことがあってはならない」にもかかわらず、拷問を受けたとして検察官に申し立てたのに検察官は傷害の性質・程度・原因に関して何の調査も行わなかったため、「申立人が、国内の種々の法的経路を通じて利害を確保し満足を得ようとすることは望めないと信じるに至った」事情が存在したので、「申立人に関して、国内的救済を尽くす義務から免除される特別の諸事情が存在したと結論」したのである[29]。

4）小括－地域的人権保障機構創設の可能性についての
　　　　　　　　　　　いくつかの条件ないし基準

　以上、国際連合、およびヨーロッパ審議会・ヨーロッパ人権裁判所を中心とする国際的人権保障機構について、考察を行ってきた。
　まず、多様な国々が併存する、反面から見れば文化的社会的同質性共通性に欠ける国々によって構成される国際社会において、国際連合の創設当初には、世界中の人々に大きな被害をもたらした2度の世界大戦の反省に基づき、平和な国際社会を作ろうとする強い政治的意思が存在したことが理解できる。また、国際人権法学的・国際機構法学的視点から見れば、国際連合の中に、人権理事会だけではなく、国際連合総会、安全保障理事会、経済社会理事会その他の機構が創設されていて、一定の創設目的に沿って活動し、人権保護にも当該目的の範囲で関わりを有していること、国際人権規約や人種差別撤廃条約その他の人権条約が採択されて宣言的保障が進展していること、実施措置（履行監視制度）も自由権規約委員会その他各種の委員会がある程度有

効に機能していることも理解できる。ただし、それでもなお、紛争が続発する現状、各国内で人権侵害がなくならない状況に鑑みれば、機構面でも、実施措置の面でも、各国の人権保障の熱意の面でも、多くの課題が存在することも明らかとなった。

　一方、ヨーロッパ審議会規程前文やヨーロッパ人権条約前文に見られるように、ヨーロッパ諸国は、政治的伝統、理想、自由及び法の支配という共通の遺産を有しており、文化面その他の同質性も認められるところである。ヨーロッパ審議会加盟国は、民主主義の実現、法の支配の徹底、管轄内のすべての人々の人権の擁護などの目的を共有することになっている。よって、地域内、および各国内の人権保護水準向上のための、熱意ないし政治的意思も存在するといってよい。また、ヨーロッパ審議会を中心とする地域的集団的な人権保障関連の機関を中心に、人権条約その他の宣言的保障はかなりの程度進んでおり、また、ヨーロッパ人権裁判所に膨大な申し立てがもたらされているなど対応すべき課題は存在するが、逆の側面からは履行確保制度も充実したものになっていることも明らかになった。

　他方、アジアまたは東アジアにおける人権保障制度創設の可能性に立ち戻って検討すれば、これまでの考察により、国際的な人権保障システムを構築するためには、少なくとも、以下のような条件ないし基準が考えられる[30]。

　(A) 地域内に国際的人権保障機構を創設するための熱意あるいは政治的意思は現実に存在するか、文化的同質性その他の共通の基盤を認めることができるか、などの基準で考察することが可能であると考えられる。

　この場合、少なくとも、既存の国際機構が創設されている場合は、熱意とまではいえないにしても、一定の政治的意思は存在するのが通例であり、さらに人権保障機構を創設する政治的意思が存在するか否かということになる。また、人権保障機構創設に向けた政治的意思が各国にある場合には、もし文化的同質性等の条件が存在するときは、ヨーロッパ審議会・ヨーロッパ人権条約・ヨーロッパ人権裁判所を中心とするシステムと同様のシステムの創設が可能になるものと考えられ、アジアまたは東アジアにおける先例として検

討・考察を行うことができる。それに対して、文化的同質性等も存在しない、あるいは非常に微弱なものでしかないと考えられるときは、ヨーロッパ同様のシステムの創設は困難をきわめる。そこでは、戦争による甚大な被害の反省の下に平和の追求を中心目的として創設されている国際連合を中心としたシステムが1つのモデルとなり、検討・考察しうるものと考えられる。

（B-1）次に、一定の地域内で既存の国際機構が存在する場合には、当該国際機構設立条約の中に人権保障に関する規定が存在するときは、当該国際機構で協議して、人権保障条約を採択し、人権委員会や人権裁判所等の人権保護に特化した機関を設立することが可能である。よって、一定地域内に既存の国際機構が存在するか、当該機構設立条約は人権保障関連規程を有しているか、などの検討・考察が必要となる。

（B-2）一方、既存の国際機構が存在していても、その設立条約の中に人権保障に関する規定が存在しない場合は、設立条約に人権保障に関する規定を追加してから、その既存の国際機構で協議して、人権保障条約を採択し、人権委員会や人権裁判所等の人権保護に特化した機関を設立することが必要となるので、この面からの検討・考察が必要となる。

さらに、一定地域内で、既存の機構の設立条約において人権保障関連の規定が存在せず、地域的人権保障システム構築に適当な機構が存在しない場合には、（C-1）新たに人権保障のための規定を追加することにより既存の機構の任務拡充を行って、その機構が中心となって人権保護条約を採択し、人権委員会や人権裁判所等の人権保護に特化した機関を設立することが必要、（C-2）もしくは、当該地域内に人権保障を目的とする機構を新たに設立するための条約を採択することによって新機構を創設し、その機構が中心となって人権保護条約を採択し、人権委員会や人権裁判所等の人権保護に特化した機関を設立することが必要、となるのであり、この面から検討・考察を行う必要があることが理解できる。

これらの検討・考察に加えて、宣言的保障の面からは、人権条約で保障すべき実体規定に関して、自由権だけでなく社会権等も含む包括的な人権条約

の採択を目指すか、自由権中心の人権条約の採択を目指すか、自由権の中でも人身の自由などの（各国間で考え方の差異が少ない）市民的・政治的権利を中心にした実体規定に限定した人権条約の採択を目指すか、という問題についても、検討・考察する必要がある。

また、人権の手続き的保障の面からは、人権の実施措置あるいは履行確保制度の構築に関して、政府報告制度を採用するか、個人通報制度も採用するか、人権裁判所を設置して国家間争訟制度も採用するか、人権裁判所への個人申し立て制度を採用するか、などの問題について、検討・考察する必要があることになるのである。

2．アジアまたは東アジアにおける
　　　　国際的人権保障機構創立の可能性と課題
1）アジアにおける既存の地域的国際機構の歴史的概観
　　　　　　　　　　　　　　－西アジア、南アジア

以下では、アジアにおける人権保障機構創設について、まず既存の国際機構は存在するか、等について検討を行う。

まず、アジア地域の状況に詳しい国際人権法の碩学は、1987年に次のように述べている[31]。すなわち、「少なくとも現時点では、アジアに政府間の地域的人権保障機構が実現する可能性はあまり期待できないように思われる。結局、アジアにおいて地域的人権保障機構を考える場合、当面は、非政府間政府機構を構築することの方がより現実的と思われる」と。そして、その理由は、①アジア地域諸国は民族的・歴史的・文化的・宗教的に多様であり、②諸国間の政治的・経済的利害が複雑であり、③アジア地域には、欧州審議会・米州機構・アフリカ統一機構（現在のアフリカ連合の前身）のような一般的地域組織が存在せず、④各国政府は国内秩序安定・経済成長優先政策を採り、社会規範の形成と集団訓練を重視し、人権問題に関心を示さず、⑤超大国の直接的間接的干渉が国家の独裁的・権威主義的性格を助長し、⑥人権意識昂揚の担い手たるべき市民層が弱体で、社会的調和を個人的利益に優先させる

第 1 章　東アジアにおける人権保障機構創設の可能性

伝統的観念が強いからである、と。

　たしかに、第 2 次世界大戦以降の、国際連合における人権保障や、ヨーロッパ地域内におけるヨーロッパ審議会を中心とする人権保障の進展に比べ、アジアにおける人権保障機構創設の動きは遅い。

　では、既に述べた地域的人権保障機構創設についての条件ないし基準のうちの、(A) 地域内に国際的人権保障機構を創設するための熱意あるいは政治的意思は現実に存在するか、文化的同質性その他の共通の基盤を認めることができるか、という基準に照らして検討すれば、アジアにそのような政治的意思があるか否かが問題となる。

　ここで、第 2 次世界大戦以後のアジアを概観すると、地理的に広大であって交通・通信手段の発達をまたなければ国際協力自体が難しい状況にあったほか、明確には区分することが不可能ではあるものの、経済面では、資本主義体制、共産主義体制を採用する国々、発展途上の国々、一定の経済発展を遂げた国々が併存し、宗教面では、イスラム教、ヒンドゥー教、仏教、キリスト教その他が存在し、国家の成立過程も古くからの独立国もあれば植民地から解放された新興独立国も存在するなど、共通点を見いだすことも困難が伴う状況である。

　しかし、それでも、アジアにおける地域的国際機構であって常設の機関を有するものは存在している。1945 年にはアラブ連盟が創設され、1967 年には東南アジア諸国連合が創設され、1972 年にはイスラム諸国連合が創設され、1985 年には南アジア地域協力連合が創設されている。これらの機構の加盟国およびオブザーバー諸国を糾合すれば、全アジアをカバーする国際機構を創設することも理論上は不可能ではないと考えられるほどである。

　まず、中央アジア、西アジア、アフリカにかけての地域を見れば、パレスチナとイスラエルをめぐる長期にわたる紛争も要因の 1 つとして、以下のいくつかの国際機構が創設されている。

　エジプトのカイロに本部をおいているアラブ連盟のサイトによれば、同連盟は 1945 年に創設され、現在は 22 カ国（パレスチナも加盟国とされている）

によって構成され、アラブ人権委員会も設置されている[32]。

　また、アラブ石油輸出機構（OAPEC）は、加盟国間の石油産業の多様な形態の協力等を主な目的としており、10カ国からなり、本部はクウェートにおかれている[33]。

　イスラム協力機構（Organisation of Islamic Cooperation：OIC：常設の事務局はサウジアラビアのジッダに設置）のサイト About OIC によれば、同機構は、1972年に事務局が設置され、現在では57カ国の加盟国からなる、国際連合に次いで2番目に大きな国際機構である[34]。そして、OIC憲章前文では、加盟国の憲法・法律システムに合致する範囲で、人権および基本的自由、法の支配、民主主義等を促進することが定められ、憲章本文には常設委員会の設置も規定されている[35]。

　しかし、西アジアにおけるこれらの機構が「成立可能であったのは、それらの諸国は、東アジアにおける状況とは対照的に、まず、経済的立場が類似すること、また、宗教的、文化的にもイスラム教が中心となっており、政治体制としても、残念ながら多くは伝統的な非民主的体制を維持している点などが共通することによる」と述べられている[36]通り、中東地域の現実は厳しいものがある[37]。日本を含む東アジア諸国がこれらの機構に加盟する可能性はきわめて小さいものと考えられ、寡聞にして加盟に関する情報に接したことはない。これらの機構を母体として、アジア全体の、もしくは日本も加盟できるような、地域的人権保障機構を創設することは、当面難しいと考えられる。

　また、南アジアには、南アジア地域協力連合（South Asian Association for Regional Cooperation：略称SAARC：加盟国はインド、パキスタン、バングラデシュ、スリランカ、ネパール、ブータン、モルディブ、アフガニスタン：常設事務局はネパールのカトマンズに設置）がある。南アジア地域協力連合は、1985年採択のSAARC憲章第1条に規定されているように、南アジアの諸国民の福祉の増進と生活の質の向上、経済成長、社会的進歩、文化の発展の促進、相互協力を目的としている[38]。なお、外務省によれば、南アジア地

域協力連合は、「南アジアにおける比較的緩やかな地域協力の枠組み」であり、「我が国は、経済成長を続け、民主主義、自由、法の支配といった基本的価値観を共有する南アジアを重視」しているとされている[39]。しかし、SAARC憲章第10条第2項に、2国間事項および係争事項は審議対象としないものとすると規定されている裏面として、現実的には、インドとパキスタンとの紛争が続いていること、あるいは、スリランカやネパールで内戦が長く続いていたこと、アフガニスタンでは現在も政情が不安定なことなどからも明らかなように、決して民主主義や法の支配などの価値観が共有されているとは言えない状況にあると考えられる。日本も南アジア地域協力連合のオブザーバーになってはいるが、この機構を母体として、アジア全体の、もしくは日本も加盟できるような、地域的人権保障機構を創設することは、当面難しいと考えられるのである。

　かくして、以上の考察からは、西アジアおよび南アジアにおける上記の諸機構は、アジア域内の人権保障機構、もしくは日本も加盟しうる地域的人権保障機構創設の母体になりうる可能性は、現状ではきわめて小さいものと考えられる。このことに関しては、次のような記述も見られる。すなわち、「アジア、アフリカの人権状況は、相次ぐ内戦や政治的不安定のためにむしろ悪化し、人権条約の満足な履行が期待できない状況が続いている。文化的歴史的特殊性を強調して『西側的』人権を嫌う声も蔓延しているし、人権擁護の意思はあってもその能力を欠く国家も多い。グローバリゼーションは人権基準の世界的な普及をもたらすと同時に、国際的な貧富の格差を拡大し、貧困による人権状況の悪化を招いたともいわれている。テロリストグループや国際的な犯罪組織など、国家以外の団体による深刻な被害も拡大している。人権に対する考え方の違いは依然として大きく、特に、歴史、文化、宗教、政治経済制度において最も多様で、政治的経済的安定度も高くないアジアにおいては、地域的人権条約も人権機構も成立していない」[40]と。よって、アジア全体で人権保障機構を創設することができるか、という問いに対しては、上記条件ないし基準のAあるいはBの段階から先には進めず、具体的に人権

条約の内容および人権の実施システムを議論しうる段階にはないと考えざるをえない。

2）東アジアにおける既存の地域的国際機構の歴史的概観
　　　－東南アジア諸国連合を手がかりとして

では、残された検討地域である東アジアにおいて、日本も加盟できるような人権保障機構の創設の可能性はあるのか。

この課題について、東南アジア諸国連合（Association of South-East Asian Nations：略称は ASEAN：本部はインドネシアのジャカルタに設置）を検討することにする[41]。それは、第2次世界大戦後の地域的国際機構はまず軍事・防衛分野から始まり、続いて登場してきた地域的機構は経済分野における協力の緊密化あるいは経済統合を目指し、さらには、「次第に人権保障の枠組みとしての性格を強め、しかもそのための裁判所まで備える機構」が現れた[42]、という地域的国際機構の性質の変化に対応していると考えられるからである。

東南アジア諸国連合の歴史[43]を見ると、まず、1961年にタイ・フィリピン・マラヤ連邦の3カ国で東南アジア連合が結成され、ベトナム戦争を背景に地域協力の動きが活発化して、インドネシア・シンガポールを加えた5カ国が、1967年に設立宣言であるバンコク宣言を発表して東南アジア諸国連合を発足させた。設立された「当初北ベトナム等の共産諸国に対抗する意味もあった」[44]とされている。設立目的は、域内における経済成長、社会・文化的発展の促進、地域における政治・経済的安定の確保、域内諸問題の解決などである。また、加盟国は、バンコク宣言、ASEAN協和宣言、東南アジア友好協力条約（パリ条約（TAC））、東南アジア平和・自由・中立地帯（ZOPFAN）構想、東南アジア非核兵器地帯条約（SEANWFZ）、ASEAN中央事務局設立協定などの条約等に加入している。

その後、1980年代になると、首相・国防相・財務相を兼務する国王がいるブルネイが加盟し、1990年代には、共産党一党体制のベトナムが加盟し、1999年に10カ国（インドネシア、マレーシア、フィリピン、シンガポール、タ

イ、ブルネイ、ベトナム、ラオス、ミャンマー、カンボジア）の体制となった。

　21世紀に入って採択された東南アジア諸国連合憲章（2007年採択、2008年発効）[45]はその第3条に「政府間機構である東南アジア諸国連合は、ここに法人格を与えられる」と規定していることにより、その効力発生をもって、東南アジア諸国連合は「国際法上の地域的な国際機構になった」[46]のである。2011年のデータによれば、人口が6億人弱、域内GDP合計は2兆ドル強という、大規模なものになっている。

　東南アジア諸国連合憲章で機構創設目的を定めた規定である第1条は次のように規定している。

第1条（目的）東南アジア諸国連合の目的は、次のとおりである。
①地域における平和、安全及び安定を維持しかつ推進し、平和を志向する諸価値を一層強化すること。
②政治上、安全保障上、経済上及び社会文化上の協力を一層広範に推進することにより、地域の強靱さを高めること。
③東南アジアを、非核兵器地帯として、かつ他のすべての大量破壊兵器のないものとして保持すること。
④東南アジア諸国連合の諸人民と加盟国が、公正、民主的かつ調和的な環境の中で、世界全体と平和のうちに共存することを確保すること。
⑤貿易及び投資を効果的に促進するような安定的で、繁栄し、競争力が高く、経済的に統合された単一市場と生産拠点を創設すること。そこにおいては、物品、サービス及び投資の自由な流れ、実業家、専門家、技能者及び労働者の移動の促進、並びに、資本の自由な流れが実現される。
⑥相互の援助及び協力を通じて、東南アジア諸国連合内の貧困を軽減し、開発の格差を減らすこと。
⑦東南アジア諸国連合加盟国の権利及び責任を十分尊重しつつ、民主主義を強化し、良き統治及び法の支配を推進し、人権と基本的自由を促進し

Ⅰ．地域統合から考える「東アジア共同体」

　　かつ保護すること。（以下略）

　人権保障に関して注目すべき点は、上記第1条第7号であり、東南アジア諸国連合が人権保護を目的としていることである。そして、原則を定めた規定である第2条（i）において、「基本的自由の尊重、人権の促進および保護ならびに社会的正義の促進」と規定されている。また、同憲章第14条第1項において、「人権及び基本的自由の促進かつ保護に関するASEAN憲章の目的及び原則に合致して、ASEANは、ASEAN人権機構を創設するものとする」と規定されている。

　すでに述べたように、軍事・防衛から、経済へ、そして人権保障へと、地域的国際機構の目的は変化しつつあると考えられるのであるが、東南アジア諸国連合も同様なのであり、地域内の既存の国際機構の設立条約において人権保障関連規定を置いているか、という基準に関しては規定上は東南アジア諸国連合は充足しているのである。

　現実を見ると、政治面では、東アジア地域でも領土をめぐる紛争が多発し、決して国際協調が進展しているとは言い難い状況ではあるものの、人権保障の面では、東南アジア諸国連合では、すでに、2002年にASEAN女性と子供の権利委員会が設置されて第1回会合を開催して活動を開始していたのであるが、その後の東南アジア諸国連合憲章の効力発生を契機として人権保障制度の構築が進展し、2009年にはASEAN人権委員会（人権に関するASEAN政府間委員会）も創設されている。

　ブルネイ、マレーシア、ミャンマー、シンガポールは、2013年4月時点に至っても、国際人権規約自由権規約について署名も批准もしていない状況ではあるが[47]、「アセアンには（中略）国際的な人権の議論からは距離を置く、あるいは明確に一線を画す立場をとってきた国々が含まれている……そのアセアンに政府間人権委員会が存在するという事実は非常に興味深い」と評されるのである[48]。この点、ASEAN人権委員会の役割と課題について見れば、判決を出す司法機関ではないが助言し勧告を行う権限は保有していること、

ASEAN の全加盟国が批准している主要な国際的人権条約は子どもの権利条約と女性差別撤廃条約だけであるが ASEAN 人権委員会および ASEAN 諸国が適用すべき人権基準は普遍的人権基準であること、ASEAN 諸国から人権に関する情報を得て調査を行い年次報告等を行う権限を有すること、などが挙げられているところである[49]。

ただし、ASEAN 人権委員会が作成し 2012 年 11 月に開催された第 21 回 ASEAN 首脳会議で採択された ASEAN 人権宣言（ASEAN Human Rights Declaration）は、一般原則において、第 1 条で「全ての人民は、尊厳及び権利において自由かつ平等に生まれた」と規定して国際的な人権保護条約と同様の定めをした一方で、第 7 条 3 段で、「同時に、人権の実現は、異なる政治的、経済的、法的、社会的、文化的、歴史的及び宗教的背景を念頭に置きつつ、地域的及び国家的文脈において考慮しなければならない」と規定して、人権保護に消極的な姿勢を見せ、課題が多いことも示したのである[50]。

このような状況では、日本と中国と韓国の 3 カ国を加えた地域、すなわちいわゆる ASEAN ＋ 3 が軌道に乗ったとしても、どこかの国が相当程度主導的に人権保護の地域的国際的水準向上のための努力を行わなければ、地域的人権保障制度構築の面では容易には進展しないと考えられるのである。

以上に鑑みれば、東南アジア諸国連合および日本と中国と韓国を加えた地域でも、条件ないし基準 A または B の段階での課題はなお多い。ここでもその先には進めず、具体的に人権条約の内容および人権の実施システムを議論しうる段階にはないと考えざるをえない。

結びに代えて－アジアまたは東アジアにおける人権保障機構創設の課題と若干の私見

以上検討してきた内容に鑑みつつ、すでに第 1 節の 4）で提起した地域的人権保障機構創設の可能性についての課題を、異質な国々の集まりと考えられるアジアまたは東アジアという具体的な一定の地域における人権保障機構

創設の可能性という個別的な設問として検討するに当たって想起される課題のうちのいくつかを考察すれば、以下のようになる。

　①アジア全体での人権保障機構創設は可能か、を考察するうえで、まず検討すべきことは、アジアといっても地域によって多様性があるためにアジア全体で創設可能か、それともアジアの域内で（ヨーロッパ人権条約で規定されているような）共通の基礎が存在する地域を見いだすことは可能か、アジア内の一定地域、例えば、東アジアなどというように地域を限定する必要があるか、という課題であった。

　なお換言すれば、人権条約や人権保障機構設立条約を採択する基礎となる一定地域内での国際機構の存在または創設が前提となるが、全アジア諸国を包含する機構を今後創設できるのか、それとも、アジアにおける社会経済協力関連の既存の国際機構を基礎として創設を考えるのか、という課題であるとも言える。

　この点、第2節の1）で考察したように、アジア全体を包括する地域的機構は現在のところ存在せず、また、既存のイスラム協力機構、南アジア地域協力連合、日本も参加しうるASEAN＋3などの既存の地域的機構をすべて包含するような機構の創設のための熱意または政治的意思が各国で昂揚すれば、全アジアの包括的機構の創設も可能であろうが、日々報道されるところに鑑みれば、かなりの困難が予想される。

　そればかりか、少しずつ進展はしていると評価しうるものの、第2節の2）
で検討したように、より地域を限定して東アジア地域を対象に考察しても、上述の通り、日本と中国と韓国の3カ国を加えたASEAN＋3でも、日本ほかいずれかの国が強い政治的意欲を背景に相当程度主導的に努力しなければ、人権保障制度の構築にはかなりの困難があると考えられるのである。

　ただし、地域的国際機構が、軍事・防衛から、経済へ、さらに人権保障水準の向上へと動きつつあると考えられる潮流に鑑みれば、どれほど時間がかかるかは不分明であるものの地域内諸国の政治的意思が高まる時期も来るとも考えられる。

②次に、地域が限定された場合、当該地域、例えば、東アジア、あるいはASEAN＋3の域内諸国で、人権条約を採択することが必要となるが、条約に規定すべき共通の人権概念を共有できるか、当該地域でどのような人権が共通の人権と認められるか、が課題となる。地域的人権保障制度の構築を考える上で問題となるのは、まず、人権条約の採択が必要であり、同時に、人権保障機構設立条約の採択とそれに基づく人権保障機構の現実の創設が必要となるからである。

この点は、人権条約の比較のための1つの基準となる国際人権規約自由権規約の批准が、イスラム諸国でも、東アジアの一部の国々でも、未だ行われていない現状では、ヨーロッパ人権条約のような人身の自由を中心とする最小限の市民的・政治的権利を規定する人権条約の採択も、暗い見通しとならざるをえないと考えられる。

ただ、上述の趨勢次第では、近時のASEANの動向に見られるように、漸進的に展開することも考えられるところではある。

③また、当該地域において、実際に、人権保障機構設立条約を採択するとともに人権条約を採択し、それに基づいて人権の実施措置のためのシステムをつくることが必要となるが、加盟国が、自国内での人権保護が十分であるかを国際的な人権保障機構によって審査される、逆に見れば自国内での人権保護が不十分なことを国際的な人権保護機関によって審査されてしまうために、政治的に熱意を持って創設に向かって動くか、という現実的な課題がある。

より具体的に見ると、人権の実施措置システム構築における理論面を中心とする課題は、例えば、第1節の2)で国際連合の考察を行ったように、人権保護のための委員会を創設して国家報告書提出を義務づけそれを当該委員会が審査し一定の勧告を行う国家報告制度を中心とするか、その場合にもさらに一定の条件を満たしたときに国家により人権侵害を受けたと主張する者からの通報を受け付ける個人通報制度を導入することは可能か、などの課題が想定される。ほかにも、第1節の3)で考察したように、ヨーロッパ人権

裁判所のような実効的な人権裁判所の創設は可能か、その場合に、訴訟類型としてヨーロッパ人権裁判所と同様に国家間争訟のほかに個人申し立て権も認めるのか、認めたとして不当な法令や国家機関の行政行為による人権侵害の救済を中心とするのか、私人対私人の差別や債務不履行その他の人権侵害まで救済する制度とするか、などの課題も想定される。あるいは、国家賠償類似制度を導入するのか、それとも（刑事訴追をも可能とする制度の整備と国際的な刑事裁判所のような戦争犯罪人の訴追を行うことができる）国際的地域的刑事裁判所は作れるか、一国内で訴追された者の再審査を行う犯罪者処罰機関の創設は可能か、など課題は多数想定されるのである。

　組織論もしくは国際機構法学的見地からは、ヨーロッパ人権条約、ヨーロッパ審議会、ヨーロッパ人権裁判所が一体となって域内の人権保障を行うシステムと同様のシステムが創設可能であるとしても、主要言語を何にするか、裁判官をどう選出するか、意志決定をどのように行うか（多数決か全会一致かその他）、費用をどのように分担するか、その他も課題になるところである。

　この点も、①で検討したような、諸国家における熱意あるいは強い政治的意思が必要なところであり、課題は山積している。

　すでに検討したとおり、アジアにおける国際的な人権保障機構の創設の可能性には、悲観的な見方や消極的な見解もあるが、政府間の人権委員会が最近になって創設されたこと、実効的な活動が行われるのはこれからだと考えられることに鑑みれば、諸国の意欲は少しずつではあるが高まってきているとも考えることができる。また、決して同質的ではないさまざまな国家間において紛争が生じている状況こそが、地域内諸国のより一層安全で平和であることを希求する願望を強めるとすれば、東アジアにおいても、少なくとも国際連合型の人権保障システムの構築は可能であると思われる。ただし、この場合は、諸国から、国際連合の人権保障制度と東アジアの人権保障制度の2階建てとなり、屋上屋を架すだけであるとの批判は生じうる。それに対しては、ヨーロッパ人権条約機構の創設と運営においても当初は各国の消極的態度が存在したが長年の努力と蓄積の下で高評価される状況に至ったことを

例証して反論することも可能だと考えられる。

　以上、東アジアにおいて、地域内の平和を乱す、あるいは世界平和の妨げになるような国々が存在することは、平和と人権の関連性を考えれば、逆に、人権保障機構の創設の必要性が高いということも意味すること、および、十分に民主的な政治体制ではなく、政権側と対立する政治勢力の意見が封じ込められたり弾圧されたりする地域では、いっそう国際的な人権保障機構を作ることが必要だということにもなることに鑑みれば、困難な課題は山積しているものの、とくに、アジアおよび東アジアでは国際的な人権の手続き的保障が必要だと考えられるところである。

　追記）本章は、2013年度新潟県立大学講義科目「東アジア研究」の講義集『東アジア研究アジア共同体講座の講義集　2013年度』（講座代表者・権寧俊：非売品：2013年10月30日発行）に収載された、「第3回（2013年4月23日）東アジアにおける人権保障機構創設の可能性」と題する講義録（担当・堀江）を基礎として、大幅な加筆・修正等をおこなったものであることをお断りしておく。

注
1) 例えば、2014年2月末以降親ロシア派と反ロシア派の紛争が起こり、住民投票によってクリミア自治共和国がウクライナから独立を宣言し、それをロシアが承認するという事態が生じ、その後も緊迫した情勢が続いている。このことについて、日本は、2014年3月18日の外務大臣談話において、クリミア自治共和国における住民投票はウクライナ憲法に違反し法的効力はなく、結果を承認しないとの立場を表明した（http://www.mofa.go.jp/mofaj/press/danwa/page4_000409.html）。
（※筆者注＝以下、本章で参照したURLは特に断らない限り2014年10月31日現在である。）
2) エボラ出血熱は感染症予防法第6条で一類感染症と規定され、国立感染症研究所のサイトによれば、2014年10月23日現在の、ギニア、リベリア、シエラレオネにお

ける患者累積数 10114 名のうち、死亡者累計数は 4912 人に達している（http://www.forth.go.jp/topics/2014/10271545.html）。また、シエラレオネでは、感染拡大防止のため、2014 年 9 月 19 日から 3 日間外出が禁止された（CNN による：http://www.cnn.co.jp/world/35054104.html）。

3) 本章では、機構法学的視点を中心に考察を行うことにするため、アジア的人権や発展の権利等に関する主張に関する人権法学的視点からの考察は、後日の課題とするものである。また、ここで、本章においてアジアあるいは東アジアにおける地域的国際的人権保障機構の創設の可否を検討・考察する前提として、当該機構は日本を含む可能性があるものとしていることをお断りしておく。

また、国際機構に関して、国際連合のような「異質協調型国際機構」と、EU のような「同質協力型国際機構」に区分して考察を行っている先行研究として、渡部茂己「東アジア地域経済統合の動向と国際比較－地域的国際機構の類型としての異質協調型国際機構と同質協調型国際機構－」常磐国際紀要第 12 号（2008 年 3 月）179 頁以下参照。

4) 大西洋憲章は、『国際条約集 2014 年版』（有斐閣）852 頁参照。

5) ユネスコ憲章英語正文は以下のユネスコのサイトで参照可能である（http://portal.unesco.org/en/ev.php-URL_ID=15244&URL_DO=DO_TOPIC&URL_SECTION=201.html）。

6) 21 世紀研究会編『常識の世界地図』（文藝春秋 2001 年）は、偏見や差別にもつながるような食事や作法その他の違いを具体例に基づいて述べている。

7) 人権の国際的保障については、例えば、芹田健太郎・薬師寺公夫・坂元茂樹著『ブリッジブック　国際人権法』（信山社 2008 年）、畑博行・水上千之編『国際人権法概論 [第 4 版]』（有信堂 2006 年）、大沼保昭『国際法　はじめて学ぶ人のための』（東信堂 2012 年新訂版第 3 刷）、松井芳郎ほか『国際法 [第 5 版]』（有斐閣 2007 年）、小寺彰・岩沢雄司・森田章夫編『講義国際法 [第 2 版]』（有斐閣・第 2 版補訂版 2013 年）、柳原正治・森川幸一・兼原敦子編『プラクティス　国際法講義 [第 2 版]』（信山社 2013 年）など参照。

8) 国際連合憲章英語正文は、国際連合の以下のサイトから参照可能である（http://www.un.org/en/documents/charter/index.shtml）。「ウィーン宣言及び行動計画」も以下参照（URL：http://www.ohchr.org/EN/ABOUTUS/Pages/ViennaWC.aspx）。本章で以下に用いる国際連合憲章、国際人権規約、女性差別撤廃条約等の邦文は、前掲注 4・『国際条約集 2014 年版』、杉原高嶺編集代表『コンサイス条約集』（三省堂 2009 年）、および、外務省の「人権外交」のサイトにおける「主要人権条約」に列挙された条約による（http://www.mofa.go.jp/mofaj/gaiko/jinken.html）。

第 1 章　東アジアにおける人権保障機構創設の可能性

9) 国際連合人権理事会の普遍的・定期的レビュー、とくに日本の審査については、日本弁護士連合会のサイト「UPR（国連人権理事会の普遍的定期的審査）」から参照可能である（http://www.nichibenren.or.jp/activity/international/library/upr.html）。

10) 自由主義陣営と社会主義陣営の併存、人権概念に関する対立などの事情から、法的拘束力のない宣言にとどまったこの世界人権宣言についての記述は、前掲注 7・畑博行・水上千之編『国際人権法概論［第 4 版］』27 頁以下、および、高木八尺・末延三次・宮澤俊義編『人権宣言集』（岩波書店 1957 年）398 頁以下（高野雄一執筆）による。

11) 日本における少数民族問題としてはアイヌ民族の問題があり、1899 年「北海道旧土人保護法」（http://www.pref.hokkaido.lg.jp/ks/ass/sinpou4.htm）が戦後も廃止されないままでいた。しかし、1997 年のいわゆる二風谷ダム事件において、裁判所は、「アイヌ民族は、文化の独自性を保持した少数民族としてその文化を享有する権利を B 規約第 27 条で保障されているのであって、我が国は憲法 98 条 2 項の規定に照らしてこれを誠実に遵守する義務があるというべきである」と述べ、国にはアイヌ民族の文化や伝統に最大限配慮すべき義務があったのに軽視ないし無視し裁量権を逸脱する違法があったとの判決を下した（札幌地方裁判所判決平成 9 年 3 月 27 日：判例時報 1598 号 33 頁、また、常本照樹「先住民族と裁判…二風谷ダム判決の一考察（二風谷ダム判決について）」および岩沢雄司「二風谷ダム判決の国際法上の意義（二風谷ダム判決について）」・国際人権法学会『国際人権』（信山社 1998 年）51-55 頁・56-59 頁、桐山孝信「72　二風谷ダム事件」・松井芳郎編集代表『判例国際法［第 2 版］』（東信堂 2010 年第 2 版第 4 刷）298-300 頁など参照）。1997 年 5 月には、「アイヌ文化の振興並びにアイヌの伝統等に関する知識の普及及び啓発に関する法律」が制定され、さらに、2008 年 6 月 6 日には衆議院本会議および参議院本会議で全会一致でアイヌ民族が先住民族であるという決議が採択された。

12) 主要な国際的人権条約の締約国については、外務省の「締約国一覧」のサイト（http://www.mofa.go.jp/mofaj/gaiko/jinken/ichiran.html）から参照できる。アメリカ合衆国については、社会権規約を 1977 年に署名しているが批准しておらず、中華人民共和国については、自由権規約を 1998 年に署名しているが批准はしていない。

13) 国際人権規約自由権規約および社会権規約に基づく各政府報告の内容、ならびに自由権規約委員会の最終見解および社会権規約委員会の各最終見解は、以下参照（http://www.mofa.go.jp/mofaj/gaiko/jinken.html）。
また、「政府報告書に関する日弁連報告書」に関しては、以下参照（http://www.nichibenren.or.jp/activity/international/library/human_rights/liberty_report.html）。

53

14) 前掲注7・芹田健太郎・薬師寺公夫・坂元茂樹著『ブリッジブック　国際人権法』130-131頁による。
15) ヨーロッパ審議会規程は、ヨーロッパ審議会サイトから参照可能である（http://www.conventions.coe.int/Treaty/en/Treaties/Html/001.htm）。ヨーロッパ審議会の概要については、前掲注7・畑博行・水上千之編『国際際人権法概論［第4版］』247頁以下の「第14章　欧州における人権保障制度」（西谷元執筆）および271頁以下の「第16章　国際機関による人権保障制度」（西井正弘執筆）参照。また、ヨーロッパ人権条約やヨーロッパ人権裁判所判例全般については、戸波江二・北村泰三・建石真公子・小畑郁・江島晶子編『ヨーロッパ人権裁判所の判例』信山社2008年など参照。
16) ヨーロッパ人権条約と関連する機構に関しては、以前から、「注目に値する特徴はその成熟度である」（出典：Kevin Boyle, "Practice and Procedure on Individual Applications under the European Convention on Human Rights", p.133 in Hurst Hannum (ed.), Guide to International Human Rights Practice, Macmillan Press, London, 1984.）、「国際的なレベルでの人権の実効的な保障としては、今日、最も完成されたモデルを示している」（F. スュードル著・建石真公子訳『ヨーロッパ人権条約』有信堂1997年1頁）などと評されていたところである。また、前掲注7・大沼保昭『国際法　はじめて学ぶ人のための』344頁参照。
17) ヨーロッパ人権条約の規定と世界人権宣言および国際人権規約の規定とを比較した論稿として、See, Rosalyn Higgins, "The European Convention on Human Rights" pp. 495-503 in Theodor Meron (ed.), Human Rights in International Law Vol.II, Oxford, 1984.
18) ヨーロッパ社会憲章、改正ヨーロッパ社会憲章、ヨーロッパ拷問等禁止条約、ヨーロッパ民族的少数者枠組条約等の邦文での規定内容は、松井芳郎・薬師寺公夫・坂元茂樹・小畑郁・徳川信治編集『国際人権条約・宣言集［第3版］』（東信堂2005年）参照。また、ヨーロッパ社会憲章において保障されている権利の内容や実施措置に関しては、前掲注7・畑博行・水上千之編『国際際人権法概論［第4版］』260頁以下参照。

なお、ヨーロッパ連合基本権憲章は、リスボン条約第6条第1項1段により、ヨーロッパ連合条約およびヨーロッパ連合運営条約（ヨーロッパ連合の機能に関する条約）と同等の法的効力を有することになったが、一方で、ヨーロッパ連合基本権憲章自体の第52条第5項により直接効果を有するものではないことにつき、庄司克宏「EU基本権憲章の適用に関する議定書の解釈をめぐる序論的考察―イギリス、ポーランド、およびチェコ―」慶應法学第19号（2011.3）318頁参照。また、前掲注7・畑博行・水上千之編『国際際人権法概論［第4版］』265頁では、ヨーロッパ基本権

憲章について、「英国などの強力な反対で法的な拘束力を有さず、またその内容に関しても、自由権は別としても、社会権に関しては、多くの国の法律や欧州社会憲章、そして国際労働機関の条約と比べ、後退していると批判されている」と述べられている。本章ではこれ以上触れない。

19) 例えば、中谷和宏・植木俊哉・河野真理子・森田章夫・山本良著『国際法［第 2 版］』（有斐閣 2011 年）233 頁（山本良執筆）参照。

20) 前掲注 16・F. スュードル著・建石真公子訳『ヨーロッパ人権条約』60 頁・107 頁参照。See also, Kevin Boyle, supra note 19, pp.135-136.

21) この機構改革に至るまでの歴史的経緯については、ヨーロッパ人権裁判所 History of the Court's reforms のサイトにおいても簡単に触れられているところである（http://www.echr.coe.int/Pages/home.aspx?p=court/reform&c=#n13740528735578554841286_pointer）。機構改革については、隅野隆徳・堀江薫「ヨーロッパ人権裁判所の機構改革とその後の変動」専修法学論集第 84 号（2002 年）25 頁以下（堀江薫執筆）その他参照。また、ヨーロッパ人権裁判所の近時の状況は、前掲注 15・戸波江二・北村泰三・建石真公子・小畑郁・江島晶子編『ヨーロッパ人権裁判所の判例』2 頁以下の小畑郁「ヨーロッパ人権条約実施システムの歩みと展望」および 10 頁以下の小畑郁「ヨーロッパ人権裁判所の組織と手続」参照。See also, Alastair R.Mowbray, "The composition and operation of the new European Court of Human Rights", [1999] Public Law , pp.219. See also, Andrew Drzemczewski, "The European Human Rights Convention: Protocol No.11 - Entry into Force and First Year of Application", Human Rights Law Journal. Vol.21 No 1-3 [2000], p.2.

22) ヨーロッパ人権裁判所の Inter-State applications のサイトから参照可能である（http://www.echr.coe.int/Documents/InterStates_applications_ENG.pdf）。
なお、国家間争訟については、前掲注 7・畑博行・水上千之編『国際際人権法概論［第 4 版］』253-254 頁、隅野隆徳・堀江薫「ヨーロッパ人権裁判所における国家間争訟」専修法学論集第 83 号（2001 年）8 頁以下（堀江薫執筆）など参照。See also, Søren C.Prebensen, "Inter-State Complaints under Treaty Provisions-The Experience under the European Convention on Human Rights", Human Rights Law Journal Vol.20. No.12 ［1999］, pp.446-455.

23) 個人の申し立て権に関しては、当初は petition の用語であり請願と訳されていたが、現在は application に変更されていることにつき、前掲注 7・畑博行・水上千之編『国際人権法概論［第 4 版］』254 頁参照。

24) 個人申し立て手続きのフローチャートは、ヨーロッパ人権裁判所のサイト参照

（http://www.echr.coe.int/Documents/Case_processing_Court_ENG.pdf、および http://www.echr.coe.int/Documents/Case_processing_ENG.pdf）。手続きの流れについては、前掲注 15・戸波江二・北村泰三・建石真公子・小畑郁・江島晶子編『ヨーロッパ人権裁判所の判例』2 頁以下の小畑郁「ヨーロッパ人権裁判所の組織と手続」参照。

25）第 11 議定書による機構改革の目的や経緯の詳細については、小畑郁「ヨーロッパ人権条約体制の確立－人権裁判所の管轄権受諾宣言の取り扱いを中心に」・田畑茂二郎編『21 世紀の人権』（明石書店 1997 年）や、小畑郁（訳）「（資料）監督機構を再構成するヨーロッパ人権条約の改正議定書および説明報告書」金沢法学第 37 巻第 1 号（1995 年）、薬師寺公夫「人権条約の解釈・適用紛争と国際裁判－ヨーロッパ新人権裁判所への移行」・杉原高嶺編『小田滋先生古稀記念祝賀　紛争解決の国際法』（三省堂 1997 年）等参照。

また、最上敏樹『国際機構論［第 2 版］』（東京大学出版会 2006 年）209 頁では、「新制度のもとでは遂に、個人の申し立て権も出訴権も、国家に対する裁判管轄権も、一切の制限がなくなり、ヨーロッパの人権保障は超国家的に一元化されたのである」と述べられている。また、同書 213 頁では、「以上のように欧州審議会は、広範な条約網を形成することによって法的統合を実行すると同時に、世界でも稀な実効的人権保障装置を設けることにより、加盟国間の関係を＜人権保障共同体＞とでも呼びうるものに育て上げている。人権という分野に特化してはいるが、それに関する限りではかなり超国家的でもある」と述べられている。

26）ヨーロッパ人権裁判所 Annual Report 2013 は、以下から参照可能である（http://www.echr.coe.int/Documents/Annual_report_2013_ENG.pdf）。統計資料は以下参照（http://www.echr.coe.int/Documents/Stats_analysis_2013_ENG.pdf）。なお、1980 年以降の申し立て件数の増加の関連では、同 Annual Report 2001 参照（http://www.echr.coe.int/Documents/Annual_report_2001_ENG.pdf）。

27）A. W.Bradley "The United Kingdom before the Strasbourg Court 1975 - 1990", p.190 in Wilson Finnie, Christopher Himsworth and Neil Walker（ed.）, Edinburgh Essays in Public Law, Edinburgh university Press,1991.

28）前掲注 7・大沼保昭『国際法　はじめて学ぶ人のための』109 頁による。また、前掲注 15・戸波江二・北村泰三・建石真公子・小畑郁・江島晶子編『ヨーロッパ人権裁判所の判例』2 頁以下の江島晶子「ヨーロッパ人権裁判所の解釈の特徴」参照。

29）本判決は、ヨーロッパ人権裁判所判例検索サイト（HUDOC Search Page：http://hudoc.echr.coe.int/sites/eng/Pages/search.aspx#{"documentcollectionid2":["GRAND-CHAMBER","CHAMBER"]}）において、申立番号 21987/93 を入力することにより参

照可能である。訳出部分は、本判決のパラグラフ 51 － 57 である。
30）以下の地域的人権保障機構創設の可能性についての条件ないし基準設定私案に関しては、阿部浩己・今井直・藤本俊明『テキストブック　国際人権法［第 3 版］』（日本評論社 2009 年）264 頁を参考とした。
31）山崎公士・阿部浩己「アジアにおける人権保障機構の構想（1）（2）（3・完）」（1）は香川法学第 5 巻 3 号（1985 年）・（2）は香川法学第 6 巻 3 号（1986 年）・（3・完）は香川法学第 7 巻 1 号（1987 年）であり、引用部分は第 7 巻 1 号 30 － 31 頁による。
32）参照 URL：http://www.lasportal.org/wps/portal/las_en/home_page/。
33）参照 URL：http://www.oapecorg.org/Home。
34）参照 URL：http://www.oic-oci.org/oicv2/page/?p_id=52&p_ref=26&lan=en。
35）参照 URL：http://www.oic-oci.org/oicv2/page/?p_id=53&p_ref=27&lan=en。
36）渡部茂己「EU と東アジア地域における域内統合の比較分析－EU『改革条約（リスボン条約）』と日本 ASEAN 包括的経済連携『AJCEP』を踏まえて－」常磐国際紀要第 12 号（2008 年 3 月）29 頁。
37）2014 年には、中東において、シリアの内戦状態化、イスラエルとパレスチナ・ガザ地区の武装勢力ハマスとの紛争、イラク・シリア等で地域住民の脅威となっている「イスラム国」の出現などの状況も出来した。
38）SAARC 憲章は以下参照（http://www.saarc-sec.org/SAARC-Charter/5/）。
39）外務省における「南アジア地域協力連合」の記述は、以下のサイトから参照可能である（http://www.mofa.go.jp/mofaj/area/saarc/gaiyo.html）。
40）植木俊哉編『ブリッジブック　国際法［第 2 版］』信山社 2009 年 151 － 153 頁の「5　地域的人権保障と今後の展望－ヨーロッパとアジア」（尾崎久仁子執筆）。
41）東アジアでは、アジア太平洋経済協力（Asia-Pacific Economic Cooperation：APEC：常設の事務局をシンガポールに設置）も想起されるが、これは、アジア太平洋地域の 21 の国と地域（対話や中国香港など）が参加する経済協力の枠組みで、その性質上人権条約採択や人権保障機構創設につながる活動は見られない。経済産業省の以下のサイト参照（http://www.meti.go.jp/policy/trade_policy/apec/index.html）。
　また、東アジア共同体関連の文献としては、まず、東アジア共同体評議会『日本国際フォーラム叢書　東アジア共同体白書 2010　East Asian Community 東アジア共同体は可能か、必要か』（たちばな出版 2010 年）が挙げられるが、同書は、東アジア共同体を作る必要があるのか、作ることは適切なことなのかということから議論されている研究書である。また、進藤榮一・平川均編『東アジア共同体を設計する』（日本経済評論社 2006 年）、毛利和子編集代表によるシリーズ『東アジア共同体の構築』

Ⅰ．地域統合から考える「東アジア共同体」

　　（岩波書店 2007 年）の 3 刊本、そのうちとくに、山本武彦・天児慧編『東アジア共同体の構築 1　新たな地域形成』や、西川潤・平野健一郎編『東アジア協同他の構築 3　国際移動と社会変容』なども参照。

42）前掲注 25・最上敏樹『国際機構論［第 2 版］』214 － 220 頁による。

43）ASEAN の歴史の参照 URL：http://www.asean.org/asean/about-asean/history。また、加盟国の政治体制や内政については、外務省の各国・地域情勢での記述による（http://www.mofa.go.jp/mofaj/area/index.html）。本文で示す ASEAN 概要の統計データ等も同様である。また、国際機関日本アセアンセンター（東南アジア諸国連合貿易投資観光促進センター）の「ASEAN 参考資料」のサイトも参照した（http://www.asean.or.jp/ja/asean/know/base/outline.html）。

44）前掲注 36・渡部茂己「EU と東アジア地域における域内統合の比較分析－ EU『改革条約（リスボン条約）』と日本 ASEAN 包括的経済連携『AJCEP』を踏まえて－」29 頁。

45）1967 年東南アジア諸国連合宣言（バンコク宣言）については以下参照（http://www.asean.org/news/item/the-asean-declaration-bangkok-declaration）。また、東南アジア諸国連合憲章の規定内容は、東南アジア諸国連合事務局における同憲章サイト（http://www.asean.org/asean/asean-charter）参照。また、東南アジア諸国連合憲章の邦文は、前掲注 4・『国際条約集 2014 年版』参照。

46）勝間靖編『アジアの人権ガバナンス』（2011 年勁草書房）17 頁（勝間靖執筆）。

47）前掲注 12・（http://www.mofa.go.jp/mofaj/gaiko/jinken/ichiran.html）による。

48）三輪敦子「アセアン政府間人権委員会の可能性と課題－アジアにおける人権の普遍性の強化か、人権の『地域化』か」国際人権ひろば No.116（2014 年 07 月発行号）参照（http://www.hurights.or.jp/archives/newsletter/sectiion3/2014/07/post-249.html）。

49）ヴィティット・ムンタボーン「『アセアン政府間人権委員会』の役割と東北アジアにおける可能性」国際人権ひろば No.90（2010 年 03 月発行号）参照（http://www.hurights.or.jp/archives/newsletter/sectiion3/2010/03/post-95.html）。

50）この点に関しては、前掲注 48・三輪敦子「アセアン政府間人権委員会の可能性と課題－アジアにおける人権の普遍性の強化か、人権の『地域化』か」参照。なお、アセアン人権宣言（英文）は、以下において参照可能である（http://www.asean.org/news/asean-statement-communiques/item/asean-human-rights-declaration）。

第2章
〈東アジア共同体〉の構築へ向けて

若月 章

はじめに

　東アジアの平和と安定、そして繁栄と成長を維持発展させていくためには新しい地域秩序の構築が不可欠である。その際、〈東アジア共同体〉をいかに実現させていくかが大きな課題である。東アジアの国際関係を考察する際、まず留意すべきは、各国・各地域によって東アジアについての認識イメージが互いに相違している点であろう。また、社会科学分野では通常、東アジアを考察する際、東南アジアと北東アジアの2つに大別する場合が多い[1]。

　そこで、本章では東南アジア地域と北東アジア地域とをつなぐ構想としての〈東アジア共同体〉の歩みなどについて紹介し、次に先行事例としてのASEANを中心とする東南アジアの地域統合、そして北東アジアの国際関係の経緯とその特徴、更に東アジアにおける新たな国際関係秩序の形成に向けた課題を論じ、結びとして日中韓の対話と協力そして東南アジア各国との連携を踏まえた東アジア共同体形成のための方途を検討したい。

1. 東アジア共同体の検討における前提認識

1）「東アジア」という〈地域〉概念について

　まずは地域概念についてである。東アジア（East Asia）という地域概念を明確に規定することは極めて困難である。たとえば日本から見た東アジアや

Ⅰ．地域統合から考える「東アジア共同体」

東南アジア、中国や東南アジアから見た東アジア、更に地理的には遠方に位置するヨーロッパから見た東アジアなるもののイメージはずいぶん違っているであろう。東アジアに対する領域認識は認識の起点としての日本、中国、東南アジア、そしてヨーロッパの順に、狭い空間認識から次第に広い空間認識へと広がりを見せているように思われる。おそらくはヨーロッパから見た東アジアが最も茫漠としているのではないか。

東アジア地域とは一体何であろうか。狭義には日本、中国大陸、朝鮮半島、台湾、モンゴルを含む地域という風に捉えることができよう。近年、ロシアのシベリア極東部を積極的に組み入れて〈北東アジア〉いう場合も出てきた。比較的、北東アジアに暮らす日本人のイメージ認識もこの地理的範囲である。日本、日本海から見た朝鮮半島、中国大陸、ユーラシア大陸の東側ということである。

それでは中国から見るとどうであろうか。中国には伝統的に中華思想があり、中国を中心にしてあたかも波紋が広がっていくようにその周辺地域を含めて考える。その場合、東南アジアについては東アジアの中の周辺と認識される。

東南アジア諸国は東アジアをどのように認識しているのだろうか。最近の国際関係の上で積極的に進められているのが、2005年から始まった東アジアサミットである。当初、経済課題を中心とした主体的な意見交換の場として始まった。この首脳会議にはオーストラリア、ニュージーランド、インドが含まれる。さらに中国と日本を含んだ地域が東南アジア諸国にとって〈東アジア〉であり、その中核にインドシナ半島（Indochina peninsula）が位置する。Indochina peninsula という地名は、インドと中国からの様々な歴史的、文化的影響を受けてきた地域のイメージを端的に表しているのではなかろうか。

ヨーロッパから見ると〈東アジア〉とはどういったイメージであるのか。ヨーロッパと東アジアとの間には中東世界が位置する。アジアの南方にはインドやパキスタンなどの南アジアも視野に入る。そしてその向こうに東アジアがある。

2）東アジアとヨーロッパとの比較

　ヨーロッパと比較して、アジアの特徴として浮かび上がってくるのは地理的、民族的、言語的、宗教的などいろんな点で多様性に富んでいるということである。ヨーロッパとの大きな違いがそこにある。つまり、アジア共同体なるものを考えるにあたって、我々はヨーロッパと違う視点に立って取り組まなければならない。以下4つの視点を取り挙げたい。

　まず地理的視点から見てみよう。西ヨーロッパの地図を思い浮かべてほしい。中国の国土に西ヨーロッパ全体が入り、それでも余裕があるほどである。気候も当然多様性に富んでいる。たとえば、寒帯から熱帯まで垣間見せる気候帯はヨーロッパにはない。

　民族的視点から見るとどうか。東アジアでは、中国の少数民族だけでも55にも達する。東南アジアも含めてアジア各国のほとんどは多民族国家である。北東アジアも日本や朝鮮半島を除き同様のとらえ方が可能である。すなわち東アジア全体が国家という基本単位の中でとらえるならば、どの国家もほぼ多民族社会であると言っても過言ではない。

　次に言語的視点からとらえてみたい。東アジアには様々な言語、様々な文字表記が存在する。ミャンマー語、タイ語、マレー語、インドネシア語、ベトナム語の表記はそれぞれ異なっている。北東アジアでも韓国語、日本語、中国語の文字表記もこれまた厳密に言えば違っている。このような言語面での多様性はヨーロッパでは見られない。ヨーロッパは、ほぼアルファベットで統一されているといって差し支えない。

　宗教的視点からは次のような見方が可能であろう。まず世界の3大宗教あるキリスト教、イスラム教、仏教について言えば、ヨーロッパでは仏教は定着しなかった。おそらく影響力という点では、ユダヤ教の存在が大きい。ところが東アジアではユダヤ教も含め多様な宗教が受容されている。ユダヤ教に関しては、かつてスターリンに迫害されシベリア極東地域に強制的に移住させられたユダヤ人が新たなユダヤ社会を形成していることはあまり知られていない。宗教的多様性も東アジアでは確認できることがヨーロッパとの大

きな違いである。

3）〈東アジア共同体〉の形成とその牽引役

東アジアという地域概念が第2次世界大戦後、初めて正式に外交政策として打ち出された時期は、1990年12月のことである。提唱者はマレーシアのマハティールで、1981年から2003年までマレーシアの首相を務めた。その任期中に、「東アジア経済グループ」（略称 EAEG）構想を打ち出した。同時期マハティールが掲げた Look East 政策とともに、当時の東アジアとりわけ東南アジア地域では斬新な政策として受け止められた。それが今日東アジアで行われている様々な協議体に発展していく上での基礎になったと言っても過言ではない。

ただし、その後 EAEG は〈東アジア経済協議体〉（略称 EAEC）という呼称に修正された。その修正には理由があった。これは今日にもつながるものとなっている。

東アジアでなんらかの共同体を組織しようとすると、必ずぶつかる問題がある。それは、アメリカを共同体に入れるべきか否か、という判断である。当初の EAEG（東アジア経済グループ）の段階ではアメリカは入っていなかった。これに対して、アメリカはなぜアメリカを排除するのか、これは排他的経済ブロックに他ならないのではないかと、強い懸念を表明した。結局 EAEG は軌道修正と名称変更を余儀なくされた。

日本は EAEG の動きに係わることには非常に慎重であった。その理由の第1は対米関係を重視してアメリカに同調したためだが、それだけではない。戦前、「大東亜共栄圏」という日本独自の東アジア共同体的なビジョンを提唱した過去に原因がある。このビジョンについては、欧米列強からの植民地解放運動に一定の影響を与えたとの意見もあるが、結局東アジア内で受け入れられることはなかった。その負い目が戦後も残り続けたために、日本は長い間こうしたビジョンの発信を敢えて控えてきたというのが筆者の率直な見解である。

とは言え1990年代から東アジア共同体を目指す動きが活発になってきた。特に経済成長が著しい東南アジアは、今や人口6億人、世界で最も成長率の高い経済を享受するまでに至っている。

現在、東アジア共同体の形成に向けた牽引役は日中韓の北東アジアではなく、東南アジアのASEANとの見方が強い。事務局はインドネシアのジャカルタに設置されている。今日に至るまで様々なレベルの会議が頻繁に開催されている。もちろん北東アジアでも、日中、日韓の間の関係悪化が懸念される中であっても、日中韓の3カ国による環境相会議など各種の会議が毎年開催されているが、すべての国が集い、周辺部の国々もそこに参加していこうという気運は残念ながら北東アジアではなかなか芽生えない。頼みの6カ国協議も2008年の第6回会議を最後に頓挫している。反面、様々な分野にわたり東南アジアを中心にしてまとまっていこうという動きが急である。

2.〈東南アジア地域〉の国際関係
―東アジア地域統合への歩み―

まず東アジアの国際関係を概観する。東アジア共同体への歩みを念頭に置きながら確認していきたい。東アジア共同体ということで枠付けする際、すでに述べた通り、東南アジアと北東アジアとの2つに区分される。逆説的に言えば、この東アジア共同体はイメージ概念が非常に多岐にわたっている反面、アジア全体を架橋するのが東アジア共同体というものの本質だとも考えられよう。無論、こうした構想は夢物語に過ぎないという見方もあるが、しかし、そのような表現が出、そうした考えが生まれ、そしてその様な夢を現実に求め、一歩一歩着実に固めていくという姿勢が出てきているのも看過しえない。とりわけ東南アジアであり、東アジア地域協力の中核となるであろう国際地域統合体としてのASEANである。今、東アジア共同体だけでなく、世界各地で地域統合の動きが盛んである。その代表的な事例として今日ASEANに注目が集まっている[2]。

Ⅰ．地域統合から考える「東アジア共同体」

1）ASEAN の歩み

　ASEAN は現在インドネシア、マレーシア、フィリピン、シンガポール、タイ、ブルネイ、ベトナム、ラオス、ミャンマー、カンボジアの 10 カ国で構成されている。ASEAN の会合は毎回開催国を順次、変えて実施している。この平等主義も非常に興味深い点である。2012 年 ASEAN の関連会議がカンボジアのプノンペンで開催されたが、会議は難航し、なかなか合意点に達しなかった。その理由が次第に明らかになった。いわゆる中国ファクターであった。無論 ASEAN 各国の中国に対する見解も決して一枚岩ではない。援助を受け中国と比較的緊密な国々もあれば、南シナ海における領有権争い、具体的には領土問題や海域管理の問題で対立している国々もある。それが一堂に会して会議が開かれたのだが、結局共同コミュニケが発表されなかった。

　しかし、翌 13 年の 4 月下旬に、再度首脳会合を開催している。ようやくそこまで ASEAN の歩みが進展して来ていることが容易にわかる。つまり、「武力や威嚇によらない、国際法に基づく平和的解決への取り組み」[3] を確認する議長合意内容で、しかも中国も妥協の上で、宣言がなされた。対話を重視する ASEAN の成熟度の証左である。他方で北東アジアでは一向に対話が進展しない。

　ASEAN は 1967 年の発足時、加盟国はシンガポール、タイ、フィリピン、マレーシア、インドネシアのわずか 5 カ国のみであった。その後、ブルネイ、カンボジアも加わり、現在 ASEAN10 まで拡大している。

　ASEAN が結成された 1967 年頃を境にベトナム戦争が本格化してきた。1964 年トンキン湾事件を契機にアメリカがベトナム戦争に積極的にに関与するようになった。67 年にはアメリカの北爆が始まっている。ベトナム北部に向かう米軍機の主な発進基地は日本であった。B52 戦略爆撃機が日本の沖縄嘉手納基地から発進して行ったのは疑いない。その同時期に ASEAN が結成されたことは興味深い。

　ASEAN 発足の背景にはマレーシア成立をめぐる紛争やサバ問題など非植民地化や領域をめぐる紛争の回避のための対話の必要性もあった[4]。しかし

当初のASEANは親米かつ反共主義的な色彩が濃厚であった。75年ベトナム戦争が終結したが、翌76年2月に至るまで1度も首脳会議は開催されていない。この当時のＡＳＡＥＡＮはアメリカなど大国の思惑が相当に絡んだ国際地域組織にすぎず、主体的に動くことはなかった。また域内経済はまだうまくいっていない時期でもあった。

　ベトナム戦争終結後、東南アジア自体大きく変貌してきた。ASEANも政治中心の冷戦時代にありがちな機構の1つにすぎなかった性格から脱皮し、経済協力を中心とした国際組織に次第に性格を変えていく。ただ、ある時期までは具体的な経済協力にまではなかなか進まなかった。それは、この時期の加盟各国が農鉱業中心であったため、経済的な相互補完関係がうまい具合に進展しなかったという事情もあった。しかし、東南アジア各国は外資導入政策を打ち出し、輸出志向型の工業化に大きく踏み出していく。持てる資源を動員し、次第に経済成長を遂げていく。

　その先陣を切ったのは、ASEAN加盟国の中ではタイが挙げられよう。当時のチャチャイ首相がベトナム戦争の終結を受け、実際にはまだカンボジアなど域内に不安定要素を残しつつも、「戦場から市場へ」という象徴的な声明を発する。事実タイの経済成長が徐々に同国を軸にその周辺部にまで広がりつつあった。タイの南にはマレーシアが接し、さらにシンガポールが位置する。そこで経済発展がうまくかみ合い連動していく。今日、東南アジア地域は〈チャイナ・プラス・ワン〉として国際社会全体から関心が寄せられており、ミャンマーにまで熱い眼差しが向けられている。戦場から市場へ、それから現在は工場へと視線が変わる。製造工場が今後東南アジア地域に徐々に移る兆しがある。それに伴い、関税の引き下げを実行し、いわゆる国境を低くし、相互協力を増進させていくことが今後の狙いである。

　これまでもっぱらASEANの国々を主に取り上げたが、東アジアの中では韓国、台湾、香港、シンガポールがまず経済成長を遂げていった。その後に新NICSと言われるグループ、タイ、マレーシア、インドネシア等の国々が続いた。さらに最近はCLMVと呼ばれるグループが注目されている。Cはカ

ンボジア、Lはラオス、Mはミャンマー、Vはベトナムである。ミャンマーも含むインドシナ半島の国々もいよいよ経済成長のキャッチアップに舵を切った。

このインドシナ半島の内部では拡大メコン経済圏 GMS（Greater Mekong Sub-region）という枠組みが形成されつつある。核となるのは、中国のチベットと雲南省から発しインドシナ半島の中央部を流れる国際河川メコン川の流域である。この国際河川を中心にした周辺の国々が、国境を越えて様々な経済・文化の交流、資源の保全、環境保護などを協調して進めようとしている。このような動きが次第に大陸部東南アジア、とりわけインドシナ半島においても始まっている[5]。そして、その協調体制に中国とインドも加わり、各国の経済活動や経済関係が互いに相乗効果を発揮しながら進展してきている。

2）東アジア地域協力への発展

冷戦システムの終結に伴い90年代に入ってから、広義の東アジアではASEANを中核とした地域協力体が島嶼部・大陸部も含めた東南アジア地域で進展し、経済や安全保障に関わる問題等を協議する国際地域組織体として着実に機能してきている。ヨーロッパなど域外地域とも経済交流、信頼醸成関係などを順次広げる段階にまで交渉力を備えてきた。日本も参加しているアジア太平洋経済協力会議（APEC）とも積極的な関わりを強めている。1989年に発足したAPECはアメリカや中国など大国主義の会議の性格があるといわれるが、ASEANがアジア太平洋諸国との関係で経済を中心にその結節点としての役割を果たすようになってきたとの見方も可能である。1993年のASEAN外相会議ではASEAN地域フォーラム（ARF）と呼ばれる国際協議組織の創設を決定し、翌94年7月バンコクで第1回会合が開催された。同組織では改めて、ポスト冷戦時代の安全保障の問題について定期的に協議を行い、情報交換を進めてきている。

ここで特筆すべきはARFには北朝鮮が参加していることである。周知の通り北朝鮮はこうした地域協議体にはめったに参加しない。例えば、多国家

間協議体の性格を有する、いわゆる6カ国協議にかつて参加していたが、現在は一貫して消極的姿勢を貫いている。このARFへの北朝鮮の参加は各国が同国との対話の機会を作る上でも注目してよい。またモンゴル、パプアニューギニア等も加盟しており、構成国は現在実に23カ国に及ぶ。こうしたARF拡大の動きは東アジアの国際地域協力が次第に実を結び始めていることの例証である。たとえば1996年アジア欧州首脳会議（ASEM）がバンコクで開催された。同組織は東南アジアを中心に主としてヨーロッパとの地域協力を目指して誕生したものである。このように、東南アジア地域というのは様々な域外地域と連携を結び、力量を着実に示し始めてきている。確かに東アジアにはいまだに紛争を誘発するようなさまざまな問題を抱えている。とはいえARFは予防外交的機能、つまり紛争・摩擦を未然に抑制していこうという試みも取り組まれている。そして結局東南アジアのみならず、広義の東アジアの信頼醸成にも一定の寄与を果たしている。それでは今後どのような方向にASEANは進化しようとしているか。

　2003年6月ASEAN外相会議での中心的な議題は、ASEAN域内の貿易の自由化をさらに活発化させようとするテーマで、そのために明確な目標を掲げていくことになった。2020年をめどにＥＵをモデルにした東南アジア経済共同体（AEU：ASEAN Economy Union）の創設について合意した。
さらに東南アジア安全保障共同体（ASEAN Security Union）の設置についても議論中である。その根底には、経済と安全保障を同時に主要な議題とし、東アジア地域の平和と発展を東南アジアから定着化させていこうとのビジョンである。以上の通り日中韓の北東アジアと比べ、広く東アジア地域全体の中では東南アジア地域が今日、アジアの地域統合に向かって動いていることに留意したい。

3）東アジアの課題

　以下に東アジア全体の課題を整理する。領土問題、民族問題、宗教問題、人口問題、環境問題、歴史問題、そして近年は中国問題も大きな課題である。

まず領土問題に関しては東南アジアと北東アジアに分けてみたい。東南アジアの領土問題は何と言っても中国の動静が大きな鍵を握る。ベトナム、ラオス、ミャンマーは中国と国境を接しているが、中心舞台は南シナ海海域である。とりわけ中国との島嶼部の領有権争いが生じている南沙諸島問題（Spratly Islands Problem）と西沙諸島問題（Paracel Islands Problem）は深刻だ。ベトナムとフィリピンが中国といかにこれらの問題に対処していくかは東南アジアの国際関係における焦眉の懸案事項ともなっている。また、北東アジアでは日本が軸になっているとの見方ができよう。すなわち域内のロシア、中国、更に韓国との領土問題を抱え、各国のナショナリズムに連動するため、そう簡単に解決できぬ課題が存在する。

次に民族問題が挙げられる。国家間、そしてそれぞれの国内で民族問題を抱えている。例えばミャンマーでも隣国バングラディシュから越境するイスラムの少数民族と国境地帯の地域住民との間でしばしば軋轢を生んでおり、暴動も頻発している。中国も等しく抱える問題である。

かつての東アジアの人口問題といえば間違いなく人口増大を意味していた。しかし今は。人口増大の課題をなお抱えている国々ももちろんあるが、少子高齢化問題に比重を移しつつある。日本、韓国、中国もこれに漏れない。これからおそらくはシンガポールや東南アジアの国々でも等しく少子高齢化の問題に直面すると指摘されている。その面では課題の解決に当たっては今後日本の経験に負うところが大きい。

環境問題については、言うまでもなく越境汚染が深刻である。急激な東アジアの経済成長に伴って、国境を越えた大気、海域、その他様々な越境環境問題が前面に立ちはだかる。ここ数年、話題となっている中国各地におけるPM2.5問題は世界を驚かせた。東アジアの環境問題の取り組みには域内各国間の協調が不可欠である。

歴史問題は東アジア全体の中でも特に北東アジア地域に生起しており、未だ解決の糸口が見出されていないばかりか、始終平行線をたどり続けている。

最後の中国問題は北東アジア、東南アジアのいずれにおいても世界第2の

経済大国中国の台頭と関連する。中国は政治、経済、社会面など様々な分野でその存在感を示し始めてきた。同国との衝突を回避し、いかに良好な関係を構築するかが東アジア全体の問題である[6]。

3. 北東アジア地域の国際関係の経緯と特徴

次に、北東アジア地域の国際関係の流れと特徴を解説したい。

1）東南アジアと北東アジアとの国際関係の相違点

まず東南アジアと北東アジアの国際関係の決定的な相違点を確認したい。東南アジアの場合は、国際環境においては多国間関係（multi-lateralism）を中心に今日では、東アジア共同体の形成過程に伴う様々な交流、意見交換が一歩先んじて動き始めていることはすでに論じてきた。その象徴的存在がASEAN であった。他方、北東アジアの場合はひとえに2国間関係（bi-lateralism）を基本に戦後から今日までの国際環境が定位されている。しかも現在、その2国間関係こそが不安定要因となっている点で事態は一層深刻である。

2）北東アジアのたどった国際関係の経緯

次に、北東アジアの辿った国際関係の流れについて説明したい[7]。表1の通り、歴史を4つの国際秩序システムに区分すると、北東アジアはそのすべてのシステムを経験している。前近代時代のモデルは冊封体制である。その後東アジアは東南アジアから北東アジアに至るまで西洋列強のパワーゲームの渦の中に組み込まれていく。近代主権国家競合の時代は、ヨーロッパの列強が東アジア地域に進出し、その結果北東アジアもひたすら主権国家制度の構築を迫られていく。それに対応できなかった国々の多くは欧米列強の植民地化という憂き目に遭ってしまう。日本は当初は東アジア各地域と同じ状況におかれていたが、最終的には欧米列強と同じような外交活動を東アジアに

Ⅰ．地域統合から考える「東アジア共同体」

表1　北東アジア国際システムモデルの変遷

		モデル	中心	勢力（支配）領域	影響力行使（支配）の源泉	主たる国際アクター（行為体）	相互関係	その他のキーワード
前近代		冊封体制モデル（中華世界）	中華帝国	版図（波紋）	宗主権文化力	王朝国家（天下国家）	冊封関係の下での「主権」尊重	朝貢
近代主権国家の競合		形成競合モデル	日露競合	領土	軍事力	亜近代国家	軍事的（支配－従属）	国民国家近代化
		植民地モデル	日本	領土	軍事力	近代国家	軍事的（支配－従属）	大東亜共栄圏（五族協和・王道楽土）
		冷戦構造モデル	米ソ	領土	軍事力政治力経済力	イデオロギーを掲げる国家	軍事同盟下の「友好」と断絶・勢力均衡	冷戦
現代↓未来		北東アジア協生モデル	ナシ（地域・地方・拠点都市）	ナシ（地域協生認識）（参加）	ナシ（越境ネットワーク）	IGO・企業・地方自治体・国家・NGO・市民（個人）	協生［他者肯定・自者肯定］・対等	北東アジア交流圏東アジア共生圏

注：古厩忠夫編『東北アジア史の再発見－歴史像の共有を求めて－』（環日本海叢書3）有信堂、1994年、18頁の作図を加筆補正。

おいて展開する。日本の〈脱亜入欧〉である。

【前近代】
（1）冊封体制モデル期（中華世界）

　冊封体制モデル期という時代が北東アジアでは長期にわたり続いた。前近代とは、欧米の影響がまだ北東アジアに波及する前の時代をさすが、この時代は中国を中心にした国際環境が専らであり、これを冊封体制モデルと呼ぶ。一言でいえば、中国を中心にした東アジアの中華世界と規定される。その具体的な表れは朝貢交易システムである。皇帝が臣下に爵位などを授与するこ

とで形作る君臣関係を、国同士の関係に置換したシステムが冊封体制であり、中華帝国朝貢交易システムでもある。これは中華世界の中でその周辺国家の君主や為政者たちとの関係にも同様に適用したあり方である。そうした中国周辺各国の中で、日本の徳川幕藩体制の時代においては、沖縄は別として、完全な意味での冊封体制モデルに組み込まれようとはしなかった。基本的にはその当時の長崎を中心にした日本と中国の交易は、清の時代にはほぼ対等な外交関係によって推移したと言われている。もちろん日本は出島だけの限定的な対応であった。一方朝鮮半島の場合、歴代の政権は中国の王朝と朝貢関係を築き続けた。この時代の基本は、〈互いに干渉せず！〉ということにつきよう。中華世界は中国を基軸にし、このようなシステムが固く守られていたということだけは確かである。その場合、外交文書は漢字に依拠し、これを不可欠な要素としていた。すなわち共通の文書用語や公式外交用語は漢字表記を前提としていた。

　因みに北東アジア世界の共通指標としては以下の通りである。第1に共通の文字文化としての〈漢字〉である。今日、各国の中での漢字の使用頻度及び存在意味は大きく異なり、中国・台湾・韓国・日本での漢字の使用頻度や漢字表記に差異が生じているとはいえ、北東アジアでは広く漢字が文字コミュニケーションの中核をなす。第2に文化表現形式としての〈儒教〉である。生活、文化、人間同士の付き合い方、更に家族関係に始まり、社会や国家、地域の中の共同体のあり方を儒教が律してきた。儒教文化圏である。第3に政治統治制度としての〈律令制度〉も中国の影響下にあった地域々に広く行き渡った。もちろん、その取り入れ方は各国や地域によって濃淡はあった。最後は中国で翻訳整理された〈中国仏教（大乗仏教）〉がある。上座部仏教に対して大乗仏教が広く北東アジアで広範に普及した。

　以上のような中国文化の共通土壌を基盤として、中国を中心にした国際関係は長い間、近代以前には経済交易圏としての色合いを強めながら、清朝の末期まで継続する。その源泉は決して軍事力ではない。無論、様々な対立や紛争、軋轢が長い前近代の時代の中で実際には当然散見される。例えば朝鮮

Ⅰ．地域統合から考える「東アジア共同体」

半島の間で蒙古襲来や、他方日本からも文禄慶長の役で出兵したこともあったであろう。そうした歴史的事象が一時期はあっても、全般的には歴史学の立場から言えば、良好な関係を保持していたとの認識である[8]。実に平和であったと解釈されている。そこにおいては、中国の圧倒的な力の源泉は文化力であったとする。これが当時の東アジアの国際関係を象徴している。

【近代－近代主権国家の競合】

その後欧米列強の東アジア進出によって、北東アジア世界も一変する。近代主権国家の競合の時代を第2次世界大戦後も含め3つに区分する。形成競合モデル、植民地モデル、戦後の冷戦構造モデルがそれに該当する。

（2）形成競合モデル

北東アジア地域は同地域内の諸民族による近代国家形成のための角逐の場と化すことになる。この当時、東アジア地域はロシアと日本、中国、モンゴルの4カ国で構成されている。朝鮮半島は1910年の日韓併合により、日本による植民地化の影響下に置かれることとなる。韓国から見た場合、その後朝鮮半島の歴史は苦渋に満ちた日韓関係史になったという解釈が適切であろう。最終的には日本とロシアが日清戦争、日露戦争等を経ながらこの北東アジア（朝鮮半島・中国東北部）での衝突を辿る。さらに同モデル期の象徴的事象があろう。その対立の主舞台が対立の当事国家であったロシアでも、日本でもなく、その狭間にある朝鮮半島や中国の東北部がその角逐のメインステージになったという歴史的事実は今日に至るも複雑な相互認識を引きずり続ける。

（3）植民地モデル

その後北東アジアの国際関係は日本を主軸にして動いていく。これが植民地モデル期である。影響力行使の源泉は依然として軍事力であった。近代国家がほぼ同地域で領土拡張を通じて形成されていったということである。1935年の流行語は「生命線」、「満蒙は我が国の生命線」、「日本海の湖水化」、

「五族協和」、「大東亜共栄圏」であった。五族協和とは、日本民族、満洲族、朝鮮民族、蒙古族、漢民族の5つの民族が該当する。しかし、植民地モデルの基本的実態は軍事力による力の支配そのものであり、力に依拠する統治であった。日本の植民統治が本格化していく中で、その後周辺部で満洲国が樹立された。中国では〈偽満洲国〉と形容される。

（４）冷戦構造モデル

　日本が敗北し、日本の植民地システムの崩壊により、東アジア、とりわけ北東アジア地域においては平和が到来するものと多くの期待がもたれた。しかし戦後の冷戦は引き続きこの地域を陰鬱な空気で包み込み、北東アジア地域は対立と緊張のフロントラインとなってしまった。台湾海峡の対立や朝鮮戦争が勃発する。いわゆる〈アジア冷戦〉と形容される由縁である。また東西陣営ともに北東アジアにおいては２国間関係が外交関係の基調としていたと言っても過言ではない。

　冷戦構造モデルの北東アジア地域の最大の特徴は３つのキーワードに分けられる。遮断化（遮断性）、軍事戦略拠点、原料供給基地化である。

　遮断化とは何か。文字通り、日本海、そして一部朝鮮半島の38度線という陸域を通り、さらに東シナ海の台湾海峡に至るまでが遮断の現場になったということである。また、ヨーロッパの鉄のカーテンに対して、東アジアは海域が多かったために〈霧のカーテン〉と呼ぶことができるかもしれない。

　次に軍事戦略拠点としての位置づけである。戦後の冷戦構造の中で北東アジア地域は世界で最も核兵器の使用が検討され、かつ実行されていった地域である。広島、長崎はもちろん朝鮮戦争に際しても、マッカーサーが核兵器の使用を検討した言われる。中国義勇軍が怒涛のように鴨緑江を越えて流れ込んできたとき、中朝国境に原爆を投下すれば一遍にそれが阻止できるとの判断からだ。冷戦の後半においても、中ソ国境紛争時に武力衝突が勃発したが、そこでもソ連側が原爆投下の選択も考えたことがあったといわれている。その情報をアメリカが中国にリークし、そのことが契機となって、米中の和

解につながったと言われる。冷戦下において間違いなく対立の現場がそこにはあった。

　第3には原料供給基地化が促進されていく。特に中国の東北部、ソ連のシベリア極東部、日本海側で顕著である。冷戦期、どの国々においても強力な中央集権の体制保持により、特に北東アジアの一部は周辺化・辺境化され、国土の不均衡発展が課題となっている。

【現代→未来】
（5）北東アジア協生モデル

　1990年代にようやく冷戦構造が崩壊する。表1の通り、これが現代から未来につながるモデルであるが、新しい希望的な北東アジアのモデル、更には広く東南アジアも含む東アジア全域にわたるモデル展開である。「協生の世界」と形容する。中心（覇権）の論理からの脱皮を目指す考えである。国家のみでなく、多様な非国際アクターが参加する越境ネットワークを積極的に求め、相互理解や信頼醸成を図っていく交流の新たなあり方である[9]。これから国際関係の在り方を見るときに、その着想を〈東アジア共同体〉の一部に反映させていくべきであると筆者は強く期待したい。

おわりに

　最後に「東アジア」における"新"国際関係秩序の形成に向けた課題を3つほど指摘したい。

　第1に明らかに東アジア（この場合、東南アジアと北東アジアも含めた広い意味での東アジア）は政治体制、宗教、民族、文化などが多様で、各国ともに固有の国内・対外課題を抱えている。全体として経済成長が顕著であるとは言え、各国間の経済格差もさることながら特に北東アジアで国家間の緊張度が依然高い点は憂慮すべきである。これが東アジア全体についての課題である。これがどのように東アジア共同体の形成に対して影響を及ぼすので

あろうか。

　第2の課題は、北東アジアと東南アジアに分けて考えてみたい。特に北東アジア地域の各国は国土の大きさや人口、政治体制、民族、宗教、経済基盤などの諸点において極めて多様であり、その結果国家間関係に不安定な要素の残り、話し合いによる協調関係の構築にはなお相当の年月を要する。たとえば、朴槿恵韓国大統領はアメリカに出向き、オバマ大統領と対話するに際して提起した独自の外交理念が「東北アジア平和協力構想」というものであった。それをアメリカに説いているが、中国と北朝鮮など域内各国も等しく関心を寄せなければ意味がない。同大統領は引き続き2013年6月中国の清華大学でも環境問題、災害救援、原子力の安全確保など域内各国が協力し合える課題から信頼を気づき、徐々に政治・安全保障の分野まで協力の範囲を広げる多国間の対話プロセスの必要性を唱えた。また、北九州市では2013年に第15回日中韓3カ国環境相会合が開催された。残念ながらここには中国側は首脳級を出してはこなかった。とは言え、視点を変えれば〈環境問題〉であったからこそ参加が実現しているとも言えよう。これは中国にも外交的な思惑が当然のことながらあるはずである。そしてなによりもここで、3カ国の学生が北九州市に参集しこの環境問題について対話していることは今後の対話の促進を考える意味ではきわめて示唆に富む。なお、第16回会議は2014年、韓国の大邱市で開催され、東アジアで深刻化する大気汚染、黄砂、海洋投棄ゴミ、気候変動などの課題による意見交換がなされた。

　こうした政府間レベルの構想や対話をこれから北東アジアでも更に進めていかなくてはいけないはずである。これは〈東アジア共同体〉の共有認識に寄与するものと言えよう。更に、2013年7月に北海道で開催された日中韓賢人会議で日本の福田康夫元首相は歴史認識や領土問題を巡る対立をどのように克服するかについて、高齢化社会、環境エネルギーなどでの協力が重要と説くのに併せ、21世紀はグローバル化で国家の役割が問われ始めていると指摘し、狭量なナショナリズムの拡大を抑制するためにも、地方レベルでの交流の意義を強調し、非政府レベルでの関係の対話促進についても表明してい

Ⅰ．地域統合から考える「東アジア共同体」

る。

　では東南アジアはどうか。東南アジア地域の場合、北東アジアと比べ地域統合というものが着実に進みつつある。2014年11月にもミャンマーの首都ネピドーでASEANプラス3の首脳会議及び東アジア首脳会議が開催され、海洋安全保障での「衝突回避」で合意するなど当面する課題と共に、域内統合の一層の促進を確認し、国際社会での存在感をなお高めた。昨今はアジア太平洋時代へのかかわりもしっかりと見据えている。今後、中国やインドがアジアの中で大きな力を全体的に一層示し始めることは明白であろう。東南アジアにとって、米中の2つの大国とどのようにバランスを取っていくのかがこれからの重要な課題である。このことは〈東アジア共同体の可能性〉をさらに検討する際に、日本外交にも与えられた大きな宿題ともいえるのではなかろうか。

注
1) 北東アジア地域については例えば「北東アジア」か「東北アジア」かについての表記上の課題が存在する。名称をめぐる整理、論議については以下の論考を参照されたい。中戸祐夫「経済圏と呼称問題－環日本海・北東アジア・東北アジア」環日本学会編『北東アジア事典』国際書院、2006年、117-119頁、久保亨・松野周治「対談・日本と中国・東北アジア－経済史・地域研究の視点から」『経済』No.229、2014年10月号、85頁。その他、政治学の姜尚中は地政学的な力学が反映する「北東アジア」ではなく、漢字文化圏の東アジアにおいては言語の表現慣習からも「東北アジア」表記を提唱している。姜尚中他『東アジアの危機』集英社新書、2014年、13-16頁。
2) 地域統合の理論分析と合わせ世界各地の地域統合を紹介した研究成果物としては、金俊昊『国際統合論－地域自決主義の比較統合論的分析』日本評論社、2013年がある。またアジアの地域統合に関しては羽場久美子『グローバル時代のアジア地域統合－日米中関係とTPPのゆくえ』岩波ブックレット、2012年、24-34頁を参照されたい。
3)『読売新聞』2013年4月25日付。
4) ASEAN発足の背景については、山影進『ASEANパワー－アジア太平洋の中核へ』

東京大学出版会、1997 年、33-37 頁を参照のこと。
5) カンボジア、ラオス、ミャンマーというフロンティア市場とタイ、ベトナム、中国雲南省という新興経済の組み合わせによるメコン流域の成長の可能性については以下の論文を参照のこと。マーティティナン・ポンスティラク「大陸部東南アジアの統合と成長－メコン流域地帯のポテンシャル－」『フォーリン・アフェアーズ・リポート』2014 年 No2、71-78 頁。
6) 東アジアも含む国際社会における中国観と関係構築のあり方については、「特集；中国の評判」『Newsweek』2014 年 11 月 11 日号、23-34 頁を参照。ASAEAN 各国は、近年中国との距離を置こうとする「脱中国化」が進んでいるとの指摘がなされている。
7) 北東アジアにおける国際サブシステムの変遷を歴史学の立場からの検証した研究成果として、古廐忠夫編『東北アジア史の再発見－歴史像の共有を求めて』有信堂、1994 年が挙げられる。
8) 歴史学者の古廐忠夫は冊封体制システム期において冊封関係こそが緩衝機能を発揮し総じて平和的共存を演出したと指摘し、「やわらかな支配」によるシステムと形容している。同上、15 頁。
9) 「環日本海構想－弱者連合が担う外交を」(風の案内人)『新潟日報』2013 年 9 月 28 日付。同紙のオピニオン欄で大津浩は国家間の対立課題を可能な限り先送りし、自治体や地方間で協調可能な分野から交流を促進し、相互信頼を図ることを主張している。

◆参考文献◆

環日本海学会編『北東アジア事典』国際書院、2006 年。

金俊昊『国際統合論－地域自決主義の比較統合論的分析』日本評論社、2013 年。

Gilbert Rozman, *Northeast Asia's Stunted Regionalism-Bilateral Distrust in the Shadow of Globalization*, Cambridge University Press, 2004.

黒柳米司『ASEAN35 年に奇跡－'ASEAN WAY' の効用と限界－』有信堂、2003 年。

進藤栄一『アジア力の世紀－どう生き抜くか－』岩波新書、2013 年。

中村民雄他『東アジア共同体憲章案－実現可能な未来を拓く論議のために－』昭和堂、2008 年。

羽場久美子『グローバル時代のアジア地域統合－日米中関係と TPP のゆくえ－』岩波ブックレット、2012 年。

古廐忠夫『東北アジア史の再発見－歴史像の共有を求めて－』有信堂、1994 年。

Ⅰ．地域統合から考える「東アジア共同体」

山影進『ASEAN パワー－アジア太平洋の中核に－』東京大学出版会、1997 年。
若月章「環日本海構想の歴史的変遷」日本海学推進機構編『日本海学の新世紀 8 総集編』角川学芸出版、2008 年。

第3章
東南アジア・沖縄から考えるアジア共同体

木佐木哲朗

はじめに

　まず共同体とは、社会学事典によると、社会思想史的には近代社会への人間の関係性の変動課程において生みだされた「それ以前」の社会の結合の様式を理念化した概念であり、生命の再生産にかかわる血縁的関係の共同性と生活の再生産にかかわる地縁的関係の共同性において定義される生活共同の様式であるという【佐藤、1994：212-213】。また、文化人類学事典によると、対面的な関係の中で共住する人々の最大の集団であり、あらゆる人間社会にみられる普遍的な社会集団の１つである、というマードックの定義が引用されている【石川、1987：202-203】。しかしながらここでいう共同体とは、歴史的な概念ではなく超歴史的な概念であり、かつ対面的な小規模の地域社会ではなく何らかの関係性や共同性をもつ地域的な広がりであり、ゆるやかに統合された共同社会あるいは地域世界を想定している。つまり、血縁や地縁だけではなく人々のさまざまな相互作用や交流が重層した、集団というより関係の束としての共同体である。

　グローバル化すなわち、人・モノ・情報などが地球規模で移動し再編する現象が進む現在、無知や無理解ゆえの差別や対立・紛争がなくならないのも事実である。また、少数・周縁の社会や文化が、特定の価値観の押し付けにより破壊されることも度々みられる。一方、そのような社会・文化の平準化・均質化あるいはグローバル化の地方・地域への浸透に対抗するように、ロー

カル化という現象も起きている。つまり、グローバル化が進むがゆえにローカル化が触発されるということがある。そこで、グローバル化とローカル化が同時進行・併存し互いに影響を及ぼし合うという認識から、グローカル化という概念も導入されつつあるのである[1]。

ローカル化を考えると、文化的共通性とアイデンティティを共有する民族や、単なる地理的空間ではなく人々の相互作用を前提とした社会的空間としての意味ある地域（area, region）、あるいは関係性や共同性をもつ共同体・地域社会・共同社会（community）、また何らかの目的や利益を共有する連合・連帯（association）について、学び知ることがますます必要になる。中央（多数・強者・国際）の視点だけではなく、周縁（少数・弱者・地域）からの視点をもたなければならない。重要なことは、人々や諸社会が対等な立場で交流・連帯がはかられることであり、自民族中心主義（ethnocentrism）を排し権力や権限を集中させないことである。異なる社会の人々が隣人として共生していくには、相互に依存したり時には棲み分けも必要であろう。これからの世界は、価値相対論に立ち多様性を前提として、何らかの共通項や紐帯で結ばれたゆるやかな統合あるいは国際秩序を目指すべきだと思う。

そこで本章では、筆者が文化人類学のフィールドにしてきたフィリピンを含む東南アジア社会や日本を含む東北アジア社会、またそれをつなぐ琉球・沖縄社会から、東アジア共同体さらにはアジア共同体の可能性について考察する。

1. 多様なアジア世界の概要

アジア（Asia）とは、語源的にも一般にヨーロッパ（Europe）に対する概念である。それは、古代アッシリアの〈Asu（日昇）〉と〈Erebu（日没）〉に語源があるとされるが、現在でいえば、イラクの東側がアジアで西側がヨーロッパということになる。実際には、アジアとヨーロッパの境は不明なところがあり、一般的にウラル山脈からボスポラス海峡で東西に分け、世界に

はそれ以外にアフリカ・北アメリカ・南アメリカ・オセアニアがあるとされる。

それでは、アジアの中で単なる地理的区分ではなく、何らかの共通項や紐帯で結ばれた個性的な地域世界あるいは意味ある社会的空間には、どのようなものがあるか、東南アジアを中心に地域統合や共同体創生にも触れながら概観してみよう。

1）東アジア／東北アジア社会

前者は中国・台湾・韓国・北朝鮮・日本・モンゴルにベトナムを加える場合があり、後者は環日本海地域とも呼ばれ、日本・中国・台湾・韓国・北朝鮮・モンゴルにロシア極東を含むようである。共通項としては、大半がモンゴロイド人種で水稲栽培を基本にしながら乾燥地域では牧畜も行われるが、やはり中国文明・漢民族文化のさまざまな影響が考えられる。また、東アジア共同体（East Asian Community）に関しては、東南アジアのアセアン（ASEAN）10カ国と日中韓3カ国で経済・安全保障など幅広い分野で地域統合を目指す構想が、1997年のアジア通貨危機やヨーロッパ統合を背景に生まれた。2003年に小泉首相が〈東京宣言〉を発し、共同体構築を視野に2005年にマレーシアで〈東アジア・サミット〉が開催され方策が検討された。さらに、2009年に鳩山首相が、東南アジアと日中韓の友愛外交を基に東アジア共同体構想を唱えたが、その後進展は見られない。東アジア共同体どころか、日中韓では経済協力はともかく領土や歴史認識などさまざまな問題があり、共同体創生にはほど遠い。枠組み自体、協力が進んでいる東南アジアのアセアン（ASEAN）連合を頼りにしているようであり、東（北）アジアだけのものではない。ただし、日本の新潟・富山・島根などの県で1980年代から提唱されてきた〈環日本海〉構想や、冷戦体制が崩壊し1990年代以降〈東北アジア（Northeast Asia）〉地域の安全保障や経済協力体制の構想は生まれている。2002年の日朝平壌宣言では東北アジアの地域協力がうたわれ、2003年には韓国の盧武鉉大統領が〈東北アジア共同体〉の創出を掲げた。その中で、北朝

鮮の核問題などをめぐる6者協議（韓国・北朝鮮・日本・中国・アメリカ・ロシア）も生まれたが、東（北）アジア共同体の創生は非常に困難である。

2）南アジア社会

　ヒマラヤ山脈の南に広がりインド洋に突き出たユーラシア大陸の半島部であり、インド・パキスタン・バングラデシュ・スリランカ・ネパール・ブータン・モルディブが含まれ、稲や麦などの穀類栽培が主に行われている。共通項としては、インドのヒンドゥー文明の影響が大きく、またすべて英国の支配を経て独立している。人種・語族的には、アーリア系・ドラビダ系・チベット／ビルマ語系・アウストロアジア語系など多岐にわたり、宗教的にもヒンドゥー教・イスラム教・仏教・キリスト教など多様ではあるが、大国インドの影響力は絶大である。カシミールをめぐるインド・パキスタンの緊張関係やタミル問題を抱えるインド・スリランカ関係など不安定要因もありつつ、南アジア地域協力連合／SAARC（South Asian Association for Regional Cooperation）という機構が1985年に7カ国で発足した。その目的は、国連憲章と非同盟の原則を遵守し南アジア諸国民の福祉と生活の向上をはかるというもので、麻薬・疫病・災害などの社会分野を中心に経済分野でも協力が生まれている。注目したいのは、大国インドと他の国々との対立の場にならないように会議は全会一致を原則とし、インドとの2国間問題については討議しないとしていることである。また、2005年にはアフガニスタンの追加加盟が承認され、さらに日本・韓国だけでなくインドと問題を抱える中国もオブザーバーとして参加しており、地域の危機管理にも一役かっていると思われる。

3）西（西南）アジア社会

　イスラエル・パレスチナ・トルコ・シリア・レバノン・ヨルダン・クウェート・サウジアラビア・バーレーン・カタール・アラブ首長国連邦・イエメン・オマーン・イラク・イラン・アフガニスタンにキプロスが含まれる。歴史上

ではオリエント、政治上では中（近）東と呼ばれることが多く、イスラエルやキプロスを除いてイスラム教が支配的な地域であり、民族的にはアラブ系・トルコ系・ペルシャ系など多様である。また、乾燥地帯が多く遊牧とオアシス周辺の灌漑農業が基本であるが、20世紀になって石油資源が開発されその重要性は大きい。さらに、古代文明の発祥地のひとつであり、ユダヤ教・キリスト教・イスラム教もこの地域から興った。そして、1973年に西アジア経済委員会（ECWA）が設立され、その後、西アジア経済社会委員会／ESCWA（Economic and Social Commission for Western Asia）と名称が変更された。しかし、この組織にはイスラエル・イラン・トルコ・アフガニスタン・キプロスは入っておらず、逆にアフリカのエジプトが1977年に加盟している。つまり、西アジアの統合は現在でも進んでいるとは言い難いし、西アジアを超えたアラブ民族によるアラブ連盟（Arab League）やイスラム諸国会議（Organization of the Islamic Conference）などと比べその存在意義は小さい。

4）中央アジア社会

ユーラシア大陸中央部の乾燥地帯で、古代から遊牧とオアシス農業や中継貿易が盛んな地域であり、ソビエト連邦解体後独立したトルクメニスタン・ウズベキスタン・カザフスタン・タジキスタン・キルギスに、中国の新疆ウイグル自治区やモンゴル・アフガニスタン北部を含む場合もある。狭義ではトルキスタンと呼ばれるように、民族は多様であるがトルコ系のイスラム教徒が多い。1992年には、トルクメニスタン・ウズベキスタン・カザフスタン・キルギスとイラン・トルコ・パキスタンの7カ国で中央アジア共和国首脳会議が開催され、横断鉄道や天然ガス・パイプラインの建設と自動車交通網の整備の3点で合意した。また、1996年のカザフスタン・タジキスタン・キルギスと中国・ロシアによる〈上海ファイブ〉を基に、2001年ウズベキスタンが加わり〈上海協力機構〉が生まれ、中ロの国境画定や経済協力をふまえ分離主義やイスラム原理主義などに共同で対処している。これには、インド・パキスタン・イラン・モンゴルなどもオブザーバー参加しており、中央

Ⅰ．地域統合から考える「東アジア共同体」

アジアの地域統合に寄与しているとは言えない。中央アジアは、地政学的にも西アジアや南アジア・東アジアとの関係が強く、イスラム文明の影響が大きいという意味では4の西アジアに含めても良いのかもしれない。

ところで、国連ではアジアを東・東南・南・中央・西・北の6区分にしているようであるが、北アジアはシベリアを主とする極東ロシアということであろう。そして、以下では最も地域統合が進んでいる東南アジア社会を考察してみたい。

5）東南アジア社会

一般に東南アジアとは、アラカン山脈から東のインドシナ半島と島嶼部からなりニューギニア島西部までを含め、その東にメラネシア・ミクロネシア・ポリネシア・オーストラリア・ニュージーランドなどオセアニア世界が広がっているとされる。西側のミャンマーのアラカン山脈を越えるとインド世界が広がり、インドシナ半島部の北側には中国世界が広がる。そこで東南アジアとは、半島部のミャンマー・タイ・ラオス・カンボジア・ベトナム・マレーシア・シンガポールと島嶼部のフィリピン・インドネシア・ブルネイなどということになる。また、ニューギニア島を東西で分けるが、以前の植民地宗主国の違いから、西部はインドネシアのイリアンジャヤ州で東部はパプアニューギニアという別の国である。この東西の分割は、山で隔てられており、民族的にも西部のマレー系に対して東部はメラネシア系という違いがあり必然性もある。

それでは、東南アジア社会の共通項や紐帯とは何であろうか。東南アジア（Southeast Asia）の説明としては、中国でもなくインドでもないその狭間にある世界、13世紀以前に「インド化」が及んでいた地域、タイを除き英・仏・西・蘭など西欧の植民地支配を受けた地域、太平洋戦争時の日本による占領を受けた「運命共同体」であり当時日本で南洋・南方あるいは大東亜共栄圏と呼んでいた地域などがある。しかしながら、どの説明でも納得しがたい。そもそも、日本や海外で〈東南アジア〉という表現や枠組みが生まれたのは

近年になってからである。

　しかし、アジアの中で東アジア・南アジア・西アジアでもないところが、単に残った東南アジアということではない。近年まで、東南アジアをひとつの個性的な意味ある地域社会として捉えてこなかっただけであり、それは東南アジア世界の共通項や紐帯が複雑で整理されていなかったからに他ならない。東南アジアは魅力的な世界であり、少なくとも現在ではかなり統合が進んだ地域であって、その関係性や共同性を考察することで、アジア共同体などより広域な地域共同体へのヒントが得られると考える。

　ところで、東南アジア（Southeast Asia）という言葉はいつ現われたのであろうか。矢野によると、H・マルコムというアメリカ人牧師がインドシナ半島を旅行し、1839年に書いた「東南アジアへの旅」という旅行記で使ったのが最初であるという【矢野、1977：14】。東アジアはヨーロッパから見ると極東でありこういった表現は以前からあったようであるが、東南アジアという表現は新しいものであり、ヨーロッパの人々からすると、東南アジアは文化果つる熱帯降雨林地帯というイメージや暖かくて動物や果物も多くのんびりできる異国情緒に満ちたロマン的な表現として、〈South East Asia〉という表現が徐々に定着したのであろう。また、この表現が公式に使われるようになったのは矢野【同上：15】もいうように、1943年だと考えられる。第二次世界大戦中に米国など連合国軍が、スリランカ・セイロン島に「東南アジア司令部 'Southeast Asia Command'」を置いたのである。しかしながら、東南アジアの範囲も不明であり、この表現自体外部からの軍事的・政治的なものであって、戦後もアメリカは冷戦との関連で用いてきたところがある。つまり、東南アジア（Southeast Asia）という表現は当初、内発的なものではなく外部からの文学的表現あるいは政治的表現であったということになる。そこで、東南アジアの内発的な共通項や紐帯を探ることが重要になると思う。

　次に、東南アジアを考える際に避けて通れないのが、アセアン（ASEAN）すなわち東南アジア諸国連合（Association of Southeast Asian Nations）である。東南アジアの11カ国中10カ国が現在アセアンに加盟している。世界にはさま

ざまな地域連合があるが、ヨーロッパ連合・EU（European Union）もそのひとつであり、総人口は約5億人である。それに対して、アセアンの総人口は約6億人に及ぶ。また、東アジアは中国の13億人に日本などを合わせると15億人ほどで、南アジアはインドの12億人にパキスタンやバングラデシュなどを合わせると15億人以上になる。これに西アジアを加えたアジア全体を考えると40億人ほどになり、ヨーロッパと比べていかにアジアが大きいかが分かる。そのアジアの中で、アセアンは歴史的にも比較的古くからあり進んだ地域連合といえる。

　そのアセアンは、まず1967年にタイ・マレーシア・シンガポール・フィリピン・インドネシアの5カ国で、アメリカの反共産主義の支援もあり経済的な地域協力機構として発足した。それに1984年イギリスから独立したブルネイが加わり、1990年代になると反共政治同盟から脱し、1995年にベトナム、1997年にラオスとミャンマー、1999年にはカンボジアが加盟して、10カ国体制になりイデオロギー対立を超えた地域共同体となったのである。また、東ティモールは2002年にインドネシアから分離・独立しまだ未加盟であるが、加盟を目指しており近々受け入れられると思う。さらに、パプアニューギニアは1975年にオーストラリアの信託統治領から独立し以前から加盟を申請しているが、現在まで東南アジアではなくメラネシアであるということなのか受け入れられていない。

　先にも述べたが、タイを除きアセアンの加盟国は西欧の植民地支配を受けた。フィリピンは、スペインの長い植民地支配を経て、その後アメリカから1946年に独立戦争を経ずに独立を与えられた。インドネシアは、1949年にオランダから独立を勝ち取る。マレーシアは、1957年に半島部がイギリスから独立してマラヤ連邦となり、それにボルネオ北部を加え1963年マレーシアとなる。そこから1965年に分離・独立をしたのがシンガポールであり、その2年後にアセアンが発足するわけである。また、ブルネイは人口が40万人に満たない小さなイスラム王国であるが豊富な天然資源に恵まれており、1984年にイギリスから独立しそれと同時にアセアンに加盟した。そして、ベトナム

は第2次世界大戦後もフランスの植民地支配から抜け出せず、アメリカの介入もあり南北に分断されベトナム戦争を経て1976年に成立した。ラオスは1953年に、カンボジアは1954年にフランスから独立した。ミャンマーは1948年にイギリスからビルマとして独立を果たし、1989年軍事政権下でミャンマーと改められた。つまり、太平洋戦争で一時占領した日本は敗戦で撤退したが、その直後に独立したのはフィリピンだけなのである。その後、以前の宗主国のオランダやイギリスやフランスなどが戻ってきて支配したので、東南アジア各国はそれぞれ独立戦争をして独立を勝ち取ったということになる。

　ところで、東アジアでは中国・台湾や朝鮮半島は日本の敗戦後解放される。それに対して、東南アジアは解放されなかったわけである。しかも、東西の両陣営に分かれてしまった。1980年代になると経済的な協調が進み、1990年代になると冷戦構造が崩壊し政治的な対立が弱まる。1995年にベトナムはアメリカと平和条約を結び、それによりベトナムもアセアンに加盟することができた。1997年にラオスとミャンマー、1999年に最後のカンボジアが加盟して現在のアセアンが出来上がったということになる。ただし、ミャンマーは軍事政権であり、ベトナム・ラオス・カンボジアも独裁的な社会・共産主義政権であって、イデオロギーや政治体制はアセアンの発足メンバーとは対極にある。それでもそれらの対立を超えた地域統合体を目指しているわけである。しかし、これは簡単なことではない。

　その間、1989年に太平洋諸国と経済協力を推進すべくAPEC（アジア太平洋経済協力会議）、1994年に安全保障についての情報交換や協議を行うべくARF（アセアン地域フォーラム）、1996年にはアジアとヨーロッパの自由貿易や経済投資を促すASEM（アジア欧州首脳会議）などが開催されるようになった。東アジアでも共同体構想はあるが、東南アジアの方が統合は進んでおり、アセアンがさまざまな組織連合の中核を成しているように思われる。さらには、経済だけでなく社会・文化や政治・安全保障面でも連携を深め、2015年までに新たなアセアン地域連合・共同体を目指すという「アセアン憲章」が

Ⅰ．地域統合から考える「東アジア共同体」

2008年に発効した。この実現は非常に困難な情況ではあるが、社会・文化の共同体はともかく政治・安全保障の共同体を作ろうとするレベルにまで、アセアンの意識は高まりつつある。EUのように共通通貨発行は難しいであろうが、中国のような政策を取る国家に対して2カ国間では到底太刀打ちできないので、政治・安全保障面でも協力することが求められている。このようなアセアンの試みは、東南アジアを超えた共同体を目指す上でも大きな意味があると思う。

　しかしながら、実際にアセアンの内外で問題が起きた時に、安全保障の面でアセアン全体が連携することは難しい。その理由は、アセアンは原則として内政不干渉を取り続けているからである。とにかく内政には干渉しないということであるが、これはアセアンに力がないからということではない。そうすることでアセアンの崩壊を防いでいるのである。加えて、政治的な決議を出す時は、コンセンサス方式すなわちすべての参加国の全会一致を必要としている。民主主義を尊重しつつも、参加国の対等性と合議を重視して簡単に多数決では決めないということである。これも、中心のないゆるやかな統合を目指す、アセアンの知恵のひとつだと考える。

　そして以下では、東南アジア社会を東南アジアたらしめている紐帯や共通項について具体的に述べていきたいと思う。

2. 東南アジア社会の共通性

　矛盾するようであるが、東南アジアに共通していえるのは多様性である。それぞれの国を見ても、その中に多くの地域偏差がある。しかしながら共通性も見られる。そこで、矢野暢編著による『東南アジア学への招待』【1977：28-173】を参考にしながら、自然と生業、民族と歴史、社会構造、近代の意味と価値体系など、さまざまな観点から東南アジア社会の共通性を探ってみたい[2]。

1）自然環境と人々の適応（稲作中心の生業）

　半島部を中心に大半がモンスーン気候帯に属し、疎林が広がるいわゆる草の世界である。一方、島嶼部には熱帯雨林気候帯に属する所もあり、そこは密林におおわれたいわゆる木の世界である。稲作は熱帯雨林の焼畑では難しいが、雨季と乾季がある大半の所では米が非常に重要な作物となる。そのような水田での稲作を中心に、畑では雑穀や芋類などが作られる。一方、焼畑でも陸稲は作ることは可能であるが生産性が低いので芋類が中心となる。また、東南アジアでは長粒種のインディカ米が主流であるが、13世紀くらいまでは短粒種のジャポニカ米も作られていた。しかし、日本などで好まれるジャポニカ米は消えてしまったと考えられる。好き嫌いの問題であろうか、日本人は粘っこい米を好むが、東南アジアの人々はパサパサした米を好むようである。ただし、タイ東北部からラオスに広がるモチイネ分布圏の存在や、山岳地帯の一部でもさまざまなモチ種の穀類が栽培されていることは、ジャポニカ米栽培のなごりかもしれない。

　そして、稲作は時に労働力を集中させなければならず、その為の組織や集団が必要となる。最近は機械化が進んできているが、稲作農耕はひとりでは行えない。特に山岳地帯の棚田では、灌漑用水路を整備しなければならない。共同で水を管理・利用し、田植えや収穫なども協力して行わなければ、稲作農耕は成り立たないのである。つまり、水利用のシステムと農耕のサイクルを軸とする、人的ネットワークあるいは血縁・地縁などに基づく社会関係が必要不可欠となる。

　さらに、河川の存在が非常に重要である。特に半島部では、メコン川・チャオプラヤー川・イラワジ川など多くの大河が北から南下し、また西から東へは長江（揚子江）などがある。それらの川は、海抜8000メートルのヒマラヤから海抜0メートルまで延々と流れて行くのである。たとえば、新潟の信濃川は日本一長い川であるが、メコン川やチャオプラヤー川などとは比べようもない。信濃川は300kmくらいであるのに対して、メコン川などは4000

から5000kmもあり、いくつもの国を経由して海に流れ出るのである。これらの河川を伝って、上流から下流へ人々が移動した。つまり、「山の民」が山から平原を経て河口のデルタへ向かいそこで「海の民」と出会ったり、また一部はさらに海に出て島嶼部へ赴いたのである。このような河川や海を利用した人々の移動は、モノや文化などの伝播や交流につながり注目すべきことである。そして、それは一部今でも続いていると思われる。

2）民族と歴史（未統合な多民族国家）

　次に歴史を考えてみたいが、先にも述べた人々の移動に注目する必要がある。大まかにいうと、山を故郷とする「山の民」が、河川を下っておおぜい平原へ出て来たのが13世紀くらいであり、小さな部族国家も現われ平原文化が花咲いた。さらに、彼らは河川を南下移動しデルタに向かい、18世紀ころに海を故郷とする「海の民」に出会いそこに都市もできたと思われる。もちろんそれ以前から、一部の人々は河川を経て海に漕ぎ出しフィリピンやインドネシアなど太平洋の島々に渡ったりした。それらの家族・親族を中心とする小規模な移動がずっと昔から続いていたのである。たとえばフィリピンでは、1万年以上前からマレー系の人々が黒潮に乗ってフィリピンに小舟で流れ着き、後から来た人々に押されるように奥地へ拡散して行ったと考えられる。山岳地帯の洞窟に舟形の棺桶があったりするが、これは舟で近くまでやって来たということであり、小規模な人々の移動が繰り返されてきたといえよう。農耕民でありながら当初は定住性が低かったわけであるが、その理由は人口が増えて扶養するために新たな耕地を求めたことと、とくに半島部の場合南下した漢民族の圧力を受けてのことが大きいと思われる。

　また、歴史的に統合された部族国家や王権は一部にしか見られず、王朝・国家ではなく（小）地域社会や民族を単位として歴史を考えるべきであろう。民族としても未統合な場合が多いので、人々の移動を主体とした歴史を考えるということである。そもそも矢野が指摘するように、東南アジアの伝統的な国家は、河川の支配を権力の基盤とし領域的支配の観念と実践に乏しく、

分節的でルースな社会の上に成立する、ヒンドゥーの王権の思想に拠るところの小規模な家産制的権力、すなわち〈小型家産制国家〉であり、ヨーロッパや他のアジアの絶対王制や帝国あるいは近代国家とも異質なものである[3]。

　さらに、タイを除き西欧諸国による植民地支配を経験しているが、強大な権力の不在もあって、固有の民族の言語や文化が比較的残されており、各地に散在する言語集団・語族がアイデンティティの問題ともからみ意味をもつ。ここで重要なことは、文化の重層性ということあろう[4]。つまり、固有の基層文化の上に、インド・中国・イスラム・仏教・西欧キリスト教文明が層をなして重なっている。たとえば、フィリピンでは現在キリスト教徒が90％以上であるが、16世紀にマゼランが到着した時にはイスラム教がすでに伝来しており、インドネシアはイスラム化する以前にヒンドゥー教も仏教も定着していた。それに根底には、精霊崇拝すなわちアニミズムが現在でも残存している。つまり、多様な文化が重層しているのである。一方、日本も中国の文化やさまざまな文化が入ったが、日本の場合はそれらが融合したりあるいは「日本化」が進んだ。漢字ひとつとっても、漢字を受け入れつつひらがな・カタカナも作ったり、箸を受け入れても日本独自の箸文化を生み出した。それに対して、東南アジアではさまざまな文化が同化や融合というより、固有文化を含め各層が価値をもち続けており、人々はその時々に選択してそれらを取り出しているように思われる。そして、人々の移動や大帝国の不在などから歴史は非連続性を帯び、さまざまに異なる価値観が現在でも併存していると考えられる。基層に民族の土着の文化が残っており、民族ごとの歴史があるといえよう。そもそも現在の国境は、植民地支配の産物であり民族の分布とは一致しないし、現在の国家単位での歴史は生まれたばかりである。留意すべきは、むしろ未統合な多民族国家における民族間の関係や、支配的多数民族と少数民族の問題、平地民と山地民や社会階層間の問題など、国内における異質性や多様性であろう。

3）ゆるやかな社会構造（集団ではなく関係の連鎖）

Ⅰ．地域統合から考える「東アジア共同体」

　ここでは、東南アジア社会の構造上の特色を、東アジア社会とも比較しながら考えてみたい。社会構造を考える場合、家族・親族関係や地縁などさまざまな人間関係に注目することになる。まず、東南アジア社会は、自己を中心として血縁を父方・母方双方等しくたどる親族組織をもつ、いわゆる双系制社会である。地位や財産も父方・母方双方から継承したり分割相続も可能であり、婚姻関係に基づく姻族も血族同等の扱いを受ける場合が多い。それに対して東アジア社会は、祖先を中心として血縁を父系のみ単系的にたどる親族組織をもつ、いわゆる単系制社会である。前者は世代的に横に広がる社会であり、後者は超世代的に縦に連なる社会であるともいえる。また、場や社会の規範というより個人のさまざまな二者関係やその連鎖が重要な意味をもつ。つまり、集団への帰属ではなく人々の関係あるいは間柄がその時々に問題になるのである。共通の中心をもち強固な集団形成に向くタテ社会の東アジアに対して、各人が関係の連鎖を選択し、永続性をもつような集団には向かないヨコ社会の東南アジアともいえよう。したがって、東南アジア社会は双系制原理と間柄の論理により特徴づけられる「ゆるやかな社会構造」をもっており、集団としての内部的組織力すなわち統合力が弱いということになる。

　東アジアの単系制社会では、一般に家長・族長などを中心として集団としてのまとまりが強いと思われる。王権を見ても継続性が重視され、後の王朝は前の王朝を倒して出てくる。一方東南アジアの双系制社会では、家長・族長とか祖先の概念も希薄で財産も分割相続が一般的であり、集団としての永続性もあまり見られない。王権にしても、東アジアの土地を基盤とするような強固なものではなく、河川の支配が重要な小規模なものが多く、前の王朝が分節して次第に弱体化し消滅するのを待つように、後の王朝が首都も変えながら出てくる場合が多い。

　さらに現国家を考えると、タイのタイ族・カンボジアのクメール族・ミャンマーのビルマ族などのように優勢な民族集団とその他多くの少数民族という構図があるが、民族としての内なる統合力も弱く、中心的な多数民族によ

る周縁的な少数民族の同化・統合もあまり進んでいないようである。そのことからも各民族の個性が維持されてきたともいえる。ただし、各国における東アジア・中国を故郷とする華人の存在は大きいものがある。とくにタイでは10％、マレーシアでは30％くらいの人口を華人が占めている。彼らは、各国に同化・融合しつつも自らの東アジア的な文化を守りながら、経済力などさまざまな影響を周辺に与えている。東南アジアの非金属的でルースなヨコ社会の中に、東アジアの金属的でタイトなタテ社会が存在するといえるかもしれない。そして、東南アジアでは各民族固有の文化に加え、外来のさまざまな文化が現在でも併存しているということであり、多様性が生み出されていると考えられる。

4）近代の意味と価値体系（アイデンティティの模索）

　続いて、東南アジアでの「近代」の意味や価値体系を考えてみたい。日本では、明治になり西欧の文化を自ら進んで学び取り入れたといえる。しかしながら、東南アジアでは近代化は否応なく入ってきたのであり、それを肯定するわけでも否定するわけでもない。先にも述べたが、タイを除き未統合な各社会に植民地支配が及んだ。その後、独立運動を経て第二次大戦後現在の各国家が誕生するわけであるが、土着的な価値の再評価や民族主義も生まれつつ、西欧的な価値や近代化を受け入れざるを得なかった。植民地支配という屈辱的な体験と西欧先進文明の導入による発展という複雑な意味を「近代」はもち、政治体制や教育制度などの揺れもあり変化・変容の途上にあるのが「現代」ともいえよう。社会の価値体系あるいは人々の価値観を考える上で、人格形成や社会化の過程に注目する必要があると思われる。具体的には、教育や言語の問題を取り上げてみたい。

　日本では西欧式の学校教育を近代の明治から積極的に取り入れたが、東南アジアでは近現代に西欧式の学校教育を取り入れながらも、宗教教育や家庭・地域の世俗教育あるいは恣意的な政治状況もあり、非常に事情が異なる。たとえば、タイでは学校と仏教寺院、フィリピンでは学校とキリスト教会、

マレーシアやインドネシアでは学校とイスラム宗教学校が、深く関係している。そして、近代西欧的な教えと宗教的な教えや慣習的な教えには矛盾があるのである。つまり、東南アジア社会では学校と宗教施設あるいは家庭・地域で異なることを学び身に着けるともいえよう。日本や欧米では矛盾を嫌うが、東南アジアの人々はゆるやかな社会構造もあり、矛盾にも柔軟に対応しているように思われる。しかしながら、異なる教えや価値観が併存しているということは、政治的な不安定もあり、人々は時に苦悩し心理的不安を覚えることにもなる。

　また、多民族国家である東南アジア社会では言語政策も重要である。東アジア社会では、一般に国民意識や民族意識すなわちナショナリズムが強いと思われる。韓国と北朝鮮は分断国家であるが中国の朝鮮族なども含め朝鮮民族意識があるし、中国の漢民族と在外華人も同胞意識をもっている。しかし、フィリピンなどの東南アジア社会ではどうであろうか。民族としてのまとまりも希薄であり、とくに少数民族においては民族を超えた国民意識が未成熟だと思われる。そこで、大戦・独立後に憲法の中で国（民の言）語を規定し、国民の統合をはかろうとする国々が多いのであろう。日本国憲法に日本の国語は日本語であると明記する必要は全くないが、東南アジアでは国民や国家の統合のために国語や公用語を定める必要がある。実際、現在の東南アジア社会の人々の中には、家庭での母語以外に学校で国語・公用語や外国語を学び、場合によっては地域の民族間の媒介言語や宗教言語も使わなければならない状況の人々も多い。つまり、大半の人々が多言語使用者であり、これはアイデンティティの面からも大きな問題だと思われる。

　以上のように、東南アジア社会は多様性に富んでいるが、モンスーン気候や稲作中心の生業、民族の移動を主体とした歴史、文化の重層性や異なる価値観の併存、ゆるやかな社会構造、複雑な意味をもつ近代とアイデンティティの模索など、共通性があることも分かった。多数民族や西欧の近代化論理を押し付けてしまっては、豊かな固有文化が破壊されるし、国家や地域の統

合どころか対立や紛争が起こるであろう。そもそもあり方の選択・決定権はそれぞれの当事者にあり、対等な立場からの多様性を前提とした、国家や東南アジア社会のゆるやかな統合（共同体）が確立されるべきだと考える。ところで以下では、多様な東南アジア社会は、一見未統合のように見えて、他のアジア社会と比べてもアセアンを核にゆるやかな統合が進んでいる。この統合を、日本を含む東北アジア社会に拡大する上でも、地理的あるいは歴史的に双方の社会と関係性・連続性をもつ、琉球・沖縄社会に注目してみたい。

3. 東南アジアと東北アジアをつなぐ琉球・沖縄社会

　いわゆる琉球・沖縄社会の範域は、鹿児島県の奄美大島以南の薩南諸島と宮古・八重山列島からなる先島諸島を含む琉球諸島に及ぶ。主権的には日本に属するが、東北アジアの台湾を経て東南アジアのフィリピンにつながっている。また、年中温暖な亜熱帯性気候に属するという生態環境や、長い間琉球王国の支配下にあったという歴史的事実を考えれば、少なくとも民俗学あるいは文化人類学的には、日本民俗社会とは異なる琉球民俗社会と位置づけられる。もちろん、多くの島々から成り内部の地域偏差も大きいが、日本本土（大和）に対して異なる文化を育んできたという一体感も強い。そこで、その重要な背景となる歴史について、外間【1986】の著作などを参考に簡単に述べてみたい。

　先史時代は不明なことが多いが、12世紀頃には各地に豪族が割拠するグスク時代となり、14世紀頃の三山（北山・中山・南山）分立時代を経て、1429年には尚巴氏が沖縄本島を統一（第一尚氏）した。その後、1469年に金丸が前王権を倒し、翌年即位して尚円と号し第二尚氏王朝が成立した。これが、1879年まで400年以上続いた琉球王国である。この王国は、中国だけでなく日本・朝鮮やシャム（タイ）・マラッカ（マレーシア）・ジャワ（インドネシア）などとの交易を行う開かれた海洋国家であった。とくに中国とは、明や清王朝の属国として冊封体制下に入り朝貢と下賜という建前ではあるが盛ん

に交易を行い、人的・物的交流などで多大な影響を受けた。また、1609年以降は幕藩体制化の薩摩藩の支配も受けることになった。この琉球王国は、男性（兄弟・エケリ）国王が地方豪族（按司・アジ）を支配すると同時に、国王の姉妹（オナリ）の1人が聞得大君として地方神女（祝女・ノロ）を束ねるという、政治と祭祀が密接にかかわる独自の祭政分担国家でもあった。明治時代になると、廃藩置県後の1872年に琉球藩が置かれ、1874年の台湾出兵を経て清国に琉球の日本帰属を認めさせた上で、1879年には琉球王国を滅亡させ沖縄県とした。これが、屈辱的な琉球処分といわれるものである。そして、徐々に日本社会に組み込まれ太平洋戦争を経て1945年に米軍政府の占領下に入り、1972年の沖縄返還を迎え現在に至っている。

次に、琉球・沖縄の社会的・文化的特性についても若干述べてみたい。開かれた琉球王国ではあったが、さまざまな外来文化の影響を受け変容しつつも、継承されてきた琉球民俗社会の文化的特性が現在でも見られる。まず、自ら生まれ育ったあるいは親や先祖の出身であるところのシマと呼ばれる村落共同体への帰属意識が非常に強い。また、本土の大和人（ヤマトンチュ）に対する沖縄人（ウチナンチュ）というアイデンティティもある。そして、比嘉【1987】もいうように、シマ共同体の中に1つ又は複数のウタキ（御嶽）という祭祀の中心聖地があって現在でも重要な機能を果たしており、人々はこのウタキ祭祀集団への帰属を通してシマ共同体に収束されている。さらに、地域偏差はあるが沖縄本島中心に中国や朝鮮由来の父系出自集団である門中や中国南部に多く見られる親族共同の亀甲墓の存在、東南アジア同様琉球に広く見られる双系的親類であるハロージなど、それに南方に由来すると思われる仮面仮装神・来訪神がシマに繁栄をもたらすというニライカナイ信仰・豚肉を多く使う琉球料理・芭蕉布・サンシン音楽など、そして姉妹が兄弟を霊的に守るという特徴的なオナリ神信仰など注目に値する。

さらに、筆者の主な調査地であるフィリピン・北部ルソン山岳地帯に居住する古マレー系の少数民族社会と、琉球・沖縄社会との関連性について触れてみたい。先島諸島の竹富島や波照間島での調査やフィリピンのボントック

族社会での調査で確認したものであるが、村武【1984】も指摘するように、先島の複数のウタキ（オンやワー）からなるシマ共同体と、ボントックの複数の聖地・祭祀集団（アトやアッガン）からなるイリと呼ばれる村落共同体との関係は非常に類似している。人々はそれぞれどこかの祭祀集団に属しており、その帰属を通して村落共同体の成員として統合され、共同体内部では分かれながらも外部に対しては強い一体感を抱いている。ボントックの人々は民族としては統合されていないが、祭祀集団ごとの儀礼や村落共同体全体の儀礼の実修、また祭祀集団を中心として慣習法に則った政治的・経済的な自治の運営をすることで、単なる血縁・姻縁や地縁ではない共通体験を通して、アト・アッガン仲間やイリ仲間として強く結びついているのである。単純に南方からの伝播が証明されるわけではないが、琉球・沖縄は地理的にも歴史的にも東シナ海を経て東北アジア世界の中国や朝鮮半島のみならず、台湾や南シナ海を経てフィリピンなど東南アジア世界に連なっていると考えられる。つまり、琉球民俗社会は、北方の日本民俗社会と西方の中国世界や南方の東南アジア世界との、交差点あるいは結節点といえる。その意味からも、琉球・沖縄社会は東南アジアと東北アジアをつなぐ重要な存在であると思う。

結びにかえて：多様性を前提としたゆるやかな統合（共同体）

　東南アジアと東北アジアの統合さらにアジア共同体への道のりは厳しい。あらゆる面での国家を超えた統合や共同は難しいと思われる。もちろん主権国家の存在も必要ではある。国民を外敵から守る、内部に餓死者を出さない、治安を維持する、基本的人権を守るなど、最終的に国民の生活を保障するのは国家の責務である。しかしながら、（東）アジア共同体のようなものを構想する際には、国家という枠組み以外も必要であろう。政治経済交流はともかく文化交流や人的交流などは、対等性を担保しやすい個人や自治体・集団間でまず発展させるべきである。つまり、国家間ではなく人々や各集団間のさまざまな交換・交流の積み重ねが重要である。また、ある国を中心として周

縁を従属させるような共同体を作るのではなく、対等な二者関係の連鎖で網の目状のゆるやかな統合（共同体）を創造することが必要である。そして、相対的な多様性・複数性を前提とした、複数の中心からなる多中心的なネットワークの構築が目指されるべきだと考える。権力を集中させないことが肝心である。たとえば、フィリピンのある少数民族のムラ間でも争いは起こるが、それを解決するに当たってある人物がAムラと協定を結んだら、BムラとはあえてBの人物が協定を結ぶようにしている。このXムラは、AムラやBムラなどと協定を結ぶが、AムラやBムラなどもさらに他のムラと協定を結んでいる。それらの中心のないあるいは複数の中心をもつ平和協定の連鎖が広がり、より広域にわたる秩序や平和を生み出そうとしている。

　また、集団間をつなぐ媒介者的存在として、通婚者や交易者あるいは在外居住者や旅行者や留学生などの役割も重要だと思う。さらに、必ず対立や紛争は起こるけれども、異なるものを認めるあるいは黙認する想像力や寛容な知性が必要である。尖閣や竹島の問題もそうだが、帰属の白黒をつけようと思えば必ず対立する。はじめにでも述べたがグローカルな時代なので、帰属を決めるというより共同で管理・利用するというような知恵を出すべきである。日本海の呼称なども、日本では日本海、韓国では東海でかまわないのであり、お互いの認識の違いを知ることが教養となる。もちろん、自民族中心主義に陥りやすい歴史問題などは、関係国での共同研究に基づく新しい歴史観の模索が必要である。これからの人々や国家は、帰属をひとつに限定するのではなく複数の成員権をもつという発想が重要であろう。家族・親族集団、民族や地方の共同体、国家、国家を超えたさまざまな地域共同体、世界・地球共同体などへの、重層したアイデンティティーをもつべきであると考える。そして、他者を知り対話をしようとする意思と、個性を大事にしながら排他性を帯びない自律的な精神の涵養が望まれる。

　東南アジア社会は、多様性に満ちた社会でありゆるやかな統合（共同体）を目指している。それは、対立があってもすぐに経済的・政治的制裁を科すのではなく、関係を絶たずに対話の席に着き、対等な立場で合議し時間をか

けてコンセンサスを得るべく努力する姿勢の大切さを教えてくれる。また、琉球・沖縄社会は東南アジアと東北アジアをつなぐ存在であり、それらの統合を考える上でさまざまな示唆を与えてくれる。そして重要なことは、(東)アジア共同体を構想する際、それで何を勝ち得るかという win-win ではなく、何を譲れるかという loss-loss の関係性をそれぞれが受け入れることだと思う。

注
1) たとえば、グローカルな時代の市場経済を考えると、グローバルな技術やブランド力とローカルなニーズに応えるマーケティング力や生産力の双方が欠かせない。
2) 矢野【前掲書：19-22】は、1970年代に東南アジア研究は東南アジア学というにふさわしいと述べている。それは、研究の始まりは遅いが、アメリカや日本などでさまざまな専門分野からの個人あるいは共同の研究の蓄積があるからである。たとえば、欧州中心主義的史観への批判から、東南アジアの眼で東南アジアの成立を考える新しい歴史観(自律史)が生まれているというのである。その多方面の業績を列挙することは避けるが、矢野の代表編集による『講座・東南アジア学 1-10、別巻』と、岩波講座の『東南アジア史 1-9、別巻』を挙げておきたい。
3) 矢野【前掲書：78,108】によると、ヒンドゥーの王権思想とは、神と王を同一視し王を天に結びつけ、王の居るところが宇宙の中心でその支配する国は宇宙全体と考える思想であるらしい。一方、絶対王制における君主の権力は神から授かったものであり、近代国家は主権・領土・国民を前提としている。
4) たとえば、自他ともに認めるキリスト教徒でありながら基層にはアニミズム的要素が色濃く見られるというフィリピンの現象は、フォーク・カトリシズムと呼ばれる重層信仰の一例である。また、筆者のフィリピンでのフィールドワークの経験であるが、彼らは伝統的な呪医による医療と東洋医学の薬草による医療そして西洋近代の病院の医師による医療のすべてに価値を認め、その時々にそれらを取捨選択しているのである。これらの文化の重層性は、東南アジア社会の異なるものでも認めるという魅力の現われではなかろうか。

◆参考文献◆
石川栄吉「共同体」『文化人類学事典』弘文堂、1987年。

Ⅰ．地域統合から考える「東アジア共同体」

佐藤健二「共同体」『社会学事典』弘文堂、1994年。
比嘉政夫著『女性優位と男系原理－沖縄の民俗社会構造』凱風社、1987年。
外間守善著『沖縄の歴史と文化』中公新書、1986年。
村武精一著『祭祀空間の構造－社会人類学ノート』東京大学出版会、1984年。
矢野暢編著『東南アジア学への招待』日本放送出版協会、1977年。
矢野暢代表編集『講座・東南アジア学 1-10、別巻』弘文堂、1990-1992年。
池端他8名編集『岩波講座・東南アジア史 1-9、別巻』岩波書店、2001-2003年。

第4章
地方からみた東アジア共同体
－1990年代の「環日本海」から考える－

櫛谷 圭司

はじめに

　1990年代の前半、新潟などの日本海側の道府県で、「環日本海」というキーワードで北東アジアが大きな注目を集めた時期があった。「環日本海」は当時、日本海を囲む諸国・地域間の交流拡大を示す一種の流行語として、地方自治体や企業関係者、マスコミなどで盛んに用いられた。「環日本海」をタイトルにつけたシンポジウムが各地で開かれたり、地方紙やテレビのローカル局で頻繁に特集記事や番組がつくられたりして、市民の間にもこの言葉が急速に広まっていった。

　このいわば「環日本海ブーム」ともいえる状況は、いま当時を振り返ってみると、バブル景気とその余韻が残る時代の一コマともいえ、90年代半ばにバブル崩壊の影響が社会を覆っていく中で、ブームは急速にしぼんでいった。だが、それから20年たった現在、当時の「環日本海」がどのような脈絡で唱えられ、その背景や特徴がどんなものであったかを振り返って整理することは、将来の「東アジア共同体」形成の課題を考える上でヒントになるだろうと思われる[1]。

1.「環日本海」の3つの特徴

　当時「環日本海」の使われ方は一様ではなく、人々がこの語に込めていた

Ⅰ．地域統合から考える「東アジア共同体」

期待にはかなり幅があった。だが、いま振り返ってみると以下の3つの特徴を見出すことができる。[2]

　第1に、1980年代末から1990年代初頭にかけての北東アジアの激動が背景にあった点である。東西冷戦の終焉をはじめ、中国の市場経済化の進展、ソウル五輪を契機とした韓国の高度経済成長、1991年の韓国と北朝鮮の国連同時加盟、同年末のソ連邦の崩壊、というように、このころ各国の政治・経済状況や北東アジア地域をめぐる国際環境が、わずか数年間に劇的に変化した。1990年に韓国とソ連の間で国交が結ばれ、1992年には韓国と中国との間の国交も結ばれた。こうした変化によって「日本海は相互の往来が閉ざされた対立と緊張の海から平和と交流の海へと大きく転換しつつある」という認識が、人々の間で急速に広まっていった。この激動期に「環日本海」という言葉が生まれ、流行語のように使われるようになった。

　第2に、国ではなく国内の地域が、それも各国の「中央」に対して「周辺」の立場におかれていれた地方が主体となって、相互に結びつこうとしていた点である。日本では北海道、東北の日本海側から山陰地方、九州北部など、ソ連では極東や東シベリア、中国では東北三省、といった各国において「中央」の発展から取り残されていた地方が、この「環日本海」の交流を足がかりに経済発展を実現できるのではないか、という期待が生まれた。また、地方どうしが国境を越えて交流することの意義や、それによる地域振興に期待が集まったり、国と国の外交とは別に、地方自治体、地方政府どうしの外交（地方外交）の可能性について期待を込めて論じられたりした。

　第3に、「環日本海」の国々は民族、言語、生活様式、経済制度や発展段階など多くの面で極めて多様性に富んでいるため、当時大きな注目を集めていた欧州連合（EU）のような経済統合を実現するには非常に時間がかかる、あるいはそもそも不可能で「環日本海」の目標にはなりえない、という認識が一般的だったことである。北東アジアでも国境の垣根を低くしていって、ヨーロッパにように通貨統合から将来の政治統合までめざすべきとの理想論もなくはなかったが、ヨーロッパと比べて経済発展段階や文化など多くの面

で大きな差異がある現実を前に、それは夢物語であると一般に考えられていた。また逆に、こうした文化や経済の面の多様性が「環日本海」の長所ないし強みであるという、これもやはり理想論が唱えられることもあったが、しかしEUと異なる新しいタイプの共同体のあり方が提示されることはなかった。総じて、「環日本海」をキーワードに北東アジアをどんな地域にするかという目標は曖昧なまま統一されることはなく、「環日本海」という言葉だけが一人歩きしていたというのが、20年前を振り返って感じられることである。

2.「環日本海」への新潟の2つの期待

　「環日本海」をいち早く政策の柱にしたのは新潟県である。90年代前半には、新潟県、新潟市をはじめとする日本海側の自治体、地方の新聞社やテレビ局、大学などから「環日本海」の情報が大量に発信されていた。当時新潟において「環日本海」という言葉は、次の2通りの意味で使われる傾向があったように感じられる。[3]

　1つは「環日本海経済圏」という意味である。これは主に企業関係者や経済問題の研究者、研究機関によって提唱されたもので、「環日本海」を東アジアの新しい成長の核ととらえ、新潟をはじめとする日本海沿岸地域の繁栄に対する期待が込められていた。

　もう1つは「環日本海交流」という、やや広い意味である。自治体や市民団体などから、冷戦期に制約されていた国境を越えた市民の往来が容易になったのを受けて、それをさらに推進し発展させることが提唱されていた。

　これら2つの意味ないし期待のうち、前者は後者と比べて概念や目標がわかりやすい。環日本海諸国の相互の経済交流を推進することによって、これまで各国の「中央」から取り残されて遅れた「周辺」の発展を志向する、という考え方である。いいかえれば、かつて「裏日本」ともいわれた新潟など日本海沿岸地域の後進性を、環日本海経済圏の実現を通して乗り越えようとするものであった。[4]

Ⅰ．地域統合から考える「東アジア共同体」

　これをよく表しているのが、中国・朝鮮・ロシアの3国国境にあたる図們江（中国名。朝鮮名は豆満江）の河口付近に、港湾と輸出加工区を備えた自由貿易地帯を創設しようという開発構想が、大きな注目を集めたことである。これは日本の資本、韓国と日本の技術、中国の労働力、ロシアと北朝鮮の資源と土地、といった要素を相互に補完しあい、国際協力によって辺境地域の発展を促そうとするもので、「環日本海」の時代を象徴する構想と考えられていた。[5]

　しかし、いま冷静に考えてみると、こうした「経済圏」を構築するにあたって実際に重要になる資本、技術、制度などの実務面の主体は、多くの場合「中央」にある。国境を超えた経済協力とは、逆に言えば文字どおり国家と国境の存在を前提としており、それが大規模のものになればなるほど、日本海を囲む「周辺」の地方が直接の当事者になるのが困難になる。図們江開発の中心的な役割を自治体や地方の企業が担うことは考えにくいし、中国側でも開発計画の立案や推進役は地元の延辺朝鮮族自治州政府や琿春市当局よりも吉林省政府が主体であり、中央政府の方針にも大きく影響を受ける。「周辺」の地方が実質的に主体性を発揮できるのは、現実には小規模のプロジェクトがほとんどである。そうした個別の小規模な経済交流を日本海周辺地域全体に面的に拡大していって「環日本海経済圏」を実現させるまでには、相当の時間がかかるだろう。さらに、仮にそれが実現できたとしても、地方の住民が直接、最大の受益者となる保証はない。[6]

　こうした問題点や限界を内包していたにもかかわらず、1990年前後の新潟では「環日本海」イコール「環日本海経済圏」イコール「図們江開発」といったとらえ方が広く見られ、前述のようにバブルの崩壊とそれに続く長引く不況の中で、そうした期待が急速にしぼんでいったのである。

　これに対して、もう1つの「環日本海交流」というのは、ロシアの極東地方、中国の東北地方、韓国、北朝鮮、そして日本のとくに日本海側地域が主体となり、各地域間のコミュニケーション・ネットワークを、日本海を跨いで作り上げることを目標とするものであった。いいかえれば、相手の顔が見

えるような関係を「環日本海」に築き、そのネットワークを通じて、たとえば地域の資源・環境の利用方法や諸民族の生活文化の継承といった共通の問題を検討し、北東アジアの歴史について共通の認識をもち、今後の地域全体の繁栄の道筋を模索することを理想としていた。前述したような、民族、文化、言語などの面できわめて多様性に富むという環日本海地域の特徴によって、従来の欧米中心の思考方法からは生まれてこなかった新しい視角を、ここから世界に向けて発信できる、という期待が唱えられていた。これはすぐに金銭的・物質的な利益を生み出すものではないが、「環日本海経済圏」とは違って、これによって恩恵を受けるのは国や中央ではなく、当該地域に住む人々である。

　1980年代以前は、地域間のコミュニケーションでさえ、国家の中央どうしのチャンネルに頼っていた。新潟にいてもロシア沿海州の出来事は、モスクワ～東京を経由してしか知ることができなかったし、「北の脅威」を象徴する軍事都市ウラジオストクで市民が普通に日常生活を送っている姿は、冷戦時代には想像すらできなかった。「環日本海交流」とはまず、直接対話できるチャンネルをこの地域に網目状に作り上げることが求められたのである。

　もちろん、「環日本海経済圏」の構築を目標とする場合でも、こうした経済分野以外の交流によって相手地域の特徴を理解し、コミュニケーション・ネットワークを築くことは、大きな意味をもつ。すぐに「環日本海経済圏」を実現することはできず、まず初めに多地域間の人と人との結びつきがどうしても必要だからである。

　この「環日本海交流」という目標もまた、バブル崩壊とともに「環日本海ブーム」が去り、人々の話題にあまり上らなくなっていった。だが、環日本海の地域間でコミュニケーション・チャンネルを増やし重層化させることや、コミュニケーションの直接の担い手となるロシア語、中国語、韓国語が使えて各国の文化を理解する人材を増やし、さらに各国の社会や文化を研究する組織を充実させる、といったソフト面のインフラ整備は、「環日本海ブーム」が去った後も自治体や大学によって着実に進められてきた。

Ⅰ．地域統合から考える「東アジア共同体」

「環日本海経済圏」は理想のまま霧散し、それに依拠して地域の経済的繁栄を実現することはとうとうできなかった。しかしその裏で、華々しくはないが「環日本海交流」のための土台は着実に築かれてきた、というのが20年間の大ざっぱな総括である。

3. 新潟における「環日本海」前史

ここで、「環日本海ブーム」が訪れる前までの新潟の国際交流の歴史、特に日本海の対岸地域との関係史を整理しておきたい。歴史的な蓄積を抜きに突然、1990年前後に新潟で環日本海が始まったわけではないからである[7]。新潟は近世初頭に、もともと砂丘と湿地からなる信濃川河口近くに建設された港町である。新潟湊は越後平野の米の積み出し港として重要で、ここを治めた長岡藩によって17世紀半ばから町全体に水運の便を図るための堀割（運河）が開削され、また日本海沿岸をめぐる西回り航路の寄港地に指定されたのを契機に新潟湊は飛躍的に発展し、それにつれて町も急速に発展を遂げた。

だが、1731（享保16）年の災害で、大きな挫折を経験する。それまでの新潟湊は、信濃川の河口部に阿賀野川が合流する地点に築かれ、大型船の入港が可能な安定した水量をもっていた。ところが、前年に阿賀野川下流部の悪水排出の目的で開削された放水路、松ヶ崎堀割の分流部の堰が、この年の融雪期の洪水により破壊され、堀割が一挙に本流となり、その影響で信濃川河口部につながる旧本流の水量が激減した。掃流力を失った信濃川河口部には土砂が堆積し、新潟港の水深が浅くなってしまった。

この影響は直ちに新潟湊への入港船の減少につながり、たとえば災害以前の1697（元禄10）年には3500隻の入港船があったが、災害後の1741（寛保元）年には1980隻と半分程度に落ち込んだ。この災害以降の新潟湊は、近代技術による本格的な港湾建設が可能となるまでこの悪条件を克服できず、一地方港としての時代を送ることになる。

そうした不利な状況にもかかわらず、1848（嘉永元）年に新潟は幕府直轄

地に指定され、その10年後の1858（安政5）年に幕府が米国と日米修好通商条約を締結し、新潟は長崎、下田（のちに神奈川）、箱館（函館）、兵庫（神戸）とともに開港五港のひとつに指定されて、国際貿易港として発展するチャンスを得た。

しかし、実際の新潟の開港はさらに10年遅れ、1868（明治元）年11月となった。それは、新潟が戊辰戦争の戦場となったこととともに、港の自然条件が影響したといわれる。

ともかく明治初期に日本海側唯一の開港地となった新潟には、税関（運上所）や英・米・蘭・独などの領事館が開設され、発展が約束されたかに見えた。しかし、当時の技術では港の悪条件を克服できなかったのに加え、港の後背地には米作以外に有力な産業がまったくなかったため、外国船の入港は開港から2、3年の間に年20隻ほどあっただけで、それ以降は激減する。各国の領事館も短期間のうちに撤退し、最後まで残った英国領事館も1879年に去り、新潟は開港地の指定を生かして国際都市として飛躍することができなかった。

明治期に初めて新潟から日本海の対岸航路の開拓に挑んだのは、三菱系の商社、新潟物産の伏見半七である。1879（明治12）年、彼は「豊島丸」（500トン）に食料品を積んで、ロシアのウラジオストクに向かった。彼が企図した食料品輸出を中心とする定期航路は最終的に実現できなかったが、伏見は1885（明治18）年から北洋漁業に転進し、その後の新潟は、北洋サケマス漁の基地として繁栄することになる。おもな漁場は、明治20年代には樺太付近、明治30年代以降はカムチャツカ半島付近まで拡大した。これには、日露戦争の勝利によるロシアの沿岸漁業権の獲得も手伝った。この北洋漁業による新潟の繁栄は大正期から昭和初期まで続いた。

1896（明治29）年、新潟とウラジオストクとを結ぶ航路が政府の特定助成航路に指定され、初めて対岸との定期航路が実現した。これは、政府補助期間が終わると起点が敦賀に変更されたり、新潟県の助成により直行航路が復活されたりし、たびたび制度の変更を受けたが、1918（大正7）年のシベリ

Ⅰ．地域統合から考える「東アジア共同体」

ア出兵までの束の間の平和の時代、邦人が多数居留するウラジオストクと日本とを結ぶ重要な架け橋として機能した。

　土砂の堆積に悩まされ、機能的にも不十分なままであった新潟港は、大正期に入って、ようやく近代的な港湾としての整備が始められた。1917（大正6）年、中央埠頭と北埠頭（県営）と臨港埠頭（民営）の建設が始まった。これらは現在に至るまで新潟西港の中核となっている。

　昭和に入るとまもなく、1931（昭和6）年の満州事変、翌年の「満州国」建国宣言など、日本の中国大陸への侵攻により、日本海は「日本国の生命線」をつなぐ重要なルートとして一躍脚光を浴びることになる。1935（昭和10）年には、朝鮮半島の清津・羅津と新潟を結ぶ航路が「日満定期航路」の指定を受け、月3回運行されるようになった。次いで1937（昭和12）年には、東京と新潟とを最短距離で結ぶ鉄道、上越線（1931年開通）を利用して、東京～新潟～清津～新京（満州国の首都、現在の長春）の最短ルートが、関釜航路、大連航路とともに「日満連絡幹線ルート」に指定された。

　この時代は、日本海の相対的な重要性が増し、新潟が明治以来の「裏日本」から脱却しかけたのだが、それは新潟の主体性によってもたらされたのではなく、大東亜共栄圏の構築という国策に従ったもので、地域の人々の意志とは無関係に、わが国の大陸進出の窓口として位置づけられたものであった。この時期に新潟は、ずっと果たせなかった港湾都市としての繁栄を、やっと手にすることができた。だが、第二次大戦の敗戦による国策の挫折は、直ちに日本海側の没落につながり、ついに「表日本」として発展する夢はかなえられなかった。

　敗戦後、1952（昭和27）年に新潟港の機雷の掃海と沈船処理が終了して安全宣言が出されると、港湾に隣接する重工業地帯も徐々に復興していった。1964（昭和39）年6月には新潟を大地震が襲い、市街地と港湾施設に大きな被害が発生した。特に、水分を多量に含む地盤で液状化現象が発生し、多くの建築物が傾き、港や空港の施設も大きな被害を受けた。だが、高度経済成長期にあって復興も早く、日本海の対岸地域との貿易量も拡大していった。

こうした中で特徴的なのは、1959（昭和34）年に開始された在日朝鮮人帰国事業である。新潟港から1967（昭和42）年までに合計186次、約9万3000人が朝鮮民主主義人民共和国に帰国した。これは、政治的な懸念や激しい反対運動のために他都市が尻込みした出航地を、新潟が人道的見地から引き受け、一般市民を含む地元が一丸となって支えた事業である。新潟と北朝鮮の元山（初期は清津）を結ぶ航路は、国交のない日朝間で唯一の定期航路として機能し、1990年ころには在日の朝鮮国籍の人々が祖国と往来する際の足として、冬季を除いて約10日おきに運行されていた。

　また新潟市は、新潟地震の際に旧ソ連ハバロフスク市から緊急木材援助を受けたことをきっかけに相互交流を深め、1965（昭和40）年に姉妹都市提携を結んだ。それに続いて1966（昭和41）から3年間、ナホトカへの定期航路（貨客船）が運航されたのをはじめ、1976（昭和51）年にナホトカ（ボストチヌイ）との定期貨物航路（1980年からコンテナ航路）が開設され、さらに新潟県の訪問団の派遣などが相次いだ。1967（昭和42）年に日本海側で唯一の特定重要港湾に指定されたことを弾みにして、新潟は東西冷戦下にありながらソ連極東との人や物資の交流の窓口としての機能を高めていった。

　海のルートの拡充と並んで戦後の新潟で特徴的なのは、国際定期航空路を早くから持ったことである。1973（昭和48）年に新潟とハバロフスクを結ぶ路線が、相互交流の深まりを背景に開設され、長い東西冷戦の間、ソ連極東とわが国を結ぶ唯一の定期航空路として機能した。これに続いて、1979（昭和54）年に韓国ソウル線、1991（平成3）年にロシア・イルクーツク線、1993（平成5）年にウラジオストク線、と次々と新潟からの定期航空路が開設された。

　このうち、新潟とウラジオストクとの関係を見ると、1989（平成元）年に新潟県と新潟市の代表と一般市民をのせた大型訪問団が、当時軍港として外国人の立ち入りが厳しく制限されていたウラジオストクをソ連船で訪れ、その後も自治体や経済団体などの代表が頻繁に往来を重ね、1991（平成3）年に新潟市とウラジオストク市の姉妹都市提携に発展した。このウラジオスト

クとの交流は、まさに「環日本海の時代」を象徴する出来事であった。

中国との交流では、日中平和友好条約が締結された1978（昭和53）年から、新潟市の南部、亀田郷土地改良区が中心となって中国黒龍江省の三江平原の開拓事業に対する技術援助が行われ、その成果が現地でも高く評価された。これを契機に、新潟市は翌年に同省哈爾濱市との間で友好都市提携を行った。これと、1983（昭和58）年の新潟県と黒龍江省との友好県省提携との相乗効果で、医療、農業、学術、語学、工業技術など幅広い分野の交流が拡大し、頻繁に訪問団が往来するようになった。

また、韓国との間では、政治・経済体制の面での障害が少ないこともあって、1978（昭和53）年の韓国総領事館の新潟開設、翌年の新潟〜ソウル定期航空路線の開設などを契機にビジネス、観光、文化交流などが順調に拡大し、さらに1988（昭和63）年にプサンと間に定期コンテナ航路が開設、1990（平成2）年にはソウル市に新潟県事務所が設置された。

4．新潟の「環日本海交流」の特徴

以上のように、1990年代初めに「環日本海ブーム」が訪れるよりかなり以前から、新潟では日本海の対岸との交流に先人たちが大きな力を傾け、開拓されたルートを利用して多くの人々が日本海を横断して往来して新しい風を吹き込んできた。このことが、次の2つの環日本海交流の特徴を作り出したと考えられる。

第1に、対岸諸国の地方行政、研究・医療・教育機関や文化施設、民間交流団体などとの間に、産・官・学を合わせると非常に豊富なコミュニケーション・チャンネルを、一国に片寄らずに持っていたことである。

たとえば、新潟の企業関係者が中心となって組織された日本海圏経済研究会（1985年発足、初代会長は佐野籐三郎亀田郷土地改良区理事長）は、「環日本海」という言葉が定着する以前からこの地域の国際経済協力の可能性に着目し、環日本海経済圏の実現に資する生の情報を頻繁な人的往来を通して

直接収集し、「フォーラム」の場で交換していた。また、対岸諸地域との人的ネットワークづくりに力を注ぎ、その結果、1990 年代初めには中国やロシア極東など対岸地域の人々から、新潟との経済交流に関する実質的な窓口と認知されるまでになっていた。[8]

また、新潟大学環日本海研究会（1988 年発足、初代会長は渋谷武新潟大学教授）は、環日本海地域の研究者や学術交流に関心をもつ人々が集まった学際的組織で、新潟県内の大学をはじめ自治体、民間企業などからも参加者を集めていた。各国の研究者を招いて毎月研究例会を開催していたほか、1990年には旧ソ連・中国に代表団を派遣して 20 余りの大学・研究機関との間で「環日本海地域学術交流宣言」を締結し、この地域の学術交流のネットワークをスタートさせた。この研究会の活動の蓄積を土台に、1994 年に全国規模の環日本海学会（初代会長は渋谷武、2007 年に北東アジア学会に改称）が発足した。[9]

第 2 に、旧ソ連や北朝鮮などの政治体制が異なる国との交流を、長い間、積極的に推進してきたことである。とくに旧ソ連極東との交流については、新潟市国際室（のちの国際課）が大きな役割を果たしてきた。[10]

新潟市は、1970 年代に始まった日ソ沿岸市長会議を事実上主催し、両国間の友好促進、文化・経済交流の促進などのテーマで対話を継続してきた。日本と旧ソ連との国家関係が冷戦の影響で冷えきっている時代もパイプを保ち続け、体制の違いを越えて、都市と都市の結びつきを基本とした市民同士の国際交流を推進し、環日本海の諸地域を対等に結び付ける役割を担ってきた。

1990 年当時、対岸地域の都市を訪れた際に、片言の現地の言葉で日本の新潟から来たと告げて、研究者や行政担当者はもとより初対面の若い学生からも、了解されなかったことはない。ハバロフスク、ウラジオストク、ユジノサハリンスクなどで新潟は、東京、大阪、札幌と並んで知られていたし、北朝鮮の元山や平壌でも新潟は有名であった。この事実は、困難な時代にも絶えず続けられてきた相互の交流の蓄積を示すものであろう。

新潟が在日朝鮮人帰国船の出港地だったことについては、現在では否定的

な評価が多く、また韓国の年輩の人々に新潟は「北送船」の出航地として記憶されていることもあるが、他の同規模の日本の都市と比べて新潟がよく知られていることは確かである。

5. 環日本海交流の発展のための条件

以上の新潟の対岸地域との関係史と環日本海交流の特徴から、新潟が1990年代前半に環日本海交流を積極的に推進できた背景をまとめると、以下の3点になるだろう。

第1に、特徴的な交流の蓄積をもっていることである。新潟は戦前から戦中にかけて、地域の人々の意志とは無関係に、わが国の大陸進出の窓口という役割を担った。敗戦による国策の挫折とともにそれは終了したが、代わって在日朝鮮人帰国船の出航地となり、また東西冷戦下にありながら旧ソ連の都市との定期航空路が開設され、北朝鮮およびロシア極東地方とを結ぶわが国で随一の窓口として近年まで機能していた。こうした、他の都市にはみられない交流の歴史を新潟はもっている。

第2に、国の外交にない役割や特徴を国際交流において発揮したことである。戦後の新潟は前述のように、対岸諸地域との間で国の外交を補完する機能を果たしてきた。在日朝鮮人帰国事業や日ソ沿岸市長会議を支え、国家関係が冷えきっている時期にも体制の違いを越えて地方どうしの交流のパイプを保ってきた。[11]

第3に、対岸地域の人々から日本の玄関口として利用され、対岸地域と日本各地との結節点（2つのネットワークをつなぐ接点）として機能していたことである。1990年代の初め、ロシア極東、中国東北部、および北朝鮮の人々はまず新潟の空港や港に到着し、新潟から新幹線や高速道路で日本各地の目的地に向かっていた。最近になって成田とロシア極東、中国東北の諸都市を結ぶ定期便が就航するまで、確かに新潟は日本国内と対岸地域とを往来する人々の結節点であった。もとより環日本海交流は日本において、日本海

沿岸地域だけで完結するものではなく、経済活動の中心である太平洋側、とくに首都圏とのアクセスが重要である。この点で1980年代までに高速道路と新幹線が整備されていた新潟は、人の往来にも物流に関しても非常に有利な位置にあった。

ところで、以上のような特徴をもつ「環日本海ブーム」を経験した新潟は、1990年代半ばにそのブームが去った後も対岸交流を下火にさせることはなく、むしろ現在まで環日本海交流を積極的に推進してきている。それは、「環日本海経済圏」の構築とその拠点都市としての発展という夢に代えて、より現実的な「環日本海交流」の拠点へと現実的な方向に舵を切った結果でもある。

3節で見たように、「環日本海交流」とは、日本海を囲む地域間で重層的なコミュニケーション・ネットワークを作り上げること、いかえれば相手の顔が見えるような関係を「環日本海」に縦横無尽に築くことが目標である。このコミュニケーション・ネットワークの拠点となるために必要なのは、空港、港湾、高速道路といったハード面のインフラではなく、ソフト面の、いわば「知的インフラ」を集積させることである。「知的インフラ」とは、研究、教育、情報、コミュニケーションのためのソフトの社会的基盤のことで、地域の国際化を考えるに際しても、国際的人材の養成（教育）、地域独自の情報の生産（研究・調査）とその発信（情報・コミュニケーション）等の機能を果たすしくみを地域で備えることが前提となる。[12]

具体的に「知的インフラ」集積のための課題をあげると、第1に、環日本海に関する情報の蓄積と、それを国内へ発信する機能をもつことである。前述のように、新潟にはロシア極東、中国などの研究機関やキーパーソンとの太いパイプをもつ組織や研究者が多く存在し、新潟県内のほとんどの大学では対岸地域の大学との研究交流を推進している。北東アジア学会の会員の中で新潟の研究者が占める割合は首都圏に次いで多い。また、バブル崩壊後の1993（平成5）年には、新潟県などの出資によりシンクタンク、（財）環日本海経済研究所が（ERINA）が発足し、北東アジア地域の調査研究と内外への情報発信を行っている。

第2に重要なのは、環日本海の交流を実質的に支える人材の育成である。とくに、ロシア語、中国語、韓国語などの能力を持つ人を増やすだけでなく、異文化間のコミュニケーションのセンスを持った人材を育てなくてはならない。また、世界への情報発信を考えると、それらの言語のほかに英語の能力も重要である。1つの外国語をマスターするだけでなく、複数の外国語と文化を学び、多国間、多地域間交流の架け橋となる人材を養成する必要がある。

　これについては、2009（平成21）年に新潟県立大学が開学し、そうした人材の育成を目標としたカリキュラムを組むとともに豊富な海外での語学研修や留学制度を設け、日本全国から多くの受験生を集めている。2014（平成26）年にようやく2回目の卒業生を出したところで、今後は地域への人材の定着が課題である。

　第3に、日本海をめぐる地域間の関係史を市民が学ぶ機会を整備することである。従来の「日本史」や「世界史」は通例、日中、日露、日韓といった国家レベルの枠組みを前提に編まれている。だが、地方が主体となって国際交流を進めるためには、それとは別に地方どうしの関係を見直し、日本海をめぐる交流史の中に自分たちの地域を位置づけて、それを前提とした独自の交流形態を検討することが必要である。

　そのためには、一般市民を対象とした各大学の公開講座や市民開放授業、および「にいがた市民大学」などの大学レベルの学習機会をいっそう充実させ、少数の精鋭を作ると同時に裾野を広くすることが、交流の拡大と継続を支える力になるだろう。

おわりに——地方からみた東アジア共同体の理想

　以上、1990年代前半の「環日本海ブーム」がどんなものだったか、ブームが到来する以前の対岸交流史にはどんな特徴があったか、ブームが去ったあと何が環日本海交流を支えてきたか、といったことを、新潟を中心に振り返ってみた。ここから、来たるべき「東アジア共同体」がどんな特徴をもつ

ていれば地方がそこで力を発揮できるのか、おぼろげながら見えてくる。

　まず、過去の「環日本海」の経験則であるが、国家の存在を前提とし国家間の垣根を低くしようとする欧州連合（EU）型の経済圏を東アジアに構築しようするならば、日本の地方がこれまで蓄積してきた地域間交流の資産をそこに生かしたり、そこから地方が利益を得て発展のチャンスをつかんだりすることは、ほとんど期待できないだろう。「東アジア経済圏」で利益を得るのは、おそらく東京であり、ソウル、北京、上海といった各国中央の大都市である。また、東アジアが本来もっている多様性という特徴は、「東アジア経済圏」の発展にとって力を弱める負の作用しかもたず、無視ないし捨象される方向に進むであろう。各国の地方どうしの結びつきを前提に「東アジア経済圏」を作り上げる、というシナリオを机の上で描くことはできるかもしれないが、「環日本海経済圏」による地方の発展を企図したが期待外れに終わった経験から、それは現実にはほとんど不可能だろう。

　となると、現時点で地方から「東アジア共同体」に関して言えることは、「環日本海ブーム」から20年たって、ようやく土台が厚みを増してきた国境を越えた地域間のコミュニケーション・ネットワークを、さらに拡大、重層化していき、互いに顔が見えるような関係をさらに広げていくことが、どんなものになるにせよ「東アジア共同体」の基礎を固めるためには必要だ、ということである。

　新潟だけでなく、富山、石川、福井の北陸三県や鳥取県、島根県では、北東アジアを対象とした国際的研究機関や国立大学の研究所、県立大学などが設立され、この20年で「知的インフラ」が目に見えて充実している。それ以外の各地でも、東アジアとの交流を志向する組織や市民団体が活発に活動しており、多くは形式的・全般的な友好交流から実質的・具体的な国際協力に力を注いでいる。さらに、全国の大学で中国、韓国、モンゴル、ロシアなどからの留学生が増加し、これらの国に留学する日本人学生も多くなった。これらはみな「知的インフラ」の充実を示す事象である。

　このような、地方に着実に蓄積されている資産を生かして、さらに地方が

Ⅰ．地域統合から考える「東アジア共同体」

そこから利益を得ることができるような「東アジア共同体」の構築が理想である。

注
1) 本章の第2〜6節は、次の過去の拙稿を下敷きにして大幅に加除修正を施したものである。櫛谷圭司「歴史を貫く新潟の対岸交流」（大津浩・羽貝正美編『自治体外交の挑戦－地域の自立から国際交流圏の形成へ』有信堂、1993年）、156-178頁。なお、これまであった「環日本海圏」構想については、次の文献に詳しい。若月章「環日本海をめぐる構想の歴史」（多賀秀敏編『国境を越える実験－環日本海の構想』有信堂、1992年）、31-60頁。環日本海学会編『北東アジア事典』国際書院、103-119頁。
2) 「環日本海地域」の特徴として多賀秀敏は次の論文で、遮断性、多様性、周辺性の3点を指摘している。多賀秀敏「環日本海圏の創出－地方的単位の実験」（多賀秀敏編『国境を越える実験－環日本海の構想』有信堂、1992年）3-30頁。
3) この節の論旨は次の拙稿の内容に基づいている。櫛谷圭司「キーワードの周辺・環日本海」『地理』1992年3月号、1-4頁。
4) 歴史的な「裏日本」の後進性については次の書物で詳しく論じられている。古厩忠夫『裏日本－近代日本を問いなおす』岩波新書、1997年。
5) 図們江開発構想については、次の文献に詳しい。環日本海学会編『北東アジア事典』国際書院、121-134頁。
6) この部分の論旨は次の拙稿の内容に基づいている。櫛谷圭司「環日本海経済圏と図們江地区開発計画－中国吉林省延辺朝鮮族自治州を中心に」（現代アジア研究会編『東アジアの局地的成長』文眞堂、1994年）、109-133頁。
7) この節の内容は次の文献を参考にした。新潟市郷土資料館編『新潟市史読本』1979年。大島美津子・佐藤誠朗・古厩忠夫・溝口敏麿編『新潟県の百年』山川出版社、1990年。
8) 日本海経済圏研究会の活動を支えていた幹事の藤間丈夫が次の書物を著している。藤間丈夫『動き始めた環日本海経済圏』創知社、1991年。
9) 筆者はこの新潟大学環日本海研究会の事務局長を発足時から務めていた。研究会の成果をまとめた出版物として、『環日本海叢書』1〜18号（非売品、1993-2001年、新潟大学附属図書館蔵）がある。
10)この時代の新潟市の旧ソ連との交流については、当事者であった市岡政夫が次の論

文で紹介している。市岡政夫「対岸交流と日本海時代（新潟市）」（長洲一二・坂本義和編『自治体の国際交流』、学陽書房、1983 年、120-135 頁）。市岡政夫「環日本海自治体交流活動の歴史と課題－環日本海構想を目指す新潟市」(『月刊自治研』1991 年 7 月号、56-62 頁）。

11）このような地方自治体の国際的な機能について、このころ（1990 年代前半）から「自治体外交」または「地方外交」といった言葉で表現されるようになった。それに関して自治体の当事者が著した書物として、次のものがある。市岡政夫『自治体外交－新潟の実践・友好から協力へ』日本経済評論社、2000 年。片山善博・釟持佳苗『地域間交流が外交を変える－鳥取-朝鮮半島のある試み』光文社新書、2003 年。

12）新潟県および北陸 3 県の知的インフラについては、次の拙稿で 1991 年時点の調査結果を報告した。櫛谷圭司「大学・研究機関の取り組み」（金森久雄監修、NEAR 知的インフラ委員会著『ボーダーレス時代の地域間交流』アルク、1999 年、44-55 頁）。

II.
「人的・文化的交流」の過去と現在

第5章
姓氏の発生と祖先意識
　　　及び神話伝説

金　光林

はじめに

　アジアの共同体、または東アジアの共同体について論じる際、経済的な相互関係、外交・安全保障上の必要性、市民的連帯という現在的な視点から語る場合が多く、アジアの人々が歴史的にどういう文化と価値観を共有し、それがどのようにしてこの地域の共同体の形成に役立て、そして現在にもなお意味のあるものであるかという議論がやや欠けているように思われる。

　筆者は東アジアにおける姓氏の形成について研究を進める過程で、中国・朝鮮・日本・ベトナムが漢字を媒介とする共通の文化圏を形成し、中国の漢民族の姓氏が周辺の異民族に広く受け入れられていた事実が改めて確認できている。一方、中国の漢民族の姓氏を受容しながらも、周辺民族が独自のアイデンティティの保持に努力した痕跡も歴然と現れている。その一例に、朝鮮では古代の王権が姓氏の創製を独自の建国神話と結びつけ、そこから中国では珍しいか、あるいは存在しない「金」「朴」などの姓氏を作ったのである。

　歴史的に観察した場合、東アジアでは漢字と仏教を共通の文化的・精神的基盤とし、中国中心の華夷秩序を特徴とする相対的に安定した地域共同体を形成してきた。それが欧米の影響による近代化の過程でこの地域の秩序が大きく変容した。現在、国際社会における中国の急速な浮上という現実を迎えながら、東アジアの共同体が一体どういう方向へ向うべきかという問題が問われている。前近代の華夷秩序でもなく、近代の覇権的秩序でもなく、東ア

ジアの諸国が共に受け入れ可能な共同体が求められると思われる。筆者の論文がそのための思索の助けとなれば幸いである。

本章においては、東アジアの中国、朝鮮、日本、ベトナムの姓氏には、王族に由来する姓氏が多く、その王族の系譜が神話伝説に遡ることが多いという現象に着目し、東アジアの姓氏発生の過程における姓氏と祖先意識と神話伝説の関係を究明したい。本章においては、中国、朝鮮、日本、ベトナムの姓氏を主な研究対象にするが、いずれ研究視野を満州、モンゴル、琉球、その他の中国周辺の異民族の姓氏にまで広げ、東アジアの姓氏の発生過程における祖先意識と神話伝説の関係について幅広い検討を行う考えである。

1. 中国における姓氏の形成とその特徴

姓氏は人間の血族関係、家柄を示すために名前の前につける標識である。中国の文字に関する最初の字典である『説文解字』に「姓人之所生也」とあるように、古代の中国では姓は同一の祖先に出自する血縁集団を指しており、これに対して氏は姓を構成する個々の家柄、または同一の祖先から分岐した家柄を意味していたが、東周の頃から姓と氏は混用されるようになり、秦漢時代には姓＝氏という傾向が顕著となった。

中国の姓の起源は原始部族の名称、または部族の首領の名前に由来したようである。そして中国の姓は母系社会から始まったために、最古の姓は「姫(き)」「姜(きょう)」「姚(よう)」「嬴(えい)」など女扁からなることが多かった。姓は原始部族の血縁の指標として生まれ、血縁関係を区別する生物的機能を持ち、近親の通婚を防ぐ役割を果たした。後に原始部族の人口の増加、さらに人間の移動・逃亡などにより部族の分岐が行われて支族が生まれると、それらの支族の名称が氏と呼ばれるようになった。古代の中国においては氏の発生過程が父系社会と重なり、家族の血縁関係は父系血統が重んじられるようになった。姓は血縁関係の区分を表すものであるが、氏は家族の社会的地位を示す機能を持ち、周代には、天子が貴族たちに血縁関係によって姓を、封土によって氏を賜った

のである。西周時代の分封制、「賜姓命氏」制度により、この時期に中国の姓氏は大量に生まれることになった。

　春秋時代、特に戦国時代に至って周朝の分封制と宗法が瓦解し、嫡長子継承を基礎とする「世卿世禄制」は段々と廃止され、従来の氏は社会的に貴賎を分ける意味を持たなくなった。そこから姓と氏の区別が無くなり、姓氏の合一がなされるようになった。秦漢以降、中国では姓と氏の区別が完全になくなり、「姓氏」と呼ばれるようになった。しかし、姓と氏の区別が無くなった代わり、漢代には「地望」という言葉を用いて家柄の貴賎を示すようになった。「地望」とは、特定の地域における名門貴族の家柄という意味である。このような慣習は魏晋南北朝の時代に特に盛んになり、隋唐の時に続き、後に「郡望」と呼ばれることが多くなった。例えば、魏晋南北朝から隋唐に至るまで中国北方地域の４大郡望を形成していた範陽盧氏（はんようろ）、清河崔氏（せいがさい）、滎陽鄭氏（けいようてい）、太原王氏（たいげんおう）などである。また、魏晋時代の有力な郡望として陳郡謝氏（ちんぐんしゃ）、瑯琊王氏（ろうやおう）などがあった。朝鮮の姓氏体系の中で使われる「本貫」（祖先の本籍地）という概念は古代中国の氏の概念、「郡望」の概念と近似している。

　中国の姓氏の構造は基本的に周代に確立された。そして中国の漢民族の大半の姓氏は秦漢以前の「氏」に由来している。

　古代における中国の姓氏の起源は概ね次のように分類できる。

①帝王あるいは諸侯の領地名、またはそれと関連する邑名、河川名、山名等に由来するもの。
②祖先の諡（おくりな）及び字などを長く伝えるため姓氏に転用したもの。
③官職名から転じたもの。
④帝王あるいは時の支配者から賜ったもの。
⑤動・植物の名によるもの。
⑥帰属部族および周辺の異民族の漢姓化したもの。
⑦革命あるいは亡国等により改姓したもの。
⑧その他の事情によるもの。

　中国の姓氏の数に関しては、唐代の『元和姓纂』に1233個が収録され、宋

代の『姓解』には 2569 個、明代の『万姓統譜』には 3700 個が収録された。1981 年に北京出版社が刊行した『中国姓氏大全』には、5600 個、1996 年に教育科学出版社が刊行した『中華姓氏大辞典』には、歴史上と現代の中国の姓氏 1 万 1969 個が収録された。しかし、現代に中国人が常用する姓氏は約 3000 前後といわれ、その中で漢民族の常用姓氏は約 500 個程度だといわれる。

　東アジアにおける姓氏における中国の姓氏の特徴は、まず、姓氏がかなり古い時代から形成され、東アジアにおける姓氏形成の先鞭をつけたことである。次に、漢字を用いる中国式の姓氏、即ち「漢姓」は中国人だけではなく、中国内及び周辺の異民族にも広く取り入れられたということである。それから古代中国の王族、名門貴族はその氏族の源流を中国の伝説上の三皇五帝に求めることが多く、姓氏が古代中国の伝説と関連しながら形成されていった。古代の王族、名門貴族たちがその氏族の源流を神話・伝説上の最も権威のある人物に求める現象は朝鮮、日本の姓氏の形成においても見られるように漢字文化圏の姓氏のほぼ共通した特徴だと考えられる。

　中国の漢民族の姓氏の中でよく使われている 120 個の姓氏（大姓）が漢族人口の 90.11％を占めると言われている。この 120 個の漢族の大姓の中で約 90％以上はその由来を確認できるが、そのほとんどが中国の伝説上の三皇五帝に源流を求めている[1]。ここで注目されるのは、明らかに漢族とは異なる異民族である匈奴、鮮卑までも記録の上では黄帝に源流を求めていることである。『史記』「匈奴列伝」に「匈奴、其先祖夏后之苗裔也」に記載されており、『新唐書』「宰相世系」に「黄帝生昌意、昌意少子悃、居北、十一世為鮮卑君長」と記載されており、『魏書』にも鮮卑の皇族拓跋氏が黄帝の子孫であると記載されている。

　古代中国の王族、名門貴族がその氏族の源流を伝説上の三皇五帝に求める傾向はすでに周代には存在していたと見られる[2]。このような意識は中国の姓氏に関する『左伝』『国語』『世本』『史記』『漢書』『潜夫論』などの書物によって記録され、以後も著述された姓氏に関する多くの書物によって継承されたと考えられる[3]。中でも、司馬遷が著した『史記』では五帝や夏・殷・

第5章　姓氏の発生と祖先意識及び神話伝説

周に関わる伝聞や記録、伝説を一貫した因果関係を持たせて史書に組み立てたのであり[4]、中国の漢民族の歴史観と祖先意識を決定づける重要な書物となったのである。

　漢民族の大姓(たいせい)（ポピュラーな姓氏）の多くは祖先の源流は伝説上の三皇五帝に求めながらも、実際の姓氏はその三皇五帝にまつわる姓氏がそのまま継承されることは少なかった。このような現象は大姓の多くが祖先の源流を伝説上の三皇五帝に求めることが観念的であり、実際の事実とかけ離れていることを裏付けると思われる。

2.「漢姓」の拡がり―周辺異民族の中国式姓氏の受容

　中国の漢民族の姓氏、即ち「漢姓」はすでに周代の頃から中原周辺の異民族に受容されたことが中国の古代の文献から断片的に確認できる。東漢の末年には、漢王朝の和親政策により南匈奴人が漢語を話し、漢字を用い、漢民族の姓氏を取り入れて、貴族は「劉(りゅう)」「呼延(こえん)」「卜(ぼく)」「蘭(らん)」「喬(きょう)」「郝(かく)」などの漢姓を名乗った。

　中国で漢民族と周辺の異民族の民族融合が大いに進んでいた魏晋南北朝時代に、周辺の異民族の中国式姓氏、即ち漢姓の受容が著しかった。まず、五胡十六国時代に中国の華北地域に進入した匈奴(きょうど)、鮮卑(せんぴ)、羯(けつ)、氐(てい)、羌(きょう)など五胡と言われた異民族が漢民族の文化を受け入れ、漢姓を採用していた。南北朝時期には、北魏の鮮卑族が一段と漢化政策を進め、ほぼ完全に漢姓を受容した。北魏の文帝は鮮卑族の複音の姓を単音の漢姓に改めるようにし、496年に王族の姓氏を拓跋(たくばつ)氏から元氏に改め、貴族層には丘穆陵(きゅうぼくりょう)氏から穆氏、歩六孤(ほりくこ)氏から陸氏、賀頼(がらい)氏から賀氏、独孤(どっこ)氏から劉氏、賀楼(がろう)氏から楼氏、勿忸于(ぶつじくう)氏から于氏、紇奚(こっけい)氏から嵇氏、尉遲(うっち)氏から尉氏という8つの漢姓を創製した。

　唐代には、北方の突厥(とっけつ)の中に阿史那(あしな)という姓を史という漢姓に改めたり、唐王朝の国姓である李氏を賜るものもいた。唐代には、南方の南詔国でも、蒙、孟、楊、段、趙(ちょう)などの漢姓を取り入れていた。唐代には西域の異民族が

125

漢姓を受容した記録も見える。

　唐代以降、五代十国、宋・遼・西夏・金・元へと王朝の交替と並立が繰り返される中で、中国周辺の異民族による漢姓受容の現象は引き続き行われた。遼の太祖耶律阿保機（やりつあぼき）は漢の高祖を敬慕したので劉氏を名乗り、遼の太宗は契丹（きったん）人の外戚に蕭（しょう）氏を名乗らせた。

　金朝、元朝の時代にも、女真族、モンゴル族の中から漢姓を受容する事例が多く見られた。金朝では女真族式と漢民族式の姓氏と名前を二重に使う場合があった。チベット系の王朝と見られる西夏でも王族が李氏を使用し、漢姓を受容していたことが分かる。しかし、西夏も一方では漢姓を使用しながら、一方では民族の固有の姓氏も多数使っていた。

　中国最後の王朝であり、かつ異民族の王朝であった清王朝を建てた満州族は女真族に由来し、その姓氏も女真族の複音式を継承した。満州族は中国大陸を支配している間に、固有の姓氏を維持することに努め、貴族が姓氏を漢姓に改めることが禁止されていたという。この伝統はほぼ清王朝を通して維持されていたが、1911年の辛亥革命以後、ほとんどの満州族が漢姓に改めた。例えば、満州八大姓といわれる佟佳（とうか）氏を佟（とう）氏、瓜爾佳（かじか）氏を関氏、馬佳（ばか）氏を馬氏、索綽多（さくしゃくた）氏を索氏、斉佳（せいか）氏を斉氏、富察（ふさつ）氏を富氏、納喇（のうら）氏を那氏、鈕祜禄（ちゅうころく）氏を郎氏（一部を鈕（ちゅう）氏）に改めた。

　中国の歴史上では、漢民族の漢姓が周辺民族に受容されることが多かったが、遼・金・元など異民族の王朝において、漢民族が異民族の姓氏を使用されることもあった。その場合は異民族の権力者による漢民族への賜姓が多かった。

　ここにおいて、中国周辺の異民族の固有、または独自の姓氏と漢姓との関係について論じたい。中国周辺の異民族には、元は姓氏という概念が普遍的には存在せず、氏族・部族の名称に人の名前を連ねて使う場合が多かったと思われる。それが漢民族との接触の過程で氏族・部族の名称が姓氏として使われ、姓氏の概念が広がったと思われる。

　『金史』「百官志」、『続通志』には、金朝を建立した女真族の民族固有の姓

氏数十個が収録されている。この事実から女真族にはすでに固有の姓氏が存在していたことが分かる。女真族は中原地域に進入してから民族固有の姓氏と漢姓を二重に使うことになった。『金史』に付録されている「金国語解」には女真族の固有姓氏と漢姓との対応関係が多数示されていた。例えば、完顔（かんがん）を漢姓では王、烏古倫（うこりん）を商、徒単（とたん）を杜、女奚（じょけい）を郎、兀沿（こつえん）を朱、蒲察（ほさつ）を李、顔盞（がんさん）を張などである。

女真族を継承した満州族には、清朝の時に編纂された『八旗満州氏族通譜』、『欽定皇朝通志』に姓氏が約650個程度収録されていた。この事実から満州族も多くの姓氏を持っていたことが分かる。満州族の姓氏は①部落の名前、②地名・山川の名前、③女真族の古い姓氏、④支配者が賜ったもの、⑤自然現象・動植物の名前、⑥漢姓などから由来したと言われる。

近代に入って満州族が民族固有の姓氏を漢姓に変更する時には、主に①民族固有の姓の最初の発音と同じ漢字、いわゆる諧音の漢字を充てるもの（温迪罕（てきかん）→温、完顔→王、抹顔→孟）、②満州語の意味を漢姓に直すもの（阿克占（あこくせん）→猪→朱）などの方法を取っていたと言われる。

モンゴル民族は中国の漢民族と全く同じ概念の姓氏を持っていなかったと見られるが、モンゴル語でオボク（Obok,Oboq）と呼ばれる血縁共同体の氏族の出自、系譜を子孫に継承させる意識はかなり高かったと言われる。モンゴル民族の姓氏は主に①氏族の名前、②部落の名前、③職業の名前、④地名・山川の名前などから来たと言われる。内モンゴルでは漢姓を使うモンゴル族がいる。その場合、漢姓の採用の方法は満族が漢姓を採用する場合とかなり似ている。例えば、奇渥温（きあくおん）（または乞彦（きつげん））→奇、孛児只斤（ぼつじしきん）（または博爾済吉特（はくじせいきつとく））→包・宝、富格日特（ふかくにっとく）→冨などがその例である。

中国周辺の異民族が漢姓を受け入れる場合、自民族固有の姓氏が存在する場合は、固有の姓氏と漢姓との葛藤・摩擦が存在していたはずであり、両者を二重に使う場合もあるが、自民族固有の姓氏を維持する努力もなされていた。清朝は満州族の貴族が漢姓を採用することを禁止していたし、中国の周辺民族の中で歴史上漢化政策を最も積極的に推し進めていた鮮卑族でさえ、

漢化の推進者であった北魏の孝文帝の後、西魏では一時は漢姓を鮮卑族の固有の姓氏に戻す動きがあったのである。

中国周辺の異民族の中で、ベトナム人の姓氏は約数百程度だと言われている。ベトナムの姓氏の形成においては固有の姓氏の存在があまり見当たらず、漢姓を採用する場合が多かったと見られる。2005年の統計によると、ベトナムで人口数の多い14の姓氏は阮(グエン)、黎(レ)、範(ファム)、黄(ホアン)、陳(チャン)、潘(ファン)、武(ヴーダン)、鄧(ブイ)、裴(ドー)、杜(ホー)、胡、呉(ゴ)、楊(ズオン)、李(リ)であり、これらの14の姓氏がベトナムの人口数の約の90％を占めるといわれる⁵⁾。この中で特に阮氏・黎氏・範氏・黄氏だけでベトナムの人口の半分を超えることになる。これらの姓氏はベトナムにおける歴代の王朝の国姓の場合が多く、始祖の起源を中国に求めることも多い。始祖が中国に起源すると言われる場合の多くが実際の事実と関連がなく、漢姓を受け入れ、中国の漢民族と同じ姓氏を使うことによって始祖が中国に起源すると言われてきた可能性が高いと思われる。

ベトナムでは漢姓を使いながらも、中国と違う独自の使用方法が存在していた。ベトナム人の名前の付け方は、姓＋間の名（垫字）＋名の順序であり、姓はほとんどが漢字1字であり、「間の名」は男女の区別、兄弟の間で上下を明確にするために使われ、この「間の名」に使われる文字はある程度決まっている。男性の場合は「文」を多く使い、女性の場合は「氏」だけを使っている⁶⁾。

張連芳主著『中国人の姓名』によると、現在の中国内の少数民族の姓氏に関しては、凡そ次のような3つのパターンに分類できるという。

「有姓有名」：チワン族（壮族）、満州族、モンゴル族、回族、チベット族など約40以上の民族が「有姓有名」である。

「無姓有名」：タイ族、高山族、メンパ族（門巴族）、トーロン族（独龍族）など10以上の民族がこのパターンに該当する。

「連名制」：姓を持つ、または持たない場合があるが、連名は父子・母子などの連名である。ウイグル族、ウズベク族、カザフ族など20以上の民族がこのパターンに該当する⁷⁾。

以上の分類から見ると、「有姓有名」の民族の中で中国の漢民族の姓氏、即ち「漢姓」を受容した比率が高いと考えられる。

3. 朝鮮における姓氏の形成と特徴

　朝鮮の姓氏は中国文化が輸入され、漢字が使用されてから形成された。6世紀に建立された新羅の石碑には人の姓氏は見えず、名前と所属の部族名、または村落名だけが見える。これは古代の朝鮮社会には人の名前だけ存在し、姓氏が使用されていなかったことを裏付ける。古代の朝鮮は中国と接触しながら中国式の漢姓を受容したのである。三国時代に、高句麗と百済では4世紀から5世紀にかけて、新羅では6世紀頃から王族と中央の貴族層の中で姓氏が使われていたと見られる。

　朝鮮における姓氏の形成と普及過程を時期別に見ると、王族と中央貴族層の中で中国式の漢姓が使用された時期は三国時代後期から統一新羅時代に及び、社会の支配層の中で姓氏が普及し、姓氏と本貫（祖先の本籍地）体系が確立されたのは高麗時代初期からである。高麗時代初期である1055年に姓氏を持つ者だけに科挙試験に受験できる資格を与えるという法令が公布され、この時期に高麗の支配層の中で姓氏の普及が加速化された。そして高麗時代の全般にかけて良民層に姓氏が拡大された。しかし賎民層に姓氏が普及し始めたのは16世紀の末からであり、1894年の近代的身分解放によって姓氏が朝鮮で完全に普及し、1909年に制定された民籍法によって誰でも姓氏と本貫を持つように法制化された。

　朝鮮の姓氏の数は統計によって若干異なるが基本的に二百数十個程度である。朝鮮で最初に姓氏について体系的に整理した文献である『世宗実録』「地理志」（1454）には265個が記録され、その次の姓氏に関する体系的な文献である『東国輿地勝覧』（1486）には277個が記録されている。1930年の人口調査では朝鮮の姓氏が250個として知られ、韓国における2000年の人口調査では姓氏が286個、本貫が4179個であった[8]。

Ⅱ．「人的・文化的交流」の過去と現在

　朝鮮の姓氏には、「本貫」という概念があるが、この本貫は始祖、または中始祖の出身地、または定着地に基づいて定めるので、同じ姓であっても氏族の発展過程で新しい本貫が多く生まれるので、姓氏の10倍以上に本貫が多いわけである。朝鮮で姓氏が形成された過程を分析してみると、次のような特徴が見つかる。

　①古代の朝鮮社会には最初は名前だけ存在し、姓氏がなかったが、中国との接触を通して中国の影響を受けながら中国式の姓氏、即ち「漢姓」が導入され、普及していった。この過程で高句麗、百済、新羅、伽倻の王族たちは始祖たちの神秘な誕生説話と国名に結びつけながら王族の姓を創製した。そのためにこれらの王族の姓は中国ではかなり珍しいか、あるいは存在しない姓であった。このような意味から考えると、古代朝鮮の諸王国は中国式の漢姓を無条件に受容したわけではなく、諸王国の始祖たちの誕生説話または国名に結びつけながら主体的に姓を作ったのである。このような方式の姓氏の創製は王族に限るものではなく、一部の貴族たちにも見られた現象である。

　②朝鮮の貴族層が漢姓を受容する過程でも独自の努力を見つけることができる。高句麗と百済の貴族層の姓氏の中には中国の姓氏をそのまま受容する場合もあったが、始祖の誕生説話と関連させたか、人々の名前の一部を取ったか、部族名から取ったような姓氏も使用された。高麗を建国した太祖王建は自分を国王に推戴した開国功臣たちに彼らの名前の最初の発音と似たような姓を賜ったのである。このような現象はモンゴル族、満州族、その他の中国周辺の異民族の中国式姓氏の受容過程でも見られている。

　しかし、新羅の貴族たちの姓氏からはこのような独自の努力が見られず、当時、唐で有力な姓氏であった李、崔（さい）、孫、鄭（てい）、裵（はい）、薛（せつ）が新羅の6部族の名前の代わりに使用された[9]。

　③高麗時代に入り、支配層の中で姓氏が普及され、高麗時代の全般にかけて姓氏が良民層にまで拡大されていく過程で中国式の姓氏、即ち漢姓は大量に受容された。この過程で本来は始祖たちが中国出自でないにもかかわらず漢姓を受容しながら始祖たちを中国出自と名乗る場合がけっこう存在したと

見られる。三国時代、統一新羅時代にも事実関係とは無関係に始祖たちを中国出自とする場合が存在したと見られるが、高麗時代に入り、漢姓が普及される過程で中国と同じ姓氏を使用するという理由から始祖たちを中国出自とする現象が深化されたと見られる。三国時代、統一新羅時代を経て中国の文物が大量に輸入され、漢字、儒教、中国式社会制度が定着していった。朝鮮の上流層の中に中国に対する憧憬意識、即ち慕華思想が深化し、このような意識が背景にあったから朝鮮では始祖を中国出自とする外来姓氏が大量に創製されたと判断できる。もちろん、前近代には朝鮮に中国からの移住民がかなり多かったので、実際に始祖たちが中国出自による姓氏も多い。

　朝鮮で漢姓を受容する過程で始祖たちを中国出自と名乗る現象は高麗時代に限るものではなく、朝鮮王朝時代にまで持続された。何故なら高麗時代に支配層には姓氏が基本的に確立されたが、良民層と賤民層にまで姓氏が普及するのは朝鮮王朝末期にまで及ぶからである。一方、各氏族の由来を記録する家系図（族譜）が高麗時代に中国からもたらされ、それが普及するのは朝鮮王朝時代に入ってからである。家系図が普及する過程で姓氏の起源を新しく作り出すことが多かったと考えられる。

　④朝鮮の姓氏の中で始祖たちの中国出自による外来姓氏がかなり多い。朝鮮の280個あまりの姓氏の約半分が外来姓氏であり、その大半が始祖たちの中国出自説を名乗っている。にもかかわらず、朝鮮で人口数が一番多い姓氏の中にはいわゆる外来姓氏が少なく、土着姓氏が人口の多数を占める現象は注目に値する。

　韓国での2000年の人口調査によって確認された人口数が多い10番までの姓氏は金氏、李氏、朴氏、崔氏、鄭氏、姜氏、趙氏、尹氏、張氏、林氏の順であり、人口数が多い10番までの本貫は金海金氏（キムヘキム）、密陽朴氏（ミリャンパク）、全州李氏（チョンジュイ）、慶州金氏（キョンジュキム）、慶州李氏（キョンジュイ）、慶州崔氏（キョンジュチェ）、晋州姜氏（ジンジュカン）、光山金氏（クァンサンキム）、坡平尹氏（パピョンユン）、清州韓氏（チョンジュハン）の順であった[10]。この中で、始祖の中国出自を名乗る氏族は趙氏、張氏、林氏、清州韓氏であるが、このようないわゆる外来姓氏より土着の姓氏が人口数の上では絶対的に多い。事実、高麗時代後期から朝鮮王朝時代にかけて始

131

祖が外部から移住してきた外来姓氏はほとんど稀少な姓氏であって、人口数も比較的に少ない。趙氏、張氏、林氏、清州韓氏などのような人口数が多い姓氏も始祖たちの中国出自説を名乗るが、それが確実な事実である可能性はそれほど高くないはずである。このように見ると、朝鮮の姓氏の中で外来姓氏がほとんど半分くらいに及びながらも実際の人口数では外来姓氏が多数を占めていないことが分かる。

　朝鮮の姓氏の普及過程で、新羅、伽倻、朝鮮王朝（李朝）の王族と関連する姓氏が朝鮮の姓氏の主流を占めるようになり、王朝が他の勢力によって滅亡された高句麗、百済、高麗の王族と関連する姓氏はあまり増加しなかった。そこで新羅、伽倻、朝鮮王朝（李朝）の王族と関連する金、朴、李などの姓氏が朝鮮では特に多いわけである。

4. 日本における姓氏の形成と特徴

　古代の日本では、氏(うじ)は血族集団を指す名称であり、姓(かばね)は有力な氏族の職業か家柄の地位を指す世襲的名称であった。古代の中国で姓が血族集団を指す名称であり、氏が姓の系統を区別するために使用されたのと相反する概念として使用された。

　日本の姓氏制度は5世紀頃から成立したと推定されている。5世紀は日本の古代国家の創立期であり、大和王権が全国的に支配体制を形成する過程で氏姓制度が成立し、中央の貴族、地方の豪族たちは大和王権に対する貢献度、社会的地位によって王権から氏と姓を賜り、その特権的地位を世襲した。このような氏と姓は地名、官職名に由来するものが多かったと見られる。古代国家の確立期であった7世紀の後半に真人(まひと)、朝臣(あそみ)、宿禰(すくね)、忌寸(いみき)、道師(みちし)、臣(おみ)、連(むらじ)、稲置(いなぎ)など8種類の姓が制定され、氏姓制度は定着し、良民たちも氏を持つようになった。

　平安時代中期頃から古代の氏姓制度が崩壊していく過程で、職業か家柄の地位を示す世襲的な姓は漸次使用されなくなり、特定な家族集団を示す名称

第5章　姓氏の発生と祖先意識及び神話伝説

として名字（または苗字、みょうじ）が使用され始めた。名字は中世全般にかけて支配層の間で普及され、近代の明治維新期に入り、封建制度が廃止されると、日本では誰でも名字を使用できるようになった。日本の名字は氏を発展的に継承したものと考えられる。

　日本の姓氏の形成過程を調べてみると、まず目につく特徴は、漢字を使って姓氏を示しながらも中国式の漢姓をそのまま受容しなかったことである。日本の古代の氏姓制度の確立期に編纂された『新撰姓氏録』の姓氏と氏族の分類を調べてみると、日本の姓氏の特徴がよく反映されている。『新撰姓氏録』には、当時の近畿地域の1182氏族が「皇別」「神別」「諸藩」という3つのカテゴリー分類され、「皇別」と「神別」に分類される氏族たちは日本の記紀神話の中の神々の子孫とされている。

　『新撰姓氏録』においては、当時の日本社会での実質的な地位と関係なく、記紀神話の神々の子孫とされる「皇別」「神別」に属する氏族たちを外来氏族より上位に位置させていて、古代日本の姓氏の体系の中で外来的なものより土着的なものに優越性を付与していたことが分かる。これは朝鮮の古代王族たちが中国式の漢姓を受容しながらも始祖たちの神秘な誕生説話と関連させながら新しい姓氏を創製したのと似た性格を持つ。

　また、『新撰姓氏録』の中で「諸藩」に分類された外来氏族は当時の近畿地域の1182氏族の中の約3分の1ほどであったが、これらの外来氏族の姓氏を調べてみると、一部の王族たちが出身国の国名を姓氏として使用したか、一部が中国式の漢姓を使用した以外に、大半が当時日本で普通に使用された日本式の姓氏を使用していた。『新撰姓氏録』が編纂された9世紀の初めにはすでに日本の姓氏が中国式の漢姓と異なる姓氏の体系が形成されていたことを物語る。

　そして日本が基本的に中国式の漢姓を採用しなかった点、古代の土着貴族の起源を記紀神話の中の神々たちに帰結させている点を考えると、古代の日本で姓氏を創製していく過程で朝鮮のように事実と関係なく始祖たちの出自を中国に求める現象がそれほど一般化しなかったと判断できる。

日本では古代の王族、土着貴族の起源を記紀神話に求めたことが日本人の祖先意識に大きく影響を与え、平安時代以降から日本の有力な家系の多くが記紀神話の神々、特に天皇の子孫と名乗る現象が濃厚になっていった。

　日本の姓氏の中で、沖縄は特異性を見せていた。沖縄では、琉球王国時代に王族・士族たちが姓＋諱、家名＋称号＋名乗という構成の名前を持っていた。姓と諱の組み合わせは中国風の姓名という意味で唐名(からな)と呼ばれ、主に公文書や中国との外交の際に使用された。家名・称号・名乗を組み合わせる構成は大和名(やまとな)と呼ばれ、主に日本との外交の際に用いられた。即ち、琉球王国は、名前において中国と日本の両方の影響を受けていた。明治時代以降、沖縄では庶民も姓を持つようになり、この時に当地の地名に因んだ姓が多く作られ、沖縄が日本に組み込まれたために姓を日本風に変えるようになった[11]。

おわりに

　本章では、中国、歴史上における中国周辺の異民族、ベトナム、朝鮮、日本を対象に、それぞれの姓氏の形成過程を分析し、その特徴を明らかにしながら、東アジアにおける姓氏の発生と祖先意識及び神話伝説との関連性について論じた。中国、朝鮮、日本の場合は、古代の王族、貴族たちが姓氏の形成過程において、祖先の源流をそれぞれの神話伝説に求めることが濃厚であった。ベトナムの場合は資料の制限があり、この問題について充分に究明できなかった。しかし、ベトナムにおいても姓氏が王族の姓氏に集中する現象を見せている。満州・モンゴルの場合は、現在のところ、姓氏の発生と神話伝説との関連性は明確には見出せない。中国、朝鮮、日本のように多くの王族、貴族が祖先の源流を神話伝説に求めることがなかったようである。同じ東アジアにおいても姓氏の発生過程において祖先の源流を神話伝説に求める現象は漢字文化圏に特に顕著な現象である可能性が高い。その背景には漢字文化圏に比較的濃厚な祖先崇拝意識があると言える。

第 5 章　姓氏の発生と祖先意識及び神話伝説

注

1) 中国河南省炎黄姓氏文化基金会のウェブサイト（http://www.yhxswh.com）に掲載された「一百二十大姓遡源」（同サイトに 2013 年 4 月 14 日に掲載された署名なしの文章）に中国の漢民族の 120 の大姓（ポピュラーな姓氏）の由来が説明され、そのほとんどが系譜的に中国の伝説上の三皇五帝につながり、この 120 の大姓の人口が中国漢民族の人口の 90.11％であると説明している。類似の説明は中国の漢民族の姓氏に関する書物においてなされる場合が多く、90.11％という数字の根拠は必ずしも正確な人口統計によるものよりは、凡その推定のようである。なお、中国河南省炎黄姓氏文化基金会のウェブサイトに掲載された「一百二十大姓遡源」は、2013 年 5 月 6 日に検索した。

2) 周代には、特に春秋戦国時代に入り、諸侯国同士の競争が熾烈になるにつれて、権力の正統性を示す手段として、諸侯たちと有力な貴族たちが祖先の出自を三皇五帝に求めたようである。一例を上げると、戦国時代の人物屈原の長編詩『離騒』の冒頭に「帝高陽之苗裔兮　朕皇考曰伯庸」と書いて、屈原の父伯庸が中国の伝説上の人物黄帝の孫と言われる高陽（顓頊）の子孫であると主張している。

3) 中国の姓氏の関する歴代の記録に関しては、巫聲恵編著『中華姓氏大典』河北人民出版社、2000、を主に参考した。

4) 司馬遷が著した『史記』は、「五帝本紀」から叙述を始め、夏・殷（商）・周・秦の諸王朝の始祖たちがいずれも系譜的に黄帝とつながるような記述を行っている。司馬遷は『史記』の「五帝本紀」の太史公曰という形の注釈の中で、五帝の伝説が中国の民間で流布しており、決して空虚な話ではないとして、史書の始まりに書き入れたと説明している。

5) フリー百科事典『Wikipedia』の「Vietnamese name」（http://en.wikipedia.org/wiki/Vietnamese_name）の項目による。『Wikipedia』におけるベトナムのポピュラーな 14 の姓氏とその姓氏がベトナム人口に占める割合の根拠は Lê Trung Hoa, Họ Và Tên Người Việt Nam（Vietnamese Family and Personal Names, Social Sciences Publishing House, 2005）による。

6) 本章においては、ベトナムの姓氏に関して、主にフリー百科事典『Wikipedia』の「Vietnamese name」の項目を参考した。さらに島村修治著『世界の姓名』講談社、1977、松本脩作・大岩川嫩編『第三世界の姓名―人の名前と文化』明石書店、1994、を参考した。

7) 張連芳主編『中国人の姓名』中国社会科学出版社、1992、8-9 頁。

8) 以上の数値は、李樹建著『韓国の姓氏と族譜』ソウル大学校出版部、2003 の 339-

351頁と崔徳教・李勝羽編『韓国姓氏大観』創造社、1985の22-27頁、韓国のウェブサイト『斗山百科』(http://www.doopedia.co.kr/)に掲載された「韓国の姓氏制度」による。
9) 新羅が中国式姓氏を受容する過程で6部族からなる貴族たちにそれぞれ李、崔、孫、鄭、裵、薛の姓氏を賜ったことが高麗時代に編纂された『三国史記』「新羅本紀」に記録されている。
10) 以上の統計資料は韓国のウェブサイト『斗山百科』(http://www.doopedia.co.kr/)に掲載された「韓国の姓氏制度」による。
11) 沖縄の姓氏に関する上記の内容は、フリー百科事典『Wikipedia』の「沖縄県の名字」の項目と『沖縄県姓氏家系大辞典』角川書店、1995、を参考した。

◆参考文献◆

巫聲恵編著『中華姓氏大典』河北人民出版社、2000年。
何暁明著『姓名与中国文化』人民出版社、2001年。
籍秀琴著『中国姓氏源流史』文津出版社、1997年。
陳絜著『商周姓氏制度研究』商務印書館、2007年。
張淑一著『先秦姓氏制度考索』福建人民出版社、2008年。
楊復竣著『中国伝統文化之根―中国本源文化伏義文化・中国姓氏史』上海大学出版社、2010年。
陳連慶著『中国古代少数民族姓氏研究―秦漢魏南北朝少数民族姓氏研究』吉林文史出版社、1993年。
杜若甫主編『中国少数民族姓氏』民族出版社、2010年。
劉慶華編著『満州姓氏綜録』遼寧民族出版社、2010年。
趙力編著『満族姓氏尋根辞典』遼寧民族出版社、2012年。
崔徳教・李勝羽編『韓国姓氏大観』創造社、1985年。
片泓基著『韓国の姓氏発生史及び氏族別人物史』良賢斎、1999年。
金正賢著『興る姓氏滅びる姓氏』朝鮮日報社、2001年。
李樹建著『韓国の姓氏と族譜』ソウル大学校出版部、2003年。
太田亮著『姓氏と家系』創元社、1941年。
阿倍武彦著『氏姓』至文堂、1966年。
佐伯有清著『新撰姓氏録の研究　研究篇』吉川弘文館、1966年。
『日本姓氏家系総覧』(別冊歴史読本・事典シリーズ第11号) 新人物往来社、1991年。

第6章
抗日戦争期の中国・重慶市における人的交流
―― 韓国人（朝鮮人）と日本人を中心に

内田 知行

はじめに

　日中戦争時代の中国には「3つの世界」が存在した。日本軍占領下の中国（満州国や内モンゴル、華北華中の親日かいらい政権下の中国）、中国国民政府統治下の抗日中国、中国共産党政権統治下の抗日中国の3種の世界であった。抗日中国は抗日民族統一戦線の下で名目上はひとつであったが、実際には2種の政権、2種の軍隊が併存し対抗していた。

　この考察では、内陸の重慶市を戦時首都とした中国国民政府の抗日中国を対象として、韓国人（朝鮮人）と日本人がどのように活動し生活していたかについて考えてみる。とくに、重慶市に地域を限定して、この問題について考えてみる。いったい、戦時首都・重慶市には、どのくらい日本人や韓国人がいたのだろうか。重慶国民政府は彼らをどのように処遇したのだろうか。彼らはどのような活動に従事していたのだろうか。彼らの人数は、抗戦の推移とともにどのように変化したのだろうか。韓国と中国とのあいだの国交正常化が実現した1990年代以降、日本・中国・韓国では、抗日中国における韓国臨時政府をめぐる研究が急激に進展した。これらの研究成果の代表が、権寧俊氏（新潟県立大学）による一連の研究であるのは言うをまたない。ただし、ここでは、韓国臨時政府史をめぐる研究史の整理は割愛する。

Ⅱ．「人的・文化的交流」の過去と現在

　本章の課題に関しては類似の先行研究はほとんどない。あらかじめ本章が取り扱う史料について断っておくと、ここでは、重慶市警察局に捕捉された日本人や韓国人を考察の対象とする。それゆえ、国民政府統治下のすべての日本人や韓国人が取り上げられるわけではないことをおことわりする。

1. 韓国人（朝鮮人）と日本人にたいする法律的処遇の基本方針と実際

1）基本方針

　まず、旅券・ヴィザからみた外国人居住者の種類について説明する。抗戦時代の中国国民政府が承認したのは、「外交護照」（外交旅券）・「官員護照」（公用旅券）・「普通護照」（普通旅券）の3種で、それらに対応して「簽證」（ヴィザ）を発行した[1]。ヴィザは、中国と外交関係をもっている国家の人民にあたえるヴィザ、外交関係をもたない国家の人民にあたえるヴィザ、「無国籍人」にあたえるヴィザの3種類であった[2]。外僑戸籍調査においては、居住外国人はこの旅券・ヴィザを審査された。

　つぎに、重慶市における外国人居住者の管理の要点について述べておく。これは、「重慶市外籍居民身分登記須知」によって、管理の概要を知ることができる。次のような内容であった。「1、凡そ外国籍居住者で本市に居留する者、あるいは通境する者、は等しく警察局外僑登記室に出頭し、身分登記手続（軍事委員会顧問人員もこれと同様）を行なわなければならない。2、外国籍居住者は重慶到着後、三日以内に護照および其他の證件を携行しなければならない。そのさいには、最近撮られた二寸の大きさの半身写真三枚を持参し、警察局にて申請登記しなければならない。3、本市に居留する外国籍居住者は、護照の審査をうけた後、重慶市外籍居民身分證を発給される。4、各国の駐華外交官、とくに中国外交部により外交官證を発給された者、あるいは外交部の證明書を発給された者は、登記を免除することができる。5、外国籍居住者で身分證（あるいは外交官證および外交部證明書）のない者は、飛行

機・車船等のチケットを購入することができない。さらに、その他の本市居民所が享受できる権益を停止される。6、無国籍の外国籍居住者（たとえば旧ロシア人等）は、身分登記をするだけでなく、同時に重慶市警察局から註冊執照（別に重慶市警察局の外僑註冊加簽暫行章程にもとづいて処理）を申請受領しなければならない。7、韓国および越南の居住者は、身分登記を行なう外に、同時に警察局発行の韓僑（あるいは越僑）登記證を申請受領しなければならない（別に韓越僑登記暫行章程がある）。8、外国籍居住者の登記が期限に遅れた場合は、法規にもとづいて国幣10元之罰金を支払わなければならない。9、外国籍居住者が身分證を取得した場合は、検査にそなえてたえず随身携帯しなければならない。10、重慶市の外国籍居住者が職業や住所を変更する時には、ただちに警察局外僑登記室に報告し、異動登記を行なわなければならない。11、外籍身分證を紛失した場合は、ただちに警察局外僑登記室に報告し、本市が指定する新聞に廃止の声明を掲載し、その後国幣3元の手続費を支払い再発行の申請をしなければならない」[3]。

　以上に引いたように、重慶市に居住するすべての「外籍僑民」は、「護照」（旅券）を持参して「市警察局外僑登記室」に出頭し、審査をうけた後に「外籍居民身分證」を受領しなければならなかった。「韓国僑民」と「越南僑民」は、身分登記をして「韓僑（越僑）登記證」を取得しなければならなかった。「外籍居民身分證」を持たない「外籍僑民」は航空券、船舶やバスのチケットを購入できない、とされた。

　外国人の国内旅行（つまり移動の自由）はどのよう管理されていたのであろうか。国民政府は日本の在華占領地・植民地を承認していなかったから、建前上は東北を含めたすべての地域が中国の領土であった。「査驗外人入境護照規則施行細則」（1930年8月22日行政院公布）第3条には、外国人が中国に入国するさいの旅券審査地点が陸路・水路・航空路別に記されていたが、その分布をみると全国に審査地点が置かれていたことがわかる[4]。

　しかし、重慶国民政府の実質的「領土」はこれよりもはるかに小さかった。戦時外人在国内旅行検査規則・第2条（1944年4月16日行政院軍委会訓令

会同公布）によれば、「国内旅行」（実質的には出入国）の審査地点は「空站（飛行場）検査站」が10カ所、「水陸路検査站」が20カ所だった。前者は重慶国民政府が支配した都市であり、重慶・成都・昆明・桂林・蘭州・宜賓・宝鶏・哈密・迪化（現ウルムチ）・西安。後者の地点を結ぶと、抗日戦争当時の重慶国民政府の国境線が浮かび上がってくる。それは、重慶・一品場・青木關・吉安・麗水・永安・邵關・柳州・衡陽・貴陽・開遠・下關・西昌・万県・老河口・洛陽・西安・蘭州・延安（1カ所判読不能）であった[5]。

2）韓国人（朝鮮人）

韓国人（および台湾人・琉球人）にたいする処遇はどのようなものだったのか。原則から言えば、「韓台琉僑」は日本植民地人民と見做された。しかし、「琉球人」は日本人から区別され、「敵国人民」から切り離された。「韓台琉僑」は「大日本帝国臣民」即ち広義の日本人であったが、日本本国・植民地のいずれにおいても二等臣民として民族的差別を受けていた。それゆえに、この措置はかれらを敵国（日本）公民から切り離すことで、抗戦への動員を意図していた。かれらの処遇を規定するために「韓台琉僑登記暫行辨法」が制定された。その第1項では、「韓国・台湾・琉球籍の居住者は所在地の地方政府（たとえば省都では省都の警察局）にて登記を申請しなければならない。二寸の半身写真2枚を提出し登記證を受領した後に居留することができる」[6] と定めていた。ただし、一般の外国人とはちがって、「韓台琉僑」にたいする居留許可の審査は厳しく、その移動にたいする監視も厳しかった。すなわち、「各地方政府が韓台琉僑申請書を受理する時には、特に韓台琉僑の来歴を調査し結果が明らかになった後でなければ、登記證を登記することはできない」[7]、「韓台琉僑の住所については、もしも移転あるいは甲地から乙地へ移転する時には、まず先に当地の地方政府に報告しなければならない」[8] と定められていた。

なお、「韓台琉僑登記暫行辨法」（1940年12月11日公布）は、韓国人・台湾人・琉球人の居住登記をさだめた法規であった。他方で、「重慶市外籍居民

第 6 章　抗日戦争期の中国・重慶市における人的交流

身分登記須知」(制定日時不詳)は、「無国籍僑民」とはべつに韓国人とベトナム人の居住登記に言及しており、「韓越僑登記暫行章程」という法規も存在していたことが知られる。ただし、どちらの法規がさきに制定され有効であったのかは不詳である。

3）日本人（敵国人民）

　日本人は「敵国人民」の代表だった。「敵国人民」を処遇するための基本法規は「敵国人民処理条例」であり、同条例第 5 条に基づいて「敵国人民登記辦法」全 15 条が制定された。「敵国人民」は居住地の「地方官署」、具体的には地方政府の警察局で登記審査を受けたのちに「登記執照」(登録許可證)を公布された [9]。随時審査を受けるためには「登記執照」を「随身携帯」しなければならなかった [10]。「敵国人民」は俘虜収容所に収容するのを原則とした。収容されない場合は厳しく監視された。

　すなわち、「収容を免除され継続して居留することを許可された敵国人民は、登記後 10 日ごとに原登記執照を当該官署に持参し、再度登記を実行しなければならない」[11]。また、再登記を怠った場合には収容所に再度収容されることになっていた [12]。すなわち、「敵国人民」であった日本人には大きな行動上の制約があった。

　なお、「敵国人民」のなかには、戦場で日本人といっしょに捕らえられた韓国人や台湾人の被日本軍徴用者、一般の商人、労働者もいた。彼らのなかには日本人社会で民族差別に耐えて生きながら、中国では「日本人」として無権利状態に置かれた人びともいたのである。

　つぎに、「敵国人民」を処遇するための法規について説明する。

　主要な法規は、［1］敵国人民処理条例、［2］敵産処理条例、［3］敵国人民移居辦法、［4］敵国国籍教士集中及保證監視辦法、［5］敵国人民収容所管理章程 [13]。敵国人民処理条例（1943 年 12 月 7 日公布）によれば、敵国人民は俘虜収容所に集中的に収容することを原則とした。即ち「敵国人民は集中収容されなければならない。ただし、特殊の事情がある場合は、内政外交両部

の批准を得て収容を免除し、居留を継続したり国境から退出したりすることができる」(第2条)。だから、政府に役に立つ敵国人民を収容所外で留用することも可能であった。「およそ雇用されている敵国の技術人員は、雇用が解かれた時には敵国人民収容所に送致されなければならない。しかし、雇用者側に特殊な事情があり、その人物が忠実で信頼に足る人物であり、留用に必要な場合は、内政外交両部の批准を得ることが可能である。留用の批准を得た時には、収容は免除されるが、雇用者側が監視責任を負わなければならない」[14]。敵国人民は、収容所外で留用され転居・出国する場合には、地方官署を通じて内政外交両部の批准を得る必要があった(第13、14条)。

敵国人民収容所管理章程(制定日時不詳)によれば、重慶・西安・桂林・泰和の4カ所に「敵国人民収容所」が置かれた。重慶の収容所には「四川・西康・重慶等省市敵国人員」を収容した[15]。

2. 重慶市内に居住した韓国人(朝鮮人)と日本人

重慶市警察局の捕捉した韓国人(朝鮮人)と日本人の居住規模について、警察局統計にもとづいて分析する。参照可能な史料が不完全なために全面的な分析は不可能であることをまずお断りしておく。

まず、韓国人(朝鮮人)の統計的動態についてまとめる。1940年を通観すると、1～9月では「韓国人」は重慶市在住外国人のなかで最も多かった。1940年1月では106人(うち男性62人)、4月が最少の96人(男性61人)だったが、おおむね100人余で推移していた。それが、10月には42人(男性31人)に激減し、その水準で推移した(表1、2)。1940年1～9月では、「韓国人」は居住外国人の25～30％を占め、最大の外国人勢力だった。1940年10月～1941年1月は30人台～40人台で推移した(表3)。この時期には、英国・米国に次ぐ第3位、ないしロシアに次ぐ第4位の地位にあった。1941年9月～42年3月の時期では、「韓国人」は80人台を維持して、英国・米国に次ぐ第3位(42年3月では、英国・フランスに次ぐ第3位)を占めていた

（表4）。1942年3月以降抗戦終結までの「韓国人」の統計的動態は不詳であるが、漸増していったと推定される。抗戦勝利の展望が強まるとととともに、日本軍の被占領下の地域からの転入が増えたと考えられるからである。

日本人の統計的動態はどうだったか。日本人は1940年1月～41年12月の期間は1人（男性）が登録されていたのみであった（表1～4）。それがアジア太平洋戦争勃発後の1942年1～3月には11人に増えた。これ以降抗戦終結までの人数は不詳である。

表1　重慶市在住外国人戸口調査表（1940年1～6月）

1940年 国名	1月	2月	3月	4月	5月	6月
韓　　国	106/62	106/59	100/59	96/61	109/60	109/60
英　　国	81/54	77/51	83/54	89/57	93/63	106/70
米　　国	52/36	56/39	57/42	52/39	65/45	63/43
ドイツ	39/34	45/37	38/31	44/33	47/37	47/37
ロシア	53/46	57/49	44/39	42/39	47/41	46/40
フランス	47/24	46/25	44/21	48/27	50/31	41/31
ベルギー	4/3	4/3	4/3	7/5	7/5	10/7
ギリシャ	7/4	7/4	7/4	7/2	7/2	7/2
スェーデン	2/1	2/1	2/1	2/1	4/3	6/4
デンマーク	4/2	4/2	4/2	4/2	4/2	4/2
イタリア	2/2	2/2	2/2	2/2	2/2	2/2
トルコ	3/2	3/2	1/1	1/1	1/1	1/1
オランダ	3/2	3/2	1/1	0/0	1/1	1/1
日　　本	1/1	1/1	1/1	1/1	1/1	1/1
インド	1/1	1/1	1/1	1/1	1/1	1/1
ハンガリー	0/0	0/0	0/0	0/0	1/1	1/1
スイス	1/1	1/1	1/1	1/1	1/1	0/0
ユダヤ人	0/0	0/0	1/1	1/1	1/1	0/0
スペイン	0/0	0/0	0/0	0/0	0/0	0/0
その他[1]	0/0	0/0	0/0	0/0	1/1	2/1
総　　計	406/275	415/279	391/264	398/273	443/299	448/304

【単位：人】

出所：重慶市警察局編刊『重慶市警察局念九［二十九］年度統計年鑑』、1941年、37頁。
注1：ノルウェー・チェコスロバキア・ブルガリア・ルーマニアの4カ国。
注2：数字の初めは男女合計、第2番目は男性の人数。以下の表も同じ。

3. 韓国人（朝鮮人）や日本人は
　　どのような分野の職業に従事していたのか

1）警察局統計からみた職業構成

　まず韓国人（朝鮮人）の参加した活動領域についてまとめる。1940年12月には37人のうち「政治」は17人だった（表5）。1941年12月には「韓国人」は83人に増え、うち「後勤」従事者は53人に増えた（表7）。1942年1月には73人の「朝鮮人」のうち49人が「政治」に従事していた（表8）。韓国人（朝鮮人）の活動についての規定は複雑であった。臨時政府関係者の活動は、「政治」または「後勤」（後方支援）と認定された。他国の「政治」

表2　重慶市在住外国人戸口調査表（1940年7～12月）

国 別	1940.7	1940.8	1940.9	1940.10	1940.11	1940.12
韓 国	107/71	107/71	103/69	42/31	35/19	37/20
英 国	105/67	103/67	69/47	72/50	74/51	76/52
米 国	58/38	59/40	42/30	48/35	54/38	55/35
ロシア	40/36	43/38	38/32	39/33	42/36	45/37
ドイツ	43/36	39/33	36/30	39/33	37/31	39/31
フランス	43/26	41/25	28/16	29/17	31/18	30/17
ギリシャ	7/2	7/2	7/2	7/2	7/2	7/2
ベルギー	8/6	8/6	6/4	6/4	6/4	6/4
スェーデン	7/5	7/5	4/3	4/3	3/2	4/2
デンマーク	4/2	4/2	4/2	4/2	4/2	4/2
イタリア	2/2	2/2	2/2	2/2	2/2	2/2
日 本	1/1	1/1	1/1	1/1	1/1	1/1
インド	1/1	1/1	1/1	1/1	1/1	1/1
オランダ	1/1	1/1	0/0	0/0	1/1	1/1
スペイン	0/0	0/0	1/1	1/1	0/0	1/1
トルコ	0/0	1/1	1/1	1/1	0/0	0/0
ハンガリー	1/1	0/0	0/0	0/0	0/0	0/0
ユダヤ人	0/0	0/0	0/0	0/0	0/0	0/0
スイス	0/0	0/0	0/0	0/0	0/0	0/0
その他（1）	4/4	4/4	0/0	0/0	0/0	0/0
総 計	432/299	426/297	343/241	296/216	298/208	309/208

【単位：人】

出所：重慶市警察局編刊『重慶市警察局念九[二十九]年度統計年鑑』、1941年、37頁。
　注：ノルウェー・チェコスロバキア・ブルガリア・ルーマニアの4カ国。

活動家と異なり、「外交」活動とは認定されなかった。

日本人の活動領域はどうだったか。1940年12月では、1人（活動領域は「政治」）、1941年12月にも1人（活動領域は「其他」）であった（表5、7）。アジア太平洋戦争勃発直後の1942年1月には11人に増え、彼らの活動はすべて「政治」と規定されていた（表8）。「自由日本人民」（後述）の活動は「政治」とみなされていた。

2）外国人居住者の代表的経営事業

つぎに、外国人居住者が経営する代表的な事業について見てみる。1940年8月では外国人が経営する代表的な事業所は90ヵ所、うち「韓国人」の事業

表3　重慶市在住外国人戸口調査表（1940年9月～1941年2月）

国別	1940.9	1940.10	1940.11	1940.12	1941.1	1941.2
英国	69/47	72/50	74/51	76/52	75/52	81/57
朝鮮	103/69	42/31	35/19	37/20	49/32	69/49
米国	42/30	48/35	54/38	55/39	58/41	42/30
ロシア	38/32	39/33	42/36	45/39	41/34	42/34
ドイツ	36/30	39/33	37/31	39/31	40/32	41/33
フランス	28/16	29/17	31/18	30/17	33/20	34/21
ギリシャ	7/2	7/2	7/2	7/2	7/2	7/2
ベルギー	6/4	6/4	6/4	6/4	6/4	6/4
デンマーク	4/2	4/2	4/2	4/2	5/3	5/3
スェーデン	4/3	4/3	3/2	4/2	4/2	4/2
イタリア	2/2	2/2	2/2	2/2	0/0	2/2
日本	1/1	1/1	1/1	1/1	1/1	1/1
ノルウェー	0/0	0/0	0/0	0/0	1/1	1/1
インド	1/1	1/1	1/1	1/1	1/1	1/1
オランダ	0/0	0/0	0/1	1/1	1/1	1/1
トルコ	1/1	1/1	0/0	0/0	0/0	0/0
スペイン	1/1	1/1	0/0	1/1	1/1	0/0
総計	343/241	296/216	298/208	305/214	323/227	337/241

【単位：人】

出所：『重慶市警察局工作報告（民国29年9月至30年2月）』、54-55頁。

注：「重慶市在住外国人戸口調査表（1941年9月至42年3月）」に記載のある豪州（オーストラリア）・カナダ・ポーランド・フィンランド・台湾・ビルマ・ハンガリー・スイスはこの表にはない。「蘇聯」と「白系ロシア（白俄）」に分かれて記載される前は「ロシア（俄国）」だけだった。後の「韓国」はここでは「朝鮮」と記載された。

II.「人的・文化的交流」の過去と現在

所は「商店」が3カ所にすぎなかった（表9）。米国や西欧の外国人は、公司（企業）や教堂（キリスト教会）、学校、医院を経営し地域に社会的影響力をもっていた。しかし、「韓国人」にはそのような実践を行なうための資金力やノウハウはなかった。1942年6月の外国人経営企業一覧表（表10）では、「朝鮮人」の経営する企業は、万年筆や文房具の製造販売を行なう「鋼筆大王文具改進社」と書籍販売業の「七七書局」の2事業所のみであった。ただし、「鋼筆大王文具改進社」は英国企業として登録しており、同社代表の林亨一は1942年時点ですでに中国国籍を取得していた。これは、安定的な身分を確保するための帰化であった。

表4　重慶市在住外国人戸口調査表（1941年9月～1942年3月）

国別	1941.9	1941.10	1941.11	1941.12	1942.1	1942.2	1942.3
英国	106/74	124/86	132/88	132/88	131/88	159/112	199/142
韓国	82/55	81/55	83/57	83/57	83/57	83/57	83/57
フランス	40/26	42/25	45/27	45/27	49/28	50/28	191/164
ソ連	60/52	68/52	60/47	60/47	59/46	62/49	6/4
白系ロシア	0/0	0/0	10/6	10/6	10/6	11/7	12/8
米国	58/46	81/66	93/75	93/75	125/105	140/114	75/63
ドイツ	18/13	17/12	15/12	15/12	22/16	22/16	23/17
日本	1/1	1/1	1/1	1/1	11/9	11/9	11/9
デンマーク	3/2	3/2	3/2	3/2	5/3	8/6	9/7
豪州	3/3	7/7	7/7	7/7	7/7	7/7	7/7
ギリシャ	7/2	7/2	7/2	7/2	7/2	7/2	7/2
ベルギー	6/4	8/5	7/5	7/5	6/4	6/4	6/4
スェーデン	6/3	6/3	6/3	6/3	6/3	6/3	6/3
オランダ	4/3	1/1	4/3	4/3	4/3	5/4	6/5
カナダ	1/0	4/2	5/3	5/3	6/4	5/4	5/4
ポーランド	4/3	3/2	2/2	2/2	3/2	3/2	3/2
フィンランド	1/1	1/1	1/1	1/1	1/1	1/1	2/1
インド	0/0	0/0	0/0	0/0	0/0	0/0	2/2
ノルウェー	1/1	1/1	1/1	1/1	1/1	1/1	1/1
台湾	1/1	1/1	1/1	1/1	1/1	1/1	1/1
ビルマ	0/0	0/0	0/0	0/0	0/0	1/1	1/1
ハンガリー	0/0	1/1	1/1	1/1	0/0	1/0	1/0
スイス	1/1	1/1	1/1	1/1	1/1	1/1	0/0
総計	403/291	458/326	485/345	485/345	538/387	591/429	657/504

【単位：人】

出所：『重慶市警察局工作報告（民国30年9月至31年2月）』、215-216頁。

表5　重慶市在住外国人職業調査表（1940年12月調査）

国別	外交官	商業	医療	教育	学術	政治	工程	機械	傳教	新聞	其他	合計
総計	67	50	24	16	11	21	10	8	27	17	59	310
韓国	0	8	5	2	0	17	0	0	0	0	5	37
英国	18	18	6	5	2	0	1	1	8	3	15	77
米国	13	5	2	1	5	0	5	3	4	7	10	55
ロシア	22	4	0	3	0	0	2	1	0	3	10	45
ドイツ	4	12	4	2	4	0	1	0	0	3	9	39
フランス	6	0	5	1	0	2	0	0	12	1	3	30
ギリシャ	0	2	0	0	0	0	0	0	0	2	3	7
ベルギー	1	1	0	0	0	0	0	0	2	0	2	6
デンマーク	0	0	0	2	0	0	1	0	0	0	1	4
スェーデン	0	0	0	0	0	1	1	0	1	0	1	4
イタリア	2	0	0	0	0	0	0	0	0	0	0	2
インド	0	0	1	0	0	0	0	0	0	0	0	1
日本	0	0	0	0	0	1	0	0	0	0	0	1
オランダ	1	0	0	0	0	0	0	0	0	0	0	1
スペイン	0	0	1	0	0	0	0	0	0	0	0	1

【単位：人】

出所：重慶市警察局編刊『重慶市警察局念九（民国二十九）年度統計年鑑』、1941年、38頁。

備考：「1940年6月、フランスはドイツに占領された後、ヴィシー駐在の親ドイツかいらい政権は中国政府と形式上の外交關係を維持した」（沈慶林『中国抗戦時期的国際援助』上海人民出版社、2000年、106頁）。「（ベルギー、オランダは）1940年4、5月に相次いでドイツに侵略、占領された」（同上、111頁）。「1941年7月1日、ドイツは親日の汪精衛かいらい政権の承認を宣布し、翌日、中国とドイツは断交し、両国の関係は完全に破裂した」（同上、135）。

まとめ

1）韓国人（朝鮮人）

以上に示した統計表を確認しながら動態をまとめ、あわせて問題点を指摘しておく。

第1に、1940年12月は37人、うち「政治」は17人だった。それが1941年12月には83人に増え、うち「後勤」（後方支援）は53人になった。1942年1月には73人、うち「政治」は49人であった。臨時政府関係者の活動は、「政治」または「後勤」（後方支援）と認定された。

Ⅱ．「人的・文化的交流」の過去と現在

　第2に、国民政府による「民族」表記あるいは「国家」表記には一貫性がなかった。1940年1〜6月／1940年7〜12月／1941年9月〜42年3月の戸口調査表では「韓国」と表記していた。1940年9月至41年2月の戸口調査表では「朝鮮」と表記していた。この表記上の混乱の原因がなんであったのか、は不詳であり、今後の課題とする。

　第3に、「韓国臨時政府」の官僚は「外交官」とは認定されていなかった。換言すると、臨時政府は外国政府としては認定されていなかった。1940年12月では「政治に従事する韓国人」であり、1941年12月では「後勤に従事する韓国人」であり、1942年1月では「政治に従事する朝鮮人」と規定された。なお、当初は「無国籍人」という不安定な身分であったのが、1940年12月以降は「韓僑登記證」を発給された、と考えられる。

　臨時政府傘下には、1938年10月に設立された朝鮮義勇隊、40年9月に設立された韓国光復軍という軍事組織があった。これらに志願した兵士たちには、軍事委員会外事局から「在華軍人身分證」が発給された、と推定される。

　第4に、韓国臨時政府（金九政権）は1942年1月に中国政府に「臨時政府

表6　重慶市在住外国人職業調査表（1941年2月調査）

国別	外交官	商業	医療	教育	機械	政治	工程	傳教	新聞	其他	合計
総計	70	53	24	19	10	30	4	28	20	41	299
朝鮮	0	8	5	0	0	25	0	0	0	0	38
英国	18	21	7	5	1	3	2	10	5	8	80
米国	13	5	2	5	3	0	0	2	7	3	42
ロシア	22	4	0	3	1	2	0	0	4	6	42
ドイツ	7	12	4	2	2	0	2	0	3	9	41
フランス	6	0	5	2	0	0	0	12	1	8	34
ギリシャ	0	2	0	0	2	0	0	0	0	3	7
ベルギー	1	1	0	0	0	0	0	2	0	2	6
デンマーク	0	0	0	2	1	0	0	0	0	2	5
イタリア	2	0	0	0	0	0	0	0	0	0	2
オランダ	1	0	0	0	0	0	0	0	0	0	1
インド	0	0	1	0	0	0	0	0	0	0	1

【単位：人】

出所：『重慶市警察局工作報告（民国29年9月至30年2月）』、285頁。
　注：表3の「外僑戸口調査表」のなかの1941年2月の總人数337人とは異なる。

第6章　抗日戦争期の中国・重慶市における人的交流

の正式承認」を要求したが、国民政府外交部は応じなかった。1943年11月のカイロ会談では、英米が「朝鮮独立の承認」を棚上げしたので、国民政府もそれにならった。国民党は韓国臨時政府援助の窓口を組織部辺疆党務処に主管させていた。臨時政府の援助活動は「辺疆工作と関係があるので」というのがその理由だった[16]。

なお、重慶の韓国人は国民政府から一定の支援を受けていたが、それでも生活には困難があった。金九は次のように回想していた。「食糧は配給制で、配給所のまえにはいつも長蛇の列ができ、たがいにののしり合い、殴り合ってのけんかが絶えるときがなかった。しかし、わが同胞は、別個に人員を登

表7　重慶市在住外国人職業調査表（1941年2月調査）

国別	外交官	商業	医療	教育	軍事	後勤	経済	傳教	新聞	其他	合計
総計	82	77	17	23	15	53	18	57	19	123	484
韓国	0	0	2	2	1	53	0	0	0	25	83
英国	26	23	7	6	0	0	5	21	5	39	132
米国	19	24	0	3	14	0	6	10	10	7	93
ロシア	22	8	0	5	0	0	7	0	3	15	60
フランス	7	5	2	2	0	0	0	20	0	9	45
ドイツ	0	3	2	3	0	0	0	0	0	7	15
白系ロシア	0	6	2	0	0	0	0	0	0	2	10
豪州	4	0	0	0	0	0	0	2	0	1	7
ベルギー	2	1	0	0	0	0	0	1	0	3	7
ギリシャ	0	2	0	0	0	0	0	0	0	5	7
スェーデン	0	1	1	0	00	0	0	0	0	4	6
カナダ	0	0	1	0	0	0	0	1	0	3	5
オランダ	2	1	0	0	0	0	0	0	0	1	4
デンマーク	0	2	0	1	0	0	0	0	0	0	3
ポーランド	0	0	0	0	0	0	0	1	1	0	2
スイス	0	1	0	0	0	0	0	0	0	0	1
ハンガリー	0	0	0	0	1	0	0	0	0	0	1
日本	0	0	0	0	0	0	0	0	0	1	1
ノルウェー	0	0	0	0	0	0	0	0	0	1	1
フィンランド	0	0	0	0	0	0	0	0	0	1	1

【単位：人】

出所：「重慶市警察局關於戸籍工作統計資料（1941年）／11．外僑職業」（重慶市檔案館・重慶師範大学合編『中華民国戦時首都檔案文献（第3巻 戦時社会）』重慶出版社、2008年、10頁。

Ⅱ.「人的・文化的交流」の過去と現在

表8　重慶市在住外国人職業調査表（1942年1月調査）

国別	外交官	商業	医療	教育	軍事	政治	工程	傳教	新聞	其他	合計
総計	84	57	17	15	52	88	6	62	26	103	510
英国	20	16	6	6	3	9	2	19	8	42	131
米国	13	22	4	1	43	5	1	10	12	14	125
朝鮮	0	0	0	2	2	49	0	0	0	20	73
ソ連	37	7	0	4	0	6	0	0	3	8	65
フランス	5	4	4	1	1	1	0	25	0	8	49
ドイツ	1	1	2	0	3	1	2	0	1	11	22
日本	0	0	0	0	0	11	0	0	0	0	11
豪州	5	0	0	0	0	0	0	2	0	0	7
カナダ	0	0	1	0	0	0	0	3	0	0	4
デンマーク	0	2	0	1	0	1	0	0	0	0	4
ベルギー	1	1	0	0	0	0	0	1	0	0	3
スイス	0	1	0	0	0	2	0	0	0	0	3
オランダ	2	0	0	0	0	0	1	0	0	0	3
台湾	0	0	0	0	0	1	0	0	1	0	2
ギリシャ	0	2	0	0	0	0	0	0	0	0	2
スェーデン	0	1	0	0	0	0	0	0	0	0	1
ポーランド	0	0	0	0	0	0	0	1	1	0	2
ノルウェー	0	0	0	0	0	1	0	0	0	0	1
フィンランド	0	0	0	0	0	0	0	1	0	0	1

【単位：人】

出所：『重慶市警察局工作報告（民国30年9月至31年2月）』、219-220頁。

表9　重慶市在住外国人経営事業調査表（1940年8月調査）

国別	公司	工廠	商店	教堂	学校	医院	通訊社	合計
総計	19	3	11	15	11	7	4	70
英国	8		2	4	3	2	1	20
米国	2	2		4	4	3	1	16
フランス	2			7	4	1		14
ドイツ	3		3				1	7
ロシア	2		2				1	5
スェーデン	2	1						3
韓国		3						1
ギリシャ		1						1
イタリア						1		1

出所：『重慶市警察局工作報告（民国29年3月至8月）』、104-105頁。
注：「各国洋行」は公司に含める。フランスの教堂3カ所は同年5月の空襲で焼失。

録して一括して食糧をうけとり、使用人に家ごとに配給させるようにさせたので、たいへん楽だった。米を精米してたべるほどにゆとりがあった。飲料水も使用人に汲んでこさせた。…重慶の気候は、健康にははなはだ良くなくて、呼吸器病が多い。じっさい、わが同胞も、7年間に80名も肺病で死んでいる。私の長男の仁も、この気候の犠牲となって重慶に葬られることとなった」[17]。

2）日本人

第1に、1940年12月は1人（「政治」領域に認定）、1941年12月も1人（「其他」領域に認定）であったが、1942年1月には11人に増えた（全員「政治」領域に認定）。

第2に、国民政府統治下の日本人は「敵国人民」（捕虜、要被収容者）と「自由日本人民」（市民権を承認された外国公民）に区分されていた。重慶市内で活動する「自由日本人民」には、鹿地亘・池田幸子夫妻グループ（のち鹿地研究室）、青山和夫グループと長谷川テル（緑川英子、政治部第三庁文化工作委員会組員、日本語反戦放送に従事）がいた。最少でも、鹿地亘・青山和夫の男性2人、池田幸子・長谷川テルの女性2人、計4人の「自由日本人民」がいた。しかし、前述のように、1941年12月まで市内居住を許された日本人は1人（男性1人、女性はなし）だった。1942年1月になって日本人は11人（うち男性9人、女性2人）に増えた（表4）。

第3に、それでは、もとから「自由日本人民」としての地位を与えられていたのは誰だったのか。鹿地がその地位を与えられていたのか。池田幸子は鹿地の被扶養者として登録を免除されていたのか。鹿地と活動した人びとはどのような待遇だったのか。「軍事委員会政治部雇用敵国人民及家属登記表」[18]によれば、鹿地・池田幸子、彼らの間に生れた幼少の娘・息子、長谷川テルは軍事委員会政治部に雇用された形になっていた。彼らには軍事委員会外事局から「在華軍人身分證」が交付されたと解釈される。「1人（政治）」は、青山和夫（青山国際問題研究室主任）を指していたのではないか、というのが筆者の推測である。青山の「敵国人民登記処理報告表」によれば、「上

Ⅱ.「人的・文化的交流」の過去と現在

表10　重慶市在住外国人経営各種事業一覧表（1942年6月）

名称	国籍	住所	設立時	資本金額	主要職員（国籍）
寛仁医院	米国	戴家巷7号	1891年	300万元	鋭璞（米）
仁済医院問診部	カナダ	民族路96号	1891年	20万元	梁正倫（カナダ）
馬里達医院	英国	林森路263号	1937年10月	1万5000元	馬里達（英）
外字第518号営業執照					
仁愛堂医院	フランス	領事巷	1900年	不詳	羅紹箴（巴県）
武漢療養院重慶分院	米国？(a)	李子壩建設新村36号	1939年5月	30万元	劉啓承（安徽）
卡方克牙医診所	中国(b)	第一模範市場新民旅館15号	1942年1月	1万元	卡方克(b)
領有重慶衛生局方字第17号営業執照					
瑜孚冰廠	米国	四賢巷4号	1926年5月	10万元	謝約翰（米）
重慶市衛生局許可証1961号、重慶市工商登記憑単社字24号					
瑜孚冰廠	米国	千廝門順城街12号	民国15年	不詳	謝約翰（米）
重慶市衛生局許可証1316号、重慶市工商登記憑単社字24号					
福公司	英国	曾家岩26号	1898年	20万磅	貝安瀾（英）
百和洋行	英国	打銅街11号	1980年以前	不詳	古克司（英）
鋼筆大王文具改進社	英国	民族路162号	1938年4月	25万元	林亨一（朝鮮）
七七書局	朝鮮	民生路80号	1940年12月	5万元	羅西成憲（朝鮮）
領有重慶市社会局第2172号営業執照					
匯利実業有限公司	英国	林森路中大街4号	1929年8月	30万元	白理爾（英）
上海英国商会登記					
匯利実業有限公司都郵街分公司	英国	都郵街	1941年6月1日	5万元	白理爾（英）
英国領事館登記					
異新洋行	英国	新生路38号	民国元年	5万元	裴里比棣（英）
英国大使館登記					

美国環球影片公司通訊処	米国	新生路国泰戯院	1941 年 9 月	不詳	李毓培（広東）
					未登記
二十世紀福斯影片公司	米国	新生路 84 号附 2 号	不詳	不詳	厳以仁（上海）
					英国聯邦政府註冊
亜洲影片公司	ソ連	新生路 38 号	民国 20 年	不詳	謝雅江（蘇）
					蘇聯大使館登記
英美会事務所	カナダ	大河順城街 15 号	民国 6 年	不詳	周啓明（カナダ）
黛吉珈琲廳（c）	ソ連	民族路 149 号	1941 年 9 月	9000 元	柯拉脱瓦（蘇聯）
					領有重慶市社会局第 17923 号営業執照

出所：『重慶市政府工作報告（民国 31 年 4 月至 6 月）』、80-81 頁。
注：(a) 安息日会の経営。(b) 徳籍已帰化中国。(c) 民国 31 年 6 月、黛吉餐廳（専営西菜業）に改編（「啓封茶館一覧表」参照）。

級機関」は重慶市政府、表を作成した「填表機関」は重慶市警察局と記されていた[19]。

　最後に、戦時下の重慶では、中国人と韓国人とは一定の交流があった。しかし、日本人はきわめて少数で基本的には「敵国人民」であった。したがって、中国人と日本人、韓国人と日本人との交流はきわめて限定的であった、と考えられる。

注
1) 中華民国關於外人護照簽證辨法（1943 年 8 月 2 日公布）・第 2 条、『外事法令彙編』、1 頁。
2) 同上辨法・第 3 条、『外事法令彙編』、1 頁。
3) 『外事法令彙編』、25-26 頁。
4) 『外事法令彙編』、10 頁。『防諜粛奸須知』、168-170 頁。
5) 『外事法令彙編』、12 頁。
6) 韓台琉僑登記暫行辨法（1940 年 12 月 11 日公布）・第 1 項、『外事法令彙編』、18 頁。
7) 韓台琉僑登記暫行辨法・第 2 項。

Ⅱ．「人的・文化的交流」の過去と現在

8）韓台琉僑登記暫行辨法・第 4 項。
9）敵国人民登記辨法・第 5 条。
10）敵国人民登記辨法・第 6 条。
11）敵国人民登記辨法・第 9 条。
12）敵国人民登記辨法・第 11 条。
13）『外事法令彙編』、49-62 頁。
14）敵国人民処理条例（1943 年 12 月 7 日公布）・第 12 条、『外事法令彙編』、50-51 頁。
15）敵国人民収容所管理章程（制定日時不詳）・第 4 条、『外事法令彙編』、58 頁。
16）内田知行「重慶国民政府と抗日戦争時代の朝鮮人独立運動」、『抗日戦争と民衆運動』創土社、2002 年、260-262 頁。
17）金九著、梶村秀樹訳『白凡逸史（東洋文庫 234）』平凡社、1973 年、305-307 頁。
18）中華民国外交部・中国境内敵僑俘虜処理案（一）、020-010118-0002、台湾國史館所蔵。
19）「軍事委員会政治部雇用敵国人民及家属登記表」中華民国外交部・中国境内敵僑俘虜処理案（一）、020-010118-0002、台湾國史館所蔵。

第7章
香港と東アジア共同体

谷垣真理子

はじめに

　本章では、香港の結節点としての機能に注目して東アジア共同体について論じることにする。結節点とは文字通り「つなぎめ」を意味する。交通網のハブであり、人・モノ・金がそこに流れ込み、そこからまた別の場所へと流れていく香港は、まさにアジアの結節点と呼ぶにふさわしい。

　地理的には、香港は台北よりやや南、沖縄よりも南に位置する亜熱帯の地域である。香港から航空機で4時間圏内の同心円を描くと、多くの東南アジア地域が入る。シンガポールまでは4時間弱、ジャカルタまでも5時間弱で香港から到達する。北東アジアについても、東京までが4、5時間の距離であり、南アジアでも、5、6時間で香港から航空機で到達できる。東京からシンガポールまでは航空機で8時間かかるので、香港がアジアの航空網の一大ハブとなった地の利がよくわかる。

　わが国での東アジア共同体についての議論は2000年に入ってから急増する。たとえば、国立情報学研究所の論文データベースであるCiNiiで、「東アジア共同体」を検索すると、2014年11月初の段階で705件がヒットした。古いものから順に、1988年発表の1件、1990年代に発表された4件をのぞけば、2000年以降が700件であった。このうち、2000年から2004年が77件、2005年から2009年が430件、2010年以降が193件であった。東アジア共同体の構成主体としては、日本のほか、香港・マカオを含む中国、台湾、韓国と北朝鮮が該当するが、現実的には、日中韓が議論の中心になった。

2000年以降、いかに東アジア共同体についての関心が高まったかは、こうした数字が端的に示しているであろう。ここで、刺激的な論をひとつ紹介しよう。2000年代に入ってもっとも組織的な研究成果であるのが、早稲田大学21世紀COE「現代アジア学の創生」プロジェクトであり、その成果は『東アジア共同体の構築』(毛里和子ほか、全4巻、2007年)として刊行された。国際移動と社会変容を扱った第3巻で、平野健一郎論文は、東アジア共同体について日本ではASEAN+3かASEAN+6かなど、東アジア共同体のメンバーをめぐる議論が多いが、現在進行形で東アジア共同体は出現しているのではないかと問題提起している[1]。平野は1988年と2004年のアジアにおける民間航空路線網を比較し、2004年にはどの都市がハブか指摘できないほどに航空路線網が緊密化してきたと指摘する。こうした密な路線網を使って、人々は移動しており、「東アジア共同体」形成の基盤ができる。そこから共同体が形成されるには、「人々の交流と、意識と文化における一定程度以上の共通性と、共同体を作ろうとする政治的意思」[2]が必要となるのである。それにともなって社会的文化的共通基盤が形成されれば、共同体は成立したことになる。

本章では、香港の結節点としての機能を整理し、香港がいかにしてモノや人、情報の結節点であったのかを説明する。具体的な例はナショナルの炊飯器と香港映画である。その上で、返還後の香港の変化に触れ、結節点としての香港を改めて検討する。

1.　結節点としての香港

1）香港のあゆみ

まず、議論を始める前に、香港の歴史を駆け足で追いかけてみよう。

香港は華南(南中国)の珠江デルタの河口の東端に位置する。歴史的に見て、香港は中華帝国の一部であり、九龍の李鄭屋には後漢時代の遺跡もある。唐宋の時代にはすでに海上交通の要衝として栄え、イギリス割譲時は、広東省

新安県の一部であった。

　香港は香港島と九龍、新界の3つの地区から構成される。それはとりもなおさず、英領植民地・香港が3つの条約を経て形成されたことを示している。まず、アヘン戦争（1840-1842年）の終結条約である南京条約（1842年）で香港島が割譲された。同条約では、広州・福州・厦門・寧波・上海の5港が開港され、「公行」とよばれる特許商人制度が廃止された。続く北京条約では九龍半島の先端部が割譲された。第2次アヘン（アロー号）戦争（1856-1860年）の終結条約であり、清朝は外交使節の北京常駐権、内地旅行権、長江の開放、中国人の海外渡航などを認めた。そして、3番目の新界租借条約（1898）では、イギリスが九龍半島の基底部と付近の海面を99年間租借した。新界租借条約は、日清戦争（1894-1895年）後の情勢のなかで行われた。諸外国は軍事的要衝を租借し、自身が排他的権益を有する勢力範囲を設定していた。イギリスはフランスの広州湾租借に対抗して、「新界」（新しい領土の意）を清朝から99年間租借した。

　香港は不平等条約の象徴であり、香港回収は清朝に続く中華民国、中華人民共和国にとって重要な課題となった。日中戦争期、香港は蒋介石支援ルートの要となった。太平洋戦争開戦時の1941年の12月8日、ハワイの真珠湾攻撃と同日に、日本軍は香港に進攻し、同年の12月25日、香港のイギリス軍は降伏する。その後、香港は3年8カ月の日本軍政を経験することになる。第2次世界大戦後、香港における日本軍の武装解除はイギリスが行い、香港は英領植民地として再生した。国共内戦を経て、1949年、中国大陸で中国共産党が中心となって中華人民共和国が建国されると、香港は政治的に不透明な存在となる。反帝国主義と民族主義の旗を掲げる新中国は、旧社会の残滓である香港と相容れる存在ではなかった。中華人民共和国（以下、中国）は強固な全国統一政権であり、人民解放軍という強大な軍事力を擁した。中英の力関係は逆転し、中国さえ望めば、香港はいつでも回収できる状況となったのであった。

　しかしながら、中国は香港の現状を維持した。その基本方針は「機が熟し

た時に解決する」(「アメリカ共産党の声明を評す」,『人民日報』社説, 1963年3月8日) や「長期打算, 充分利用」(『許家屯回憶録』, 1992年) に見られる。中国は香港の特殊性を十分に認識し、冷戦期においては、西側世界に開かれた窓として重宝した。

中国にとって香港はあくまで「回収すべき領土」であった。第2次世界大戦後の旧植民地の帰属については、住民自決の原則が適用された。住民投票の結果次第では「独立」という選択肢もあったが、中国は自身の主権の範囲内で香港問題を処理しようとした。この点ではマカオも同様であった。たとえば、1972年、黄華・中国国連代表は国連の非植民地化特別委員会宛に、香港とマカオを国連の植民地リストから削除することを要求した。

条約上、英領植民地・香港の域内に、中国の公的権力は存在しつづけた。戦後「三不管」（イギリス・中国・台湾のいずれの管轄権にも属さないという意）と称された九龍城は元来海賊取り締まりのため築かれ、新界租借条約は「九龍城内の管轄権」を認めた。戦後、中国は「英領植民地における中国の公的権力の存在」として解釈し、中国による香港回収の正統性の重要な根拠とした。これは、台湾に移転した中華民国（以下、台湾と略す）も同様であった。

2）中国と外部世界との橋梁

歴史的に見て、香港は外部世界と中国本国を結ぶ橋梁であった。香港の港湾統計によれば、1865年、香港経由で6859人が海外に出発したが、同時に6026人が香港経由で中国に帰国した。東華三院は香港の華人商人によって、華人系住民に中国医学を提供すべく設立されたが、自力で帰国できない華僑・華人を中国の郷里まで送還した[3]。

人の移動のネットワークに重なるように、香港はシンガポールと並ぶ華僑送金業務のセンターとなった。19世紀の大量出国の時代、移民は出稼ぎ的な性格が強かったので、本国への生活費送金は欠かせなかった。また、移民の

際の諸費用を仲介者に返済せねばならなかった。送金業務は香港上海銀行など近代的な銀行のほかに、銀号や銭荘、信局などの送金業者が担った。送金業者は金や銀も扱い、華僑送金をまず金銀やそのほかの商品に投資して利益を確保し、その上で東南アジア通貨を香港ドルに交換し、さらに中国各都市へと送金した。このように、華僑送金は本国への送金にとどまらなかった。送金のネットワークが貿易のネットワークと重なり合い、華南と東南アジアの貿易圏に資金を供給し、貿易関係を促進するという相互作用をもたらした。

　中国が1970年代末に改革と開放政策へと大きく舵を切っても、香港の結節点としての機能は重視された。英語で法律・銀行サービスを受けられる香港は諸外国にとって対中国進出基地として重宝された。東南アジアの華人資本も、対中投資が「富の本国還流」として本国で非難されるのを警戒し、香港にいったん投資して、対中投資を迂回させた。

　中華民国・台湾も、香港のこのような仲介者的機能を利用した。中台関係が断絶状態であった時代はもちろんのこと、改革・開放政策始動後、中台関係が「交流」の時代へと入っても香港の存在は貴重であった。1987年には台湾住民の中国大陸の親族訪問が解禁されるなど、中台関係は事実上直接的接触へと移行したが、香港を経由することによって中華民国・台湾政府は「三不通政策」を公式に修正せずにすませることができた。

　なお、1970年代、米中接近が実現し、中国が国連代表権を獲得（1971年）して国際舞台に復帰すると、中国をめぐる冷戦構造は後退しはじめた。中国もまた香港の結節点としての機能を重視した。香港を経由することによって、中国と外交関係のない第三国との交易が可能になった。また、1978年12月、中国が「4つの近代化」を掲げて、改革・開放政策へと大きく舵を切ると、香港と中国との経済関係は飛躍的に増大した。香港は対中国中継貿易港としての機能を迅速に回復し、1988年には香港の再輸出は地場輸出を抜いた。その一方、中国も香港の経済発展を高く評価し、香港は中国の近代化に必要な知識や情報を獲得し、学習する場所として評価された。

Ⅱ.「人的・文化的交流」の過去と現在

2. 800万台の炊飯器が売れた香港

　歴史的に見て、香港は中国と外部世界との橋梁であった。前節では、香港をめぐる国際環境を説明した。しかし、第2次世界大戦後、とりわけ、東アジアに冷戦構造が波及し、中国が国際的に孤立していた時代、香港はどのように結節点としての役目を果たしたのであろうか。

　実はこの時期、香港の経済構造は大きく変化している。国連の対中国戦略物資禁輸措置（1951年5月）により、香港は中継貿易の重要な相手先であった中国市場を失った。アメリカも中国製品を自国市場から締め出した。このため、香港では自然発生的に工業化（軽工業中心）が始まった。中国大陸からの流入人口が安価な労働力となり、共産党政権下での生活を嫌って逃避してきた上海人資本家が資本を提供し経営を担った。また、戦後の東南アジア諸国におけるナショナリズムの勃興を警戒した華僑資本が香港に流入した。その後、日本を含めた外資も積極的に進出し、1960年代の香港の国内総生産（GDP）は平均10％の高成長率を記録した。

　工業化の進展にともない、香港を単位とする「香港大」の社会統合が進展していった。工業化社会では教育を受けた良質な労働力を必要とするが、香港でも学校教育が急速に普及した。小学校までは中国語（実際には広東語[中国語の方言]）が授業言語であったが、中等教育以上は英語教育と中国語教育に分かれた。経済的上昇を目指して、子女に英語教育を受けさせる家庭が増えた。戦後の香港には広東系以外に、潮州系・客家系・上海系などの各種方言グループが存在した。工業化と団地への集住で、異なる方言グループが接触し、日常生活において広東語は香港住民の共通語となっていった。

1）蒙民偉の奮闘

　具体的に香港はどのように結節点としての機能を果たしたのか。それを考える格好の手がかりとなるのが、中野嘉子・王向華による『同じ釜の飯』（平凡社、2005年）である。この本は松下電器の香港における代理店から「電器

第7章　香港と東アジア共同体

大王」・信興グループを率いた蒙民偉の物語である。

著者の中野嘉子氏は、日本製品が暮らしのすみずみまで浸透している香港で、日本製品のグローバル化を考察するプロジェクトを始めた。そうすると、香港の人々が日本の製品として具体的な思い出をもっているのは、日本の人々がすぐにイメージするようなトランジスタラジオや自動車ではなく、炊飯器であったという[4]。この本の副題は「ナショナル炊飯器は人口680万の香港でなぜ800万台売れたか」であり、きわめて刺激的である。

蒙民偉が1959年にナショナル炊飯器の輸入を始めて、『同じ釜の飯』が出版されるまでの46年間に、ナショナル炊飯器は香港で800万台が販売された。これはナショナルが世界で生産した炊飯器総数のほぼ1割であるという[5]。香港の1961年の人口は年央で317万人、2005年の人口は年央で681万人であった。この間、人口が等差数列的に増加したと考えれば、この44年間の人口の平均値は500万人となる。800万台のナショナル炊飯器が売れたということは、香港人ひとりあたり1.6台のナショナル炊飯器を購入したことになる。炊飯器を10年に1度買い替えるとすれば、1961年に最初の炊飯器を買った家庭は、44年間で4台の炊飯器を買ったことになる。各家庭が両親と子ども2人の4人で構成されると仮定すると、各家庭は7台近くの炊飯器を購入したことになる。買ったはずの7台の炊飯器のうち、残った3台はどこに行ったのであろうか。テレビや自動車のように、各家庭で親と子どもがご飯の炊き方を争って、2台、3台と買いこんだのであろうか。同書はこのように電気炊飯器が売れた理由を探りながら、香港という土地柄、華僑華人ビジネスのありかたを明らかにする。

本書の表紙には、「コメを食べる国が100あれば、100通りの釜、そして100通りの売り方がある」とある[6]。蒙民偉はまさに、香港という土地でナショナルの炊飯器を、香港の流儀で売り込んでいったのである。

蒙が立ち向かったのは、「半日で壊れる粗悪品」という戦前の日本製品へのイメージと、「血も乾かないってのに、もう日本の商品か」という空気であった。まず、蒙や蒙のスタッフは、炊飯器の認知度をあげるため、香港では街

頭でのデモ販売を積極的に行った。同時に、松下の本社に掛けあい、香港人の好みに合わせた電気釜をカスタマイズしていく。香港ではソーセージなどを入れる炊き込みご飯をよく作る。日本の炊き込みご飯と違い、炊き込みの具材はご飯の炊け具合を見て挿入する。蒙は入れ時がわかる「窓」を炊飯器のフタにつけることを提案した。

炊飯器の売り上げを飛躍的に伸ばしたのは、中国の改革・開放政策であった。清明節や重陽節などのごく限られた時をのぞけば、1950年以降、香港の人々が中国へと入境することはほとんどなかった。改革・開放政策は、こうした状況を一変させ、香港の人は中国に里帰りすることが可能になったのである。香港で普及したナショナルの電気炊飯器は、香港の人が中国に里帰りするときに親戚へのみやげとなった。筆者も、1983年にはじめて香港から広州へと入った時、大きな荷物を抱えた人々が香港側の最後の駅である羅湖から中国大陸側最初の駅である深圳まで運ぶのを見た。人がこんなに多くの荷物をもって移動できるのかと驚いた経験がある。蒙はこの状況に対して、クーポンを発行し、「お支払いは香港、お渡しは中国」というスタイルを生み出し、人々のニーズに応え、炊飯器だけではなくテレビや冷蔵庫など、家電製品の売り上げを伸ばした。

香港では一家に2台、3台の炊飯器があったわけではなく、香港の人々は中国大陸にいる親戚の分まで炊飯器を購入したのであった。積極的な販売の努力、香港仕様にカスタマイズされた製品、さらには中国への手土産としての購入、というようにさまざまな要因が重なり、人口680万の香港で800万台もの電気炊飯器が売れたのである。言い換えれば、香港の人々は、中国大陸の親戚に自らがナショナルの炊飯器を再輸出したことになる。

同書では扱いは控えめだが、次のエピソードもまた、香港の結節点としての機能をよく表している[7]。ナショナルには乾電池ラジオというヒット商品がある。ナショナルの乾電池ラジオは電気の普及率が低かったので、重宝されたという。松下が直接輸出をしていないはずのマニラで、商品がショーウィンドーにあるのを見て、ナショナル・ラジオ商品開発専門調査団が驚いた

ことがある。中国がまだ門戸を閉ざしていた1960年代から70年代後半まで、東南アジアを中心にナショナルの商品が香港から再輸出された。しかも、ナショナル炊飯器は大阪—香港—マニラのルート、ナショナルのラジオは大阪—香港—ジャカルタのルートで東南アジアに流れたのであった[8]。

2) 蒙民偉のネットワークと香港

　蒙民偉は斬新なアイディアを出し、エネルギッシュに働いたが、そのビジネスを大きく飛躍させたのは、香港におけるナショナルの総代理店となったことであった。蒙は一対一の会見で、香港におけるナショナルの総代理店となることを松下幸之助に認めさせた[9]。しかし、蒙の日本人脈は、蒙一代で築き上げたものではない。

　蒙は長崎華僑の家に生まれた。ただし、蒙の一族は、江戸の時代から長崎にいた唐通事の一族ではない。日清戦争後、蒙の父方の祖父と母方の祖父が、ともに広東省から長崎へとやってきた。1896年の長崎の人口は7万人で、そのうち中国人は706人いたという[10]。

　蒙の父は1898年に長崎で生まれ、カトリック系の海星中学を卒業した。母は1902年に同じく長崎で生まれ、ミッション系の活水女学校に通った。日本語と広東語、それに英語を学校で勉強したふたりは、1920年に婚約する。このころの長崎には往時の活気はなく、婚約中のふたりは家族とともに香港へと向かう。父は三菱商事の香港支店に12年つとめたあと、香港で独立し、日本人だけを顧客とする商売を始めた。父が長崎生まれであったとはいえ、戦前の香港で、中国人が日本人だけを相手に商売をするのは、まさにベンチャーであったであろうと中野氏は分析している[11]。

　蒙は1927年に香港で生まれた。父と同じく名門、喇沙書院で学び、香港が日本軍に占領されると、中国大陸に渡って学業を続けた。香港における日本軍政が終わっても、蒙はそのまま中国で勉強を続け、清華大学では航空工学を専攻した[12]。しかし、1948年に人民解放軍の北京入城の直前に、蒙は父から「即刻帰れ」という手紙を受け取り、そのまま香港に戻った。しかし、当

時の香港は中国共産党の支持者を警戒しており、蒙は中国で大学に通っていたことを香港では口にしなかった[13]。1949年には日本に渡り、父の取引先の紹介で、神田の小学校に22歳で特別入学を許可され、小学校1年生と一緒に机を並べて半年間で6年生の国語まで勉強をし、さらに2カ月ほど日本に滞在し、日本語をマスターした。その後、香港にもどり、家業の貿易業を手伝いながら、1952年、信和公司を立ち上げ、日本から雑貨の輸入を始めた[14]。1953年、蒙は松下電器貿易と取引を始め、信興公司を起こした[15]。

日本とのネットワークは、蒙と蒙の両親だけではない。1958年に結婚した楊雪姫は神戸生まれであった[16]。楊が関西学院大学在学中にふたりは婚約した。神戸は日本国内では有数の国際都市であり、戦前は華僑の集住地として横浜よりも大きかった。蒙の兄弟も、世界各地に分散している。香港返還以前から姉が子どもたちを追ってサンフランシスコ郊外に移住し、兄は会社を香港で続けながら住まいはバンクーバーに移した[17]。

香港ではこのような例は決して珍しくはない。陳天璽の『華人ディアスポラ——華商のネットワークとアイデンティティ』（明石書店、2001年）でも、蒙のようなビジネスマンが世界各地に親戚ネットワークを展開していることが報告されている。華僑・華人によるビジネスは家族経営であることが多く報告され、一族の絆はビジネスと関連づけて説明される。しかし、華僑・華人がすべてビジネスに携わるわけではない。容應萸の家族史研究は、家族企業を有さないが、一族の絆を維持している事例を報告している[18]。

容の研究によれば、広東関氏一族は、香港で華人としてはじめて歯科医のライセンスを取得した関元昌（1828-1912）を第1世代とする。関元昌の父・関日はキリスト教に入信したため、故郷に居づらくなり、アヘン戦争後に一家で香港に移住した。関元昌の妻、黎氏（1840-1902）は、幼年時に広州で家族と離散し、香港政府の華民政務司の家に引き取られ、教師や裁判所通訳、看護婦長を務めた。夫妻は10男5女に恵まれ、第2世代は南洋に渡った1人をのぞけば、香港・広州・天津・蘇州・上海などの中国の沿海都市で暮らした。第3世代は、香港や中国大陸各地・台湾だけでなく、アメリカやカナダ、

シンガポール、マレーシア、オーストラリア、ニュージーランド、タイ、イギリス、日本などに展開した。関氏一族はキリスト者家族であり、中華民国政府の要職に就く者もおり、一族の多くは中華人民共和国の成立前後に北米に移住した。

1990年代半ば以降、第4世代で還暦を迎える者が増えてきて、2003年より大規模なリユニオンを3年ごとに北米とアジアで交互に開催している。2003年はアメリカ・アシロマ、2006年は香港、2009年はアメリカ・アラスカ、2012年はシンガポールで、全世界の関氏一族が参加したリユニオンが行われた。このほか、各地で一族のメンバーの結婚や留学の機会を利用して、小規模なリユニオンが行われている。2004年に完成した中国語と英語による家譜では、1組の夫婦から、物故者を含めて実に1069人の子孫が誕生していたことがわかった。キリスト教、英語、西洋の学問を学ぶという、一族の伝統が維持されている。北米に渡った一族の中には、中国語を解さない者が増えており、リユニオンの共通語は英語で、連絡はすべて電子メールで取り合っており、ITリテラシーが高い。

3. 香港発の文化産品

戦後、英領植民地であったがゆえに、香港の文化産品は共産党からも国民党からも距離をおき、イデオロギー的な束縛を受けることなく表現の自由を享受した。その結果、中国文化の流入に敏感な東南アジアでも、香港の文化産品は受け入れられた。香港の文化産品は映画やテレビドラマ、雑誌、歌謡曲などであり、金庸に代表される武侠小説は台湾や東南アジアなど海外の華人社会で支持された。これらの文化産品の製造者や表現者は中国大陸や香港、台湾出身の人々であったことから、香港の文化産品は香港発の中華文化と言えるだろう。こうした文化発信力を有したことから、香港は「華人の都」と呼ばれうるような存在となっていった。とりわけ、映画については、第2次世界大戦後、香港は東洋のハリウッドと呼ばれる存在へと発展した。

日本における香港映画の浸透力は、後述するように台湾や東南アジア諸国と比較すると、限定的なものであった。それでも、香港映画は1970年代に入ると、洋画の一角を占めるようになった。香港映画の日本への実質的な登場は「燃えよドラゴン」(Enter the Dragon)であろう。ワーナー・ブラザース制作のアメリカ映画として日本に紹介された。「燃えよ」は正月興行でヒットし、中学・高校の男子学生が、学校で掃除の時間にヌンチャクがわりにほうきを振り回すほどのブームを巻き起こした。皮肉なことに「燃えよ」の公開直前に、リーは32歳の若さで他界し、香港での主演作品は3本しかなかった。リーの出演作品3本は東宝東和が公開し、いずれもヒットした。さらに、リーが出演していなくても、クンフー映画に分類されうるような映画は香港制作か台湾制作を問わず次々に公開された。日本では「燃えよ」以降、中国武術（功夫：Kung Fu）を主体としたアクション映画をクンフー映画と総称する。

　ブルース・リーの後、香港の映画人で日本で人気を博したのはジャッキー・チェンであった。1979年にはジャッキー・チェンの出世作「酔拳」(1978年)が、「ドランクモンキー酔拳」として公開され、ヒットした。チェンのアクションは京劇に基本をおき、それをコミカルな動作に振りつけし、「血のりのないアクション映画」を確立した。また、その後「ポリスストーリー」などのように現代劇に題材をとった作風は、日本では小学生にもアピールした。

　日本の映画雑誌「ロードショー」の「シネマ大賞」では、1982年から1988年まで男優の人気ナンバーワンはジャッキー・チェンであった。「洋画」がアメリカ映画やフランス映画などの「西」洋映画だけでなく「東」洋映画も、「洋画」の範疇に入ってきた分岐点であったと言えよう。

1) 国際化した香港映画

　香港映画は一般にハリウッド映画よりも国際価格が安く、さまざまな国に輸出されやすかったであろう。加えて、域外には中国語映画に対する需要が存在した。

　東南アジア諸国には戦前から多数の中国系住民（華僑・華人）が存在した。

「華僑」と「華人」を区別する指標として、しばしば国籍が用いられる。「華僑」は中国籍を保持するが、「華人」は居住国の国籍を有する。日本では、日本国内に居住する中国系の人々を「華僑」とひとくくりにしがちである。ただし、全世界的には「華人」という用語が多用される。華僑華人の圧倒的大部分はアジアに居住していた。厦門大学は中国における華僑華人研究の一大センターであり、南洋研究院の荘国土院長は 2006 年から 07 年にかけて、全世界に居住する華僑・華人数を調べ上げた。4543 万人と推計した。なかでも東南アジア居住者は 3348.6 万人にのぼり、全体の 73.5％を占めた。

第 2 次世界大戦後、東南アジア諸国は続々と宗主国からの独立を達成した。新政府派ナショナリズムを強調すると同時に、国内の安定的横溢を図るために、中国系住民に中国（特に中華人民共和国）の影響力が浸透するのを警戒した。このため、中国系住民が自身の文化を保持・育成することは制限された。華僑華人の中国語映画への需要は、外部からの輸入によって充たされざるをえなかった。

もっとも、「中国語映画に対する需要」に対しては、台湾映画も需要にこたえることができたであろう。しかし、香港映画界は台湾映画界よりも輸出指向性が高かった。香港は面積 1000 ㎢余りであり、人口は 2014 年現在も 726 万人であり、映画市場としては狭隘である。香港の域内市場のみでは映画産業は成立しなかった。また、香港では政府が映画産業を保護育成したわけではなかった。新中国の建国後、香港映画界は自身の活路を海外市場に求めざるをえなかった。国際部は各映画会社の重要な部署であった。

DVD が出回る以前から多言語版を作成してきたことは、香港映画界の輸出指向性のつよさを象徴する。ゴールデンハーベスト社のチャイ・ラン（蔡瀾）副社長は、1993 年 10 月にインタビューした際、香港映画状況を次のように説明してくれた[19]。香港映画は通常、中国語標準語版・広東語版・英語版の 3 つの言語版が同一のフィルムについて製作されてきた。どの言語版を輸出するかは、輸出先の地域事情によった。

中国語標準語版の有力なマーケットは、台湾とシンガポールであった。台

湾は中国語標準語が国語である。香港映画であっても、中国語標準語であれば。国産映画と同様の保護措置があったという。一方、シンガポールは中国系住民が人口の多数派を占める多民族国家である。中国系の人々は複数の方言集団から構成されるため、それらの人々の安定団結を図るため、シンガポールでは中国語標準語版を輸入してきた。

なお、シンガポールと隣接するマレーシアでは、広東語が広く解されていたため、広東語版を輸入してきたという。タイやベトナムも広東語版を輸入し、反共反中国の旗を掲げていたインドネシでも、英語版ではなく、中国語標準語版もしくは広東語版を輸入してきたという。

東南アジア諸国で、英語版を輸入してきたのは、フィリピンだけであった。チャイ氏によれば、東アジアと東南アジア以外の地域へは、香港映画はもっぱらアクション映画を輸出していた。ジャッキー・チェンの諸作品は、映画産業の基盤が当時弱かった西アジアやアフリカ、さらにはヨーロッパやアメリカ、映画大国であるインドやエジプトにも輸出された。これらの地域は基本的には英語版が輸出されたが、アフリカ向けにはフランス語版、南米向けにはスペイン語版が作成されたという。「パルプフィクション」のタランティン・クエンティーノ（1963- ）が撮った「キル・ビル」（Vol.1 は 2003 年、Vol.2 は 2004 年）を見れば、アメリカでいかに多くの香港映画が上映されたかはよくわかる。主人公の服装は「死亡遊戯」のブルース・リーと同じく、黄色に黒のストライプが入ったトレーニングウェアである。

また、香港映画界の国際化には、ブルース・リーとジャッキー・チェン、さらに香港ニューウェーブ[20]という3つの波があった。これらはいずれも、諸外国への輸出に適したコンテンツであった。前出のチャイ氏によれば、中国色の強い映画は、かつて中国と紛争のあった国々には輸出しにくかった。たとえば、ジェット・リー主演の「ワンス・アポン・ア・タイム・イン・チャイナ」シリーズは清朝末期の武道家・黄飛鴻が主人公であり、革命派もでてくる歴史アクション映画である。主人公は、清朝末期当時の服装で、「中国」を連想させた。このため、中国と国境紛争にあったインドには輸出でき

なかったという。

　ブルース・リーの「燃えよドラゴン」の舞台は現代であり、劇中でリーは三つ揃えのスーツ姿も披露した。また、「燃えよドラゴン」が撮影された時期、中華人民共和国はまだ外部世界に門戸を閉ざしており、そこで描かれた「中国的世界」は、中華人民共和国ではなく香港であった。1980年代半ば以降の香港映画のニューウェーブも現代劇が多かった。一方、ジャッキー・チェンの出世作である「ドランクモンキー酔拳」の主人公は若き日の黄飛鴻に題材をとっていたが、チェンはボブヘアで登場し、服装も丸首シャツに功夫ズボンという時代不詳の服装であった。また、ブルース・リーとジャッキー・チェンの映画は、それまでのクンフー映画と比較すると、主人公が血のりを吐きながら仇を打つ復讐劇とはかなり異なり、残酷シーンは少なかった。特に、チェンの映画はクンフー映画にチャップリンやバスター・キートンに通じるようなコミカルな要素を取り入れたため、残酷シーンが多いとして検閲にひっかかることなく、諸外国に輸出しやすい形であった。

2) 越境する映画人

　ナショナルの炊飯器は香港から再輸出されていったが、映画産業を支えるスタッフもまた、境界を越えて移動した。日本の敗戦と同時に、満州国は消滅したが、満州国で活躍していた満映の関係者や、あるいは上海の映画界の人材が、第2次世界大戦後、香港映画界で再度活躍した[21]。

　ブルース・リーと契約したゴールデンハーベスト（嘉禾）社は、香港では1970年に誕生した後発の映画会社であった。創立者は、上海生まれのレイモンド・チョウ（鄒文懐：1927-）であった[22]。1948年に香港に移住し、1959年からショウ・ブラザーズ（邵氏兄弟）社に入社した。独立後は、ブルース・リーと契約した第1作「ドラゴン危機一髪」（唐山大兄：1971）が大ヒットし、その後、ジャッキー・チェンやマイケル・ホイと契約し、ゴールデンハーベスト社を香港有数の映画会社に育て上げた。

　しかし、香港映画界を東洋のハリウッドにおしあげたのは、ショウ・ブラ

ザーズ社長のランラン・ショウ（邵逸夫：1907-2014）であろう[23]。ショウも上海で生まれた。3番目の兄、ランミー・ショウ（邵仁牧：1901-1985）とともに、1926年にマレーシアに移住し、長兄のランジュー・ショウ（邵醉翁：1896-1975）の天一映画会社の海外販路の開拓に努力した。香港には1957年にわたり、その後香港で映画製作にのりだし、ショウ・ブラザーズを東洋一のスタジオに育てあげた。1967年からはテレビ事業にのりだし、香港最大のテレビ局である無線テレビ（TVB）の創立者となる。TVBには俳優養成所があり、チョウ・ユンファ（周潤発）、アンディ・ラウ（劉徳華）、トニー・レオン（梁朝偉）、チャウ・シンチー（周星馳）など、1980年代の香港ニューウェーブで活躍するスターを多く輩出した。

クンフー映画に関わった映画人の中では、監督としてショウ・ブラザーズで活躍したチャン・ツェー（張徹：1923-2002）が中国大陸や台湾で活動経験を持つ[24]。上海生まれのチャンは「仮面女郎」（1947年）で脚本を担当し、その後台湾に渡り、「阿里山風雲」（1949年）で監督デビューした。台湾では蔣経国の幕僚にも招かれたが、1957年に香港に渡り、映画評論や武侠小説、脚本の仕事を経て、1962年にショウ・ブラザーズに入社し、強い男性を主人公とするクンフー映画、武侠映画を数多く撮った。チャンのもとでは、ジミー・ウォング（王羽）、デビッド・チャン（姜大衛）、ティ・ロン（狄龍）、アレクサンダー・フー・シェン（傅聲）という男性スターの他、ラウ・カーリョン（劉家良）などの武術指導が育っていった。また、チャンは「男たちの挽歌」を撮り、香港ノワールの先駆けとなったジョン・ウー（呉宇森）の師匠的存在であったと言われる。

カメラマンでは西本正が、満洲映画協会での活動経験を持っている[25]。西本は満洲で映画カメラマンとしてキャリアをはじめ、日本の敗戦とともに帰国した。1957年に所属していた新東宝からショウ・ブラザーズに貸し出される形で香港に渡った。1969年にショウ・ブラザーズを離れた後も、香港で仕事をつづけ、「ドラゴンへの道」（1973年）「死亡遊戯」（1973年）を撮影するなど、ブルース・リーにも信頼された。

男優では、前出のティ・ロンは広東省新会県、デビッド・チャンは蘇州、ジミー・ウォングは上海生まれである。ブルース・リーは、父が広東オペラの俳優で北米公演中のサンフランシスコで生まれた。女優では、ブリジット・リン（林青霞）に代表される台湾出身者も香港映画に出演した。また、ジェームズ・ボンドよりも強いボンドガールと称されたミショル・ヨー（楊紫瓊）は、マレーシアの広東語地域であるイポー出身であった。

この他、日本から倉田保昭が、韓国から合気道（Hapkido）師範の黄仁植が1970年代の香港クンフー映画に出演している。1960年代までショウ・ブラザーズは日本の大手映画会社から映画人を積極的に招聘した[27]。その後、1970年代半ばの香港クンフー映画にとって、韓国が海外ロケや人材交流の相手国として重要な位置を占めた[28]。

4. 1997年返還後の香港

これまで述べてきた内容は、1997年返還前の香港にあてはまる。返還後の香港映画界に対して、次のような分析がある。『中華電影データブック完全保存版』を監修した、暉峻創三は、香港映画界を次のように論じている。「ちょうど97年頃まで、長きにわたって"東洋のハリウッド"と言えばそれは香港と香港映画のことを指すのが常識だった」「だが、今日、香港を"東洋のハリウッド"と躊躇なく呼ぼうとする人など、誰一人いまい」「中華圏におけるハリウッドの地位は、北京や上海にとって代わられようとしているかのようにも、表面的には見える」[26]。一体、返還後の香港にどのような変化が起きたのであろうか。

1）返還後の変化

返還後の香港は、制度的にはそれほど変化していないように見える。「1国2制度」方式は、返還前の香港システムの維持、とりわけ経済システムの維持を謳った。香港ドルは依然として法定貨幣であり、香港は自由港である。

中国の一地方となったが、香港特別行政区は他省のように中央政府に税金を上納しない。返還後の香港は独立した司法権と終審権を有し、返還後も香港法はコモンローの判例を規範にする。一方、政治制度では、香港の行政首長が総督から行政長官に変わった。返還後の立法会は行政長官の諮問機関ではなく、独立した立法機関となり、基本法が直接選挙枠の漸進的増加を保証した。1984年に調印された中英共同声明と1990年に完成した香港特別行政区基本法により、香港は返還後50年間、特別行政区として高度の自治を享受することになった。

しかしながら、「1国」の枠がかかるため、香港の外交と国防は中央政府が担当し、香港には返還後、人民解放軍が駐在することとなった。ただし、基本法の解釈権は、香港終審法院ではなく、全国人民代表大会常務委員会が有した。返還後、常務委員会は3度の基本法解釈を行っている。

返還後17年を経て、制度の変化以上に、香港は大きく変化したように思われる。ただし、それは返還前に憂慮されたような政治的介入の増大ではなかった。1997年返還後、中央政府は香港事務への介入を避け、初代行政長官・董建華に香港事務を一任した。董建華が直面したのは、返還の翌日からのアジア通貨危機や1997年末の鳥インフルエンザ、1998年7月の新空港開港直後の混乱、2003年のSARS（重症性呼吸器症候群）まで、外来的なさまざまな危機であった。

返還前とは対照的に、返還後、香港経済は低迷した。返還直後のアジア通貨危機のなかで、香港特別行政区政府は香港ドルを防衛するための高金利政策で、株式・不動産の2つのバブルがしぼんだ。いったん2000年に復調傾向を見せたものの、2001年に同時多発テロ後の世界的な景気後退のなかで再び香港経済は失速した。これに対して、香港特別行政区政府は中国内地との連係を強化した。「中国内地・香港経済貿易緊密化協定」（CEPA：Mainland and Hong Kong Closer Economic Partnership Agreement）や、「自由行」（中国内地から香港への個人旅行の一部自由化）が、その象徴的な事例であろう。

「自由行」は2003年の7月から始まり、2004年から2009年まで中国内地

からの旅行者総数は 100 万人ずつ増加した。2009 年に深圳市政府が香港への数次ビザを認めたことで、2010 年から毎年 500 万人以上の伸びを記録するようになった。2013 年の数字で、香港に入境する中国内地からの訪問者数は 4075 万人にのぼった。これは、人口 722 万人の香港に 5.6 倍以上の旅行者が中国内地から香港に入境したことになる。かつて買い物天国と呼ばれた香港では、2014 年現在、一番の顧客は中国内地から旅行者である。

こうした事実は、逆に次のことをわたしたちに気が付かせてくれる。香港は自由港であり、国際金融センターであるが、例外的に制限されていたのが中国内地との人の移動であった。加えて、中国内地も香港からのモノ、金の流入を制限していた。2001 年の WTO 加盟は、中国が今後も経済の市場化とグローバル化を受け入れることを対外的に公約するものであった。

2) 変化する中国内地との関係

返還後、香港の人々の日常も徐々に変化した。2001 年の景気後退時から、中国内地で不動産を購入する者や就職・就学する者が増加した。香港人が自身の活路を見出すべく「北上」する一方、香港で就学する中国内地出身者も増加した。香港は中国国内でありながら、国際経験を積める身近な留学先であった。こうした変化は、香港における世論調査にも出ている。香港人の中国内地観は変化を見せた。返還前、香港政府に対する信頼はつねに中国政府に対する信頼を上回ったが、2001 年 8 月、中央政府に対する信頼は香港特別行政区政府に対する信頼を上回るという事態が見られた[29]。

一方、中国経済の市場化とグローバル化が、結節点としての香港にもたらした影響は大きい。2001 年の中国の WTO 加盟により、従来制限されてきた中国内地の物流・流通・電信・金融業に諸外国の企業が参入できるようになった。これは、香港企業から見れば、従来享受してきたさまざまな優遇措置が廃止され、これまで参入していない諸外国の企業、さらには改革・開放政策の進展のなかで実力をつけてきた中国内地の企業との競争に直面することを意味した。前述の CEPA は、香港特別行政区政府が 5 年後の中国内地の全面

II.「人的・文化的交流」の過去と現在

開放を前に、香港と中国内地との間で自由貿易圏を設立し、香港・マカオ地区の企業が諸外国の企業に先んじて中国内地市場でシェア固めすることを目指したものであった。

このような状況下、香港では自身の競争優位への不安視する論調がみられるようになる。2006年3月に起きた香港経済の周辺化論争がその一例であった。第11期5カ年計画で、中央政府は香港の貿易や金融、運輸業などのサービス業の発展を支持することを明言したが、同時に中国内地で物流業や金融業を含むサービス業強化の方針を打ち出した。これに対して、香港ではサービス業の競争優位が失われると議論になった。上海の発展はむろんのこと、広東省内でもインフラストラクチャーの整備は進み、香港が将来的に競争優位を喪失し、中国全体のなかで中心地域から周辺地域へと転落すると考えられた[30]。

さて、香港の映画界は返還よりも先に活気を失っていった。返還後に中国の検閲制度が香港にも導入されることを、香港映画界のなかでもとりわけプロデューサーは懸念していた。返還を前にして活躍の場をハリウッドに求める映画人もいた。たとえば、ジョン・ウーは1993年、チョウ・ユンファは1998年にハリウッドデビューを果たした[31]。香港に残って映画を製作しても上映されない可能性があること、さらには、テレビ放映やソフト発売も危ないと判断し、この結果、映画の製作を手控えて返還後の様子を見ようという空気が香港映画界を覆い始めた[32]。1993年の242本を最後に、年間の公開本数は減少しはじめ、1997年には96本と2桁台へと転落した。その後、1999年に入ると、公開本数は101本と3桁台にもどった[33]。チャウ・シンチー監督主演の「少林サッカー」（2001年）や、アンディ・ラウとトニー・レオンが共演した「インファナル・アフェア」（200年）のヒットで、持ち直した印象が出てくる。しかし、2002年以降、製作本数は再び減少しはじめた[34]。この時期、韓国映画やタイ映画が香港で人気を獲得してきていた[35]。香港製作の映画では、大作やスター総出演的な映画ではなく、製作コストをおさえつつも完成度の高い脚本で観客をひきつけるような映画が、その後目立つように

なった[36]。「インファナル・アフェア」はその好例であろう。

　もっとも、返還以前の「東洋のハリウッド」を支えた映画人が、映画産業に関わることをやめたわけではなかった。WTO に加盟後、中国は映画産業の規制緩和を行った。この結果、中国語映画は中国映画や香港映画という枠を超えて、合作映画がさかんに製作されるようになった。香港返還前のように中国映画や香港映画と区分することは難しい状況となっている。合作映画は、確実に観客を動員できるように、知名度の高い監督や俳優を動員した大作映画となる傾向がつよい。そこでは、中国内地はもちろん、香港や台湾、さらにはシンガポールやマレーシアから映画人が動員される。この一例が、三国志を題材に一大ヒットとなった「レッドクリフ」(2008 年)であろう。監督はハリウッドに渡ったジョン・ウーであり、俳優陣には香港映画のトニー・レオンや金城武(台湾生まれ、母は台湾人)、中村獅童が参加した。

おわりに

　最後に東アジア地域を ASEAN や EU と比較しよう。東アジア地域は、朝鮮戦争が 1953 年に休戦して以来、今なお、北緯 38 度線をはさんで、韓国と北朝鮮は対峙している。また歴史問題は、日中韓の間でしばしば外交問題化している。こうした状況は、ASEAN や EU の制度化の状況と比べると、大きな隔たりがある。

　ASEAN も EU も冷戦構造下、共産圏との対峙を前提として発足した組織である。EU の前身である欧州石炭鉄鋼共同体にはフランス・ドイツ(当時は西ドイツ)・イタリア・ベルギー・オランダ・ルクセンブルグが 1951 年調印した。これらの国々は資本主義とキリスト教というゆるやかな共通性を持ったが、1967 年に発足した ASEAN の原加盟国はタイ、フィリピン、マレーシア、インドネシアであり、ドミノ的な共産化に対抗するという目標は共有しつつも、宗教や言語、民族もきわめて多様であった。

　しかし、1990 年代の冷戦構造の終結は、この 2 つの組織に大きな変化をも

たらした。ヨーロッパでは1992年にマーストリヒト条約が締結され、単一欧州、すなわちEUの誕生へと大きく舵を切った。2014年現在、EUにはかつてソ連邦の一部であったバルト三国や東欧諸国が加盟する。一方、東南アジアの冷戦構造を規定していたインドシナ情勢も同時期に大きく変化する。ベトナム戦争は1975年に終結したが、1978年のベトナムのカンボジア侵攻以来、カンボジア和平はASEAN最大の政治課題であった。それが1991年に実現した。2014年現在、ASEANにはベトナムやカンボジア、ラオス、さらにミャンマーも加盟する。

　東アジアにはASEANやEUのような地域機構はなかったが、それを補うように経済交流、さらには文化交流が進んだ。イギリス統治下の香港は、こうした交流を円滑に進める触媒的役割を果たしたと言えよう。自由主義陣営として台湾や日本、韓国と交流が可能であった。同時に中国が香港を「不可分の領土」として主張したため、制限的ではあっても中国との交流が可能であり、中国からの物資を第三国へと輸出できたのである。

　逆に、冷戦構造下で、対立の最前線であったヨーロッパや東南アジアには、香港のような結節点は存在しなかったように思われる。ASEAN内では結節点と言えば、シンガポールがあげられるであろう。確かにシンガポールは東南アジアと南アジアの交通の要衝であり、物資の流通という面ではシンガポールは結節点であった。しかし、シンガポールは香港ほど政治的に自由な立場ではなかった。1965年にマレーシア連邦からの独立を余儀なくされたシンガポールは「マレー人の大海に浮かぶ華人国家」であった。

　本章は人の移動から見た東アジア共同体という視点に触発され、結節点としての機能から香港と東アジア共同体の関わりを見てきた。本章で述べたように、冷戦構造の下、さらに1997年返還まで中国との間の交流が制限されていた時期、香港は結節点として、共同体の内実となる共通の文化の発信を行ってきた。本章で触れたナショナルの炊飯器はモノではあるが、それは同時に、生活を豊かにするというアジアの中間層の生活を具現化する「文化」でもあった。

日本の大衆文化もまた、香港で、そして香港を経由して広く東アジア地域で受容されていった。香港では、1967年に地元テレビ局が開局すると、日本のアニメや人気ドラマが放映された。一方、1980年代半ば以降、中国大陸でも日本の映像コンテンツが紹介されはじめた。NHKの朝の連続ドラマ「おしん」（1983年）は、1985年に中国語の吹き替えで放映された。1980年代には、山口百恵と三浦友和、宇津井健が共演した「赤い疑惑」は人気を博した。さらに、1990年代に入ると、中国は高度経済成長の時代に入る。北京や上海などの中国の沿海の諸都市は、東京やソウル、台北、香港などの東アジアの諸都市とほぼリアルタイムで都市文化を共有するようになる。トレンディードラマの傑作、「東京ラブストーリー」は日本のみならず東アジアの諸都市で一大ブームをまきおこした。地上波で放映されなかった国でも、ビデオやDVD、VCDの形で浸透し、中国もその例外ではなかった。DVDやVCDは、親戚や友人によって電化製品とともに、香港と中国大陸との境界を越えたのであろう。

【謝辞】香港映画については道上知弘氏（東京大学教養学部非常勤講師）にさまざまなご教示をいただいた。記して感謝申し上げる。

注
1) 平野健一郎「東アジアにおける人の国際移動」毛里和子（編集代表）／西川潤・平野健一郎（編）『東アジア共同体の構築 3 ―国際移動と社会変容』岩波書店、2007年、136-148頁。
2) 同上、147-148頁。
3) 冼玉儀「香港在中国与海外華人関係中所扮演的角色」潘翔編『海外華人百科全書』香港：三聯書店、1998年、104-106頁。
4) 中野嘉子・王向華『同じ釜の飯』（平凡社、2005年）、265-266頁。
5) 同上、18頁。
6) 同上、表紙の裏。以下の記述のエッセンスは9-16頁。

Ⅱ．「人的・文化的交流」の過去と現在

7) 同上、145 頁。
8) 同上、146 頁。
9) 同上、95-98 頁。
10) 同上、60-62 頁。
11) 同上、66-67 頁。
12) 「蒙民偉小小電飯煲，打出大生意」『文匯報』2008 年 3 月 5 日。
13) 中野・王、前掲書、72 頁。
14) 同上、78-80 頁。
15) 同上、78-80 頁。
16) 同上、99-100 頁。
17) 同上、79 頁。
18) 容應萸、「地域的キリスト者家族からグローバル家族への展開――華南の関・容・張三家族の場合」、谷垣真理子・塩出浩和・容應萸編『変容する華南と華人ネットワークの現在』風響社、2014 年、363-366 頁。
19) チャイ・ラン（蔡瀾）ゴールデンハーベスト社副社長へのインタビュー（1993 年 10 月）から。
20) 1970 年代後半から 1980 年代にかけて活躍した若手監督の総称。ツイ・ハーク（徐克）、アン・ホイ（許鞍華）、イム・ホー（厳浩）、アレックス・フォン（方育平）など。それまでの監督と比較すると、海外で映画製作を学び、実験的な手法を使った。娯楽的な SFX から、家庭内の人間関係を深く掘り下げ、社会的な問題を取り上げるなど題材は多様。
21) 以下の映画人の説明については、暉峻創三監修『中華電影データブック完全保存版』キネマ旬報社、2010 年、より。
22) 筒井修「鄒文懐」暉峻創三監修、前掲書、212 頁。
23) 浦川とめ「邵逸夫」、暉峻創三監修、前掲書、205 頁。
24) 浦川とめ「張徹」、暉峻創三監修、前掲書、172 頁。
25) 浦川とめ「西本正」、暉峻創三監修、前掲書、182 頁。
26) 暉峻創三「新しい東洋のハリウッド――激変に揺れ続けた 10 余年間」、暉峻創三監修、前掲書、4 頁。
27) 日本映画界と香港映画界との交流については、邱淑婷『香港・日本映画交流史――アジア映画ネットワークのツールを探る』東京大学出版会、2007 年、が詳しい。
28) 知野二郎「第 2 回　最強無敵の拳技マスター！――ジャッキー・チェンとその好敵手たち」『黄金のクンフー＆アクション』。http://www.imagica-bs.com/kunfu/keyword/

02.html（2015 年 2 月 4 日閲覧）。
29）谷垣真里子「返還後の香港――中国内地との関係に注目して」谷垣真里子・塩出浩和・容應萸、前掲書、39-41 頁。香港大学民意研究プロジェクトのウェブサイト。http://hkupop.hku.hk/chinese/popexpress/trust/trusthkgov/poll/datatables.html, http://hkupop.hku.hk/chinese/popexpress/trust/trustchigov/poll/datatables.html（2014 年 10 月 30 日閲覧）。
30）倉田徹「香港・マカオ」『中国年鑑 2007』、103 頁、および『明報』2006 年 3 月 21 日。
31）たかのひろこ「周潤発」「呉宇森」、暉峻創三監修、前掲書、102、159 頁。
32）松岡環『レスリーチャンの香港』平凡社、2008 年、229-230 頁。
33）同上、230 頁。
34）同上、248 頁。
35）同上、249-250 頁。
36）同上、247-248 頁、251 頁および水田菜穂「香港映画の生きる道」、暉峻創三監修、前掲書、12-13 頁。

第8章
国際教育交流からみる東アジア共同体

権 寧俊

はじめに

　本章は、東アジア諸国（特に日本、中国、韓国：以下同様）における留学生政策の変遷とその特徴を整理し、東アジアにおける留学生移動の実態と構造を考察して、東アジア共同体の形成のための「人的・文化交流」のあり方をさぐり、留学生政策の位置づけと留学生の役割について考えるものである。

　東アジアの地域統合と東アジア共同体が論点となり、東アジア諸国間の国際教育交流が東アジア共同体の形成に関わる重要な課題となっている現在、この課題の解決のために留学生の役割は非常に重要である。明治維新以後、西欧文化を積極的に取り入れて急速に近代化を進めた日本では、東アジア諸国から多数の留学生を受け入れた。そして日本の教育機関で先進技術を学んだ留学生たちは、それぞれの地域における近代化に少なからず貢献をした。しかしその一方で、日本帝国主義のアジア侵略が東アジアの近代形成に大きな影を落としたことも、また事実である。留学生が行った「独立運動」「民族運動」「社会運動」「啓蒙運動」などのために、日本は東アジア諸国との「人的・文化的交流」の挫折を経験することになった。この経験を反省の資として、相互の友好親善を促進するためにはどのような国際教育交流を行なうべきなのかが、今日の課題として残されている。

　現在、留学の主流は途上国から先進国への留学である。特に第2次世界大

Ⅱ. 「人的・文化的交流」の過去と現在

　戦後、植民地諸国の相次ぐ独立は、旧宗主国への留学の流れを加速させた。しかし、1970年代に入ると、オイルショックなどを契機にして先進諸国の財政状況が悪化し、それに伴って留学生受入れの財政的な負担が大きくなり、このために、それまでは個々の教育機関の問題とされてきた留学生受入れが国政レベルで行われるようになった。かつての留学は国家主導であり、限られたエリートを対象としていたが、今日では、各国の経済水準の向上と高等教育の志向の高まりによって、中間層を中心とした私費留学が増加している。東アジア諸国でも同様の現象が起きて、海外留学生の数が増えている。

　2012年現在、世界では450万人以上の留学生が、出身国以外の高等教育機関に在学している。そのうちの53％はアジア人学生で、最も多いのは中国、インド、韓国からの留学生である。アジア人学生の割合が特に多い国は、日本（94％）、韓国（93％）、オーストラリア（82％）、米国（73％）、ニュージーランド（70％）である[1]。しかし東アジア諸国の海外留学先は、米国、イギリス、オーストラリアなど英語圏が主流になっている。

　米国をはじめとする英語圏への留学の偏りは、東アジア諸国全体に共通する傾向である。だが今後「東アジア共同体」構想を具体化させるためには、東アジア地域内の国際教育交流と文化交流を活性化させて、相互意識と相互理解をもつ「東アジア市民」を形成していかなくてはならない。そして、その主役になるのは留学生である。

　そこで本章では、まず、東アジア諸国における留学生の受入れと送りだし政策の動向を考察して、各国がとっている留学生政策の特徴を明らかにする。第2に、東アジア諸国間の留学生移動の動向を概観して、その課題を検討する。そして第3に、「東アジア共同体」の構築にとって大きな壁となる東アジア諸国間の相互不信感の要因を探り、その改善策を考えたいと思う。

1. 中国の留学政策の変遷と課題

1）中国における留学生送り出し態勢

中国建国初期の中国人の留学先はソ連や東欧など社会主義諸国が中心であった。1950年7月10日、教育部・外交部・政務院文化教育委員会はチェコスロバキア、ポーランド、ルーマニア、ハンガリー、ブルガリアの東欧5カ国、および北朝鮮との交換留学生計画を策定し、同年9月6日に東欧5か国に公費留学生を派遣した。これが建国最初の留学派遣であった[2]。1951年にはソ連への派遣も始まった。その後もソ連や東欧など社会主義諸国を中心とした留学派遣が続いたが、1966年に文化大革命（以下、文革）が始まると留学生交流は中断してしまった。交流が再開したのは1972年に中国が国連に復帰し、米国や日本と国交回復してからである。その後は社会主義国家だけでなく、資本主義諸国との国家派遣の留学交流が始まった。1972年から77年までに中国が派遣した留学生の数は1217人であった[3]。

文革の終結後、改革開放政策が始まり、市場経済化が進められた。その結果、海外留学は市場経済化のための人材を育成する重要な手段となり、公費派遣と私費留学の制度が整備されることになった。1980年代には既存の国家派遣に加えて、機関派遣と私費留学の政策が始まった。

1981年1月14日に中国教育部は「私費出国留学に関する暫行規定」を発表した。これは中国における初めての私費留学に関する文件である。これによって中国では私費留学の道が開かれるようになった[4]。1984年12月、国務院は私費留学の要件を緩和し、これにより、年齢、学歴、労働年限の制約なしで私費留学の申請ができるようになった[5]。さらに、1986年12月8日、国家教育委員会は「出国留学人員工作に関する若干の暫行的規定」を制定した。これは国家派遣、機関派遣、私費留学の3つの留学形態を対象とする最初の包括的な規定であった。これはまた、それまで非公開であった留学関連法規が初めて一般向けに公開された規定でもあった。この規定では留学派遣の目標を次のように記している[6]。

Ⅱ.「人的・文化的交流」の過去と現在

　「我国の公民が世界各国・各地域の大学や研究機関等に留学することは、我国の対外開放政策の一環であり、国外の先進的な科学技術と、適用しうる経済行政管理の経験、およびその他の有益な文化を吸収するためである。また、我国の高級専門人材の育成を強化する重要な手段であり、我国の人民と各国の人民との友誼と交流を発展させることに有益である。それゆえ我国の社会主義物質文明と精神文明建設の需要にもとづいて、各種形式の出国留学を、必ず計画的かつ長期間的に発展させねばならない」（第1節第1条）。この留学派遣の目標は現在も変わっていない。

　このように、国費留学派遣から始まった中国人の海外留学は、私費留学まで拡大し、その結果、表1に見るように、1978年の出国留学数は860人であったのが、1987年には4703人に増加した。現在も私費留学生は全体の9割以上を占めている。これは、当時の国家目標である「4つの現代化」実現にむけて、高度な人材育成の一環として行なったものであった。しかし80年代の留学政策は、私費留学まで拡大させたとはいいながらも様々な規制が加えられていて、留学生派遣は限定的であった。これは建国以来、中国教育制度がかかえている根本的な問題から発生したものである。

　中国では、高等教育機関は社会主義国家建設を担う指導的人材養成機関として位置づけられ、在学中の学費・生活費は免除されてきた。したがって卒業後は国家に奉仕する義務があると見なされ、政府は大学卒業生に対して職業分配制度を実施していた[7]。当時は高等教育を受けた学生は、一定期間、国内で就業して国家への奉仕義務を果たすか、あるいは国から与えられた費用を国に償還しなければ、私費留学は認められなかった。その制度を改善する動きが本格化したのは1990年代以降である。

　1992年、鄧小平は「南巡講話」を行ない、社会主義市場経済体制への移行を正式に発表した。これを受けて同年8月14日、国務院辨公庁は「在外留学者関連問題に関する通知」を発布し、留学者の出入国手続を簡素化して出入国自由化を図り、外資系企業への就職や国外での兼職を認めた[8]。この方針は、1993年2月の中共中央と国務院による「中国教育改革と発展綱要」の中

の「留学を支持し、帰国を奨励し、往来は自由（支持留学、鼓励回国、去来自由）」という方針に集約され、その後は国家派遣制度が改革されることになった。主な改革は次の2点である。まず、留学担当部署を法人化した。従来、国家派遣留学制度の業務は中央政府の国家教育委員会が担当してきたが、それを法人組織の国家留学基金管理委員会に移管したのである。これによって、それまで国家教育委員会が取り扱えなかった私費留学に対する奨学金給付や留学資金ローン制度が開始されるようになった。2点目は違約賠償制度の導入である。この制度は1995年2月に国家教育委員会の「全国出国留学人員派遣工作会議」で出された方案で、公開公募と専門家による審査によって優秀な留学生を選抜すること、および派遣契約書を作成して違反者には賠償を求めるものであった。すなわち、派遣採用者に対して留学計画を立ててその期間内に帰国することを求め、それに違反した場合は留学費用全額のほかに違約金を支払わせるものであった。この違約賠償制度によって国家派遣留学生の帰国率は高まった[9]。

　さらに高等教育制度の改革による大学進学率の増加に伴って、学費と生活費の免除制度が国家財政を圧迫したため、1997年から全国で大学授業料の徴収が始まった[10]。また、大学卒業者の就職についても、当事者と雇用機関との間で自由に雇用契約を結ぶ相互選択制度が導入された[11]。これにより大学生は卒業後の進路選択について束縛されなくなり、国家への奉仕義務という考え方もなくなった。この結果、多くの学生が給与の高い外資系企業への就職を目指すようになり、それが私費留学生を増加させる1つの要因にもなった。さらに、2001年に中国が世界貿易機関（WTO）に加盟すると、サービス貿易分野での国際競争力をもつ人材が求められるようになり、私費留学の自由化が実現した。また、私費留学生の学費償還義務も撤廃された[12]。こうして2001年以降、表1に見るように、海外留学者が急激に増加するようになったのである。

　2013年現在、中国人海外留学生の数は41万3900人で、そのうち私費留学生は38万4300人で、全体の92.8％を占めている。改革開放初期の1978年の

II．「人的・文化的交流」の過去と現在

表 1　中国の海外留学生の推移

年	留学生数	年	留学生数	年	留学生数
1978	860	1990	2,950	2002	125,179
1979	1,777	1991	2,900	2003	117,307
1980	2,124	1992	6,540	2004	114,682
1981	2,922	1993	10,742	2005	118,518
1982	2,326	1994	19,071	2006	134,000
1983	2,633	1995	20,381	2007	144,500
1984	3,073	1996	20,905	2008	179,800
1985	4,888	1997	22,410	2009	229,300
1986	4,676	1998	17,622	2010	284,700
1987	4,703	1999	23,749	2011	339,700
1988	3,786	2000	38,989	2012	413,600
1989	3,329	2001	83,973	2013	413,900

【単位：人】

出所：『新中国五十五年統計資料彙編』（中国統計出版社、2005 年）、中国国家統計局編『中国統計年鑑 2010』（中国統計出版社、2010 年）、中国教育年鑑編輯部編『中国教育年鑑』人民教育出版社、各年度などにより作成。

860 人と比べて 481 倍である。このような増加は、近年のグローバリゼーションの中で国際競争力を強化しつつ、優秀な人材を確保するために中国政府が積極的に留学政策に取り組んだ成果であったといえる。急速な高度成長を続ける中国は、現在も国際競争社会に対応できる人材を確保するため、次々海外留学生を派遣しているのである。留学先は、2013 年の統計によれば米国が全体の 30％を占めて一番多く、その次がイギリス（21％）、オーストラリア（13％）、カナダ（10％）、香港（7％）、日本（5％）、フランス（4％）、オランダ（2％）、ドイツ（2％）、シンガポール（2％）、韓国（1％）、その他（3％）の順で[13]、欧米諸国が中心である。2012 年には日本が米国についで第 2 位を占め、韓国が第 5 位であったから、わずか 1 年で大きな転換が起きたのである[14]。今後、中国人の欧米留学の志向はしばらく続くと予測される。

2）中国における留学生受け入れ態勢

中国では、新中国建国初期の 1950 年から東欧諸国との留学生交換が実施さ

れて、65年までにソ連や北ベトナム、北朝鮮など社会主義諸国から多くの留学生を受け入れていた[15]。しかし、1966年に文革が始まると留学生の受け入れはいったん停止され、受け入れが再開されたのは1973年であった。

1973年5月22日、外交部・国務院科教組は「1973年の外国人留学生受け入れ計画と留学生政策の若干の問題に関する請示報告」を国務院に提出した。その報告書は再開の理由を次のように述べていた。「1973年はわが文化大革命以来、外国人留学生の第1次受け入れを行なう年である。各国が派遣したいという学生数は大変多く、完全に要求を満たすのは不可能である。各国の要求と我方の条件と可能性を考慮したうえで、重点的に考慮する一方、一般的原則にも考慮して処理したいと思う」[16]。この報告書によると、アルバニア、北ベトナム、北朝鮮、ルーマニアなどの社会主義諸国からの留学生は積極的に受け入れ、その他中国と国交のある諸国については、重点的に考慮しながら受け入れるという方針であった。そのため、1973年から文革後期の1976年までの受け入れ留学生の総数はわずか1658人であった[17]。

このように、建国から文革までの外国人留学生の受け入れは、ソ連や北ベトナム、北朝鮮など社会主義諸国が中心であった。特に、文革期の留学生の人数は非常に限られたものであった。その方針を転換し、外国人留学生の受け入れを活発に行なうようになるのは、改革開放政策が始まる1978年以降である。

1979年2月10日、中国国務院は「外国人留学生の受け入れ規模を拡大することなどに関する請示」を発布し、外国人留学生を積極的に受け入れる方針を固めた。これは、米国やソ連・東欧などの社会主義諸国との交換留学および幹部養成を主目的として、1979年から85年までに1万3000人の留学生を受け入れるという方針であった[18]。この計画により、外国人留学生は年々増加するようになった。その実績をみると、計画当初の1979年には1593人であったのが、1986年には8754人に増加している[19]。目標達成は出来なかったものの、大幅な増加であった。

その後、留学生の受け入れに関する法規も整備され、中国を訪れる留学生

は年々増加した。特に 1992 年の社会主義市場経済体制への移行を契機に、教育現場で「211 工程」が始まり、中国の大学が留学生の受け入れに積極的に乗り出すようになった。「211 工程」とは、中央政府が 21 世紀に向けて 100 の大学・重点学科を選考して、重点的に教育投資を行なう計画である。「211 工程総体建設計画」は 1995 年 10 月 18 日に国家教育委員会・国家計画委員会・財政部により制定され、第 9 次 5 カ年計画（1996～2000 年）の中に組みこまれることになった。政府の「211 工程」の評価項目においては留学生の受け入れ人数が重視され、在籍学生総数の 5～10％が望ましいとされている。その結果、第 9 次 5 カ年計画が終わる 2000 年には、5 万 2150 人の留学生を受け入れるという成果を収めた[20]。それ以後、図 1 の通り、外国人留学生数は 2003 年の「SARS 流行」のために減少したとき以外は、一貫して増加している。

　2008 年には 22 万 3499 人に増加したが、そのうち、アジアからの留学生が 15 万 2931 人で全体の 68.4％を占めている。特に、韓国人留学生が 6 万 6806 人と最も多く、その次がアメリカ人（1 万 9914 人）、日本人（1 万 6733 人）、ベトナム人（1 万 396 人）という順序である。韓国人と日本人だけで、アジア留学生の半分以上を占めているのである。

図 1　中国の外国人留学生数の推移（2000～2010 年）（人）

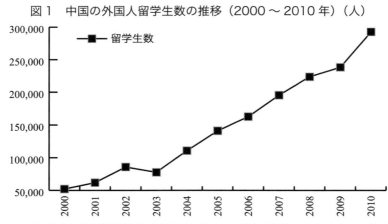

出所：中国教育年鑑編輯部編『中国教育年鑑』人民教育出版社、各年度により作成。

2010年7月29日、国務院は今後10年間にわたる教育改革と発展戦略を記した「国家の中長期の教育改革と発展規画綱要（2010～2020）」を、関連機関と各大学宛に発布した。これを受けて教育部は、同年9月28日、北京で開かれた中国留学工作会議において「中国留学計画」を制定して公布した。この計画は、次のような発展目標を掲げている[21]。

「2020年までに、わが国をアジア最大の留学目的国とする。我国の国際的地位、教育規模や水準にふさわしい留学生事業とサービス体系を確立する。留学生教育のための高水準の教育を大いに育成する。特色ある留学生教育を行なう大学群と高水準の学科群を形成する。中国を理解し（知華）、中国に友好的な（友華）高素質の卒業留学生を大いに育成する」

この計画は、2020年までに小学から大学までの全教育課程で50万人の留学生を受け入れて、中国をアジア最大の留学先とし、「知中」「友中」の素質高い人材を育成して中国の教育における国際的地位を確立しようとするものである（以下、「50万人受け入れ計画」）。

このように、中国は外国人留学生の受け入れに対して積極的な姿勢をみせ、2020年にはアジア最大の受け入れ留学国になることを目標としている。中国教育部は留学生受入れの意義について、優秀な人材の確保だけでなく、中国と各国との関係を強化し、中国への深い理解をもつ友好的な人材を増やすことだと強調している。しかし、受け入れ留学生が韓国人と日本人を主としている現状では、その目標の達成は非常に難しいと思われる。なぜなら現在、韓国人と日本人の留学傾向が欧米を中心とする英語圏へと変化しつつあるからである。

2. 韓国における留学政策の変遷と課題

1）韓国の留学生送り出し政策

韓国人の海外留学は、解放後の政治的困難もあって、朝鮮戦争後までは体系的な支援や政策はなかった。しかし1955年に文教部[22]が制定した「外国

II．「人的・文化的交流」の過去と現在

留学資格告示及び設定に関する規定」によって、留学政策の基礎が創られた[23]。これは国費留学制度が発足する前のことだったので、主に私費留学に係る規定であった。規定は、高校卒業以上の希望者に対して5科目の試験を課し、合格者に海外留学資格を与えるとしている。1957年には受験資格が大学卒業以上に変更となり、試験科目が2科目に減らされた。「国費留学制度」が導入されたのは1977年であり、それから1980年までに約200人の学生が海外に派遣された[24]。しかし、1970年代までは、韓国の経済的な事情や海外旅行抑制政策のため、海外留学生の数はそれほど多くなかった。留学生の数が大幅に増加するのは1980年代に入ってからである。

1980年代の韓国では経済成長に伴って経済規模が拡大し、海外への門戸が広く開かれるようになった。また、86年のアジア大会と88年のオリンピック開催にむけて韓国社会の国際化が進むなか、海外旅行規制も段階的に緩和されて、1989年には全面的に自由化された。留学政策においても門戸を開放する方向へと転換したため、留学生の数が大幅に増加した。図2の通り、1971年の海外留学生数は7632人であったが、1985年には2万4315人に増加し、1991年には5万3875人まで増加している。

しかし、80年代の留学政策は国情の影響を受けて、自由化と規制強化の間で大きく揺れた。例えば、私費留学の場合、1981年7月に留学資格試験が免除されたが、1986年には「自費留学試験」が設けられて留学条件が厳しくなった[25]。「自費留学試験」が廃止されたのは、1994年7月に「国外留学に関する規定」が改定されてからである。

1994年の「自費留学試験」廃止によって、高卒以上の私費留学が自由化され、留学先の教育機関の入学許可書さえあれば留学が可能になった。さらに、2000年には外国留学が全面的に自由化された。それまでは高校卒業以上の学歴をもつ者だけに留学が許可されたが、これを廃止したのである。これによって2001年以降は早期留学（満17歳以下の留学）者が急増し、留学の低年齢化が進むようになった。

韓国政府が早期留学者の全国的な統計調査を始めたのは1995年からであ

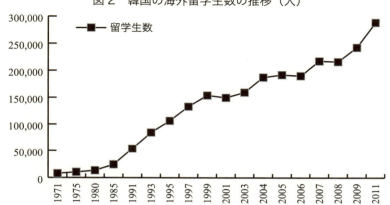

図2　韓国の海外留学生数の推移（人）

出所：1971〜1999年の統計は韓国教育部『国際教育白書』2000年より、それ以後の統計は教育科学技術部・韓国教育開発院編『教育統計分析資料集』（各年度）等により作成。
注：統計では語学研修生等の数も含まれている。

る。韓国教育開発院が公開しているデータは図3の通りである。これをみると、1995年2259人、1996年に3573人と増加傾向であったのが、通貨危機にみまわれた1997年度には3274人に減り、1998年には1562人と大きく減少した。しかし、2000年に入って早期留学生数は増加し、2002年になると1万人、2005年には2万人を超え、2006年には2万9511人となった。2007年からは世界的金融危機の影響で、早期留学生の数は再び減少し、リーマンショックを経た2009年には1万8118人まで下がった。2010年には前年並みを保っている。

　このように、「自費留学試験」が廃止された1994年以降、早期留学者が増加した。その背景には、韓国が世界経済体制に編入されていくなかで、国際競争力をつけることを「世界化政策」の課題とした当時の金泳三政権が、英語教育強化政策を打ち出したことがある。韓国政府は1995年11月1日に英語教育政策を告示し、1997年3月の新年度から初等学校（小学校）3年生以上に英語授業を正規科目として導入した。そこで、それより前に英語力を養っておこうとして英語塾に通う子供が多く現われ、英語塾の低年齢化、過

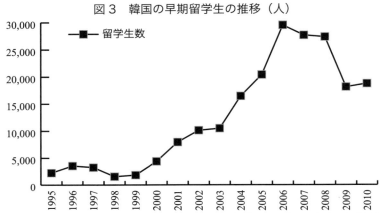

図3　韓国の早期留学生の推移（人）

出所：1995 〜 2005 年までの統計は、韓国教育開発院『2006　韓国の教育・人的資源指標』、2006 年、p 102 より、2006 〜 2010 年の統計は、教育科学技術部『初・中・高留学生出国及び帰国統計』（各年度）などにより作成。

熱化までが生じるようになった[26]。その後も英語教育の強化政策は加速し[27]、特に1997年の通貨危機の影響から就職難が深刻になると、英語の需要はますます高まった。

　実際に子女を留学に送った保護者を対象とした調査によると、早期留学を行う理由として最も多いのは「外国語の習得」（28.2％）であり、その次が「国際的な視野を備えた人材育成」（24.7％）であった[28]。

　しかし、早期留学生の増加は「離散家族」問題、階層間の格差問題、英語教育の問題、外貨の流出問題など、様々な社会問題を引き起こす原因にもなっている。特に「離散家族」問題については「キロギアッパ」（キロギは鷹、アッパはパパ）[29]という新造語までできたほどで、早期留学に対する社会の批判が高まる原因にもなった[30]。早期留学生の問題は、韓国社会における教育熱の高さ、「英語熱風現象」を象徴的に示すものであった。

　現在、韓国人の主な留学先は図4の通り、米国と中国がもっとも多く、その次にオーストラリア、日本の順になっている。中国と日本を除けば、ほとんど英語圏の留学が占めている。最近、留学が富裕層から中産層階層へ拡大しているなかで、欧米と比べて費用が安価なフィリピンやシンガポールなど、

図4 韓国の2011年主要国家別の送り出し留学生数（人）

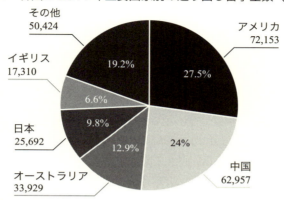

出所：韓国教育開発院編『教育統計年報』、2012年より作成。
注1：この統計には語学研修等の数は含まれず、海外高等教育機関に在学している留学生のみの統計である。
　2：その他で多い国は、カナダで15,808人（6.0％）、ニュージーランドが10,289人（3.9％）等の順であった。

東南アジアの英語使用地域への留学者が増加している。韓国人の英語圏への留学希望者はこれからも増えていくと思われる。

2）韓国の留学生受入れ政策

　韓国教育人的資源部は、2001年7月に「外国人留学生誘致拡大総合方案」を制定・施行した。これは、それまで送り出し中心だった留学生政策を受入れ中心に転換することを示すもので、外国人留学生が韓国内で修学するための便宜を国家的なレベルで改善しようという総合的な方案であった。主な政策方案とは、①外国人留学生寮の新・増築の支援、②外国人留学生の就労活動制限の緩和（1週当たり、20時間以内アルバイト許可）、③海外留学説明会の開催及び参加、④韓国留学の案内システムの構築と管理、⑤外国人留学生の入国手続きの簡素化、⑥外国人留学生の管理制度の改善のための各大学との連携と協議の強化、⑦「外国人語学研修生管理指針」の制定などであった[31]。
　しかし、外国人留学生の数は2001年の1万1646人から2003年の1万2314

表2　韓国の外国人留学生数の推移

	2006年	2007年	2008年	2009年	2010年	2011年	2012年	2013年
総　　計	32,557	49,270	63,952	75,850	83,842	89,537	86,878	85,923
中　　国	20,080	33,650	46,240	55,025	59,490	60,935	57,399	52,313
日　　本	3,712	3,854	3,485	4,061	4,090	4,645	4,172	4,503
ベトナム	1,233	1,902	2,229	2,549	2,806	3,125	3,057	3,567
モンゴル	755	1,649	1,613	1,962	2,448	2,907	3,200	3,350
米　　国	1,468	1,388	1,764	2,100	2,485	3,023	3,037	3,120
その他	5,309	6,827	8,621	10,153	12,523	14,902	16,013	19,070

【単位：人】

出所：韓国教育部、韓国教育開発院編『教育基本統計調査結果の報道資料』
　　　（2013年9月5日）より作成。
　注：① この統計では、語学研修者等も含む。② その他は、ウズベキスタン、インド、インドネシア、マレーシア、バングラデシュ、台湾等の順（2012年の基準）であった。

人へと、わずかな増加にとどまり、逆に海外への韓国人留学生数が増加したことで、留学・研修収支の赤字が深刻化した。そこで2004年12月には「Study Korea Project」という留学生政策の推進計画がはじまった。この計画では2010年までに外国人留学生を5万人に増やすという目標を揚げており、目標達成のために、教育人的資源部と大学が共同で協力して韓国大学の国際化を強化するというものであった（「外国人留学生5万人誘致計画」）[32]。

「外国人留学生5万人誘致計画」は2010年までに目標を達成することになっていたが、計画施行後に外国人留学生が急速に増加し、2007年には4万9270人に達して、3年の前倒しで目標をほぼ達成するという成果をあげた（表2の参照）。

その勢いで教育科学技術部は2008年8月に「Study Korea Project発展方案」を発表し、外国人留学生の誘致目標を2012年までの10万人に拡大した。「Study Korea Project Ⅱ」ともいえる「外国留学生受入れ10万人計画」の骨子は次の通りである[33]。

第1は、優秀な外国人留学生の受入れの拡大で、主な方案としては、①留学プログラム開発・広報を通じて、外国政府から派遣される国費留学生の受入れを拡大すること、②韓国政府が招聘する留学生の数を3000人に拡大する

こと（2008 年は 1500 人）である。

　第 2 は、外国大学との交流拡大で、主な方案としては、①外国政府と教育交流協定を結び、それを通じて留学生交流の基盤を構築すること、②外国大学との教育課程の共同運営等、大学間の学生交流を拡大するための規制を緩和すること、③韓国語専攻者等の留学生受入れを拡大することである。

　第 3 は、外国人留学生の管理を徹底化するために、外国人留学生の選抜手続きを強化することで、主な方案としては、①「留学生情報システム」（留学生情報記録を標準化し、関係機関と共同活用するシステム）を構築し、それを基に外国人留学生の管理を on-line 化すること、②留学生管理と財政支援事業を連携し拡大することである。

　第 4 は、外国人留学生の生活環境の改善で、主な方案としては、①「英語専用講座及び韓国語研修プログラム」支援予算を拡大すること（2007 年までは毎年 4 億ウォンだったものを 2008 年からは毎年 20 億ウォンまで増加する）、②大学共同利用施設として留学生宿舎建設を進めること、③医療保険加入等の医療支援を拡大することである。

　第 5 は、外国人留学生の就業支援策で、主な方案としては、①留学生対象のインターンシップを活性化する等、大学と企業が連携して就業支援を強化すること、②就業のための滞留資格を短期大学の卒業者まで段階的に拡大すること、③外国留学生の帰国後の情報を体系的に管理する等、外国人留学生を効率的に活用する制度を構築することなどである。

　このように、「外国留学生受入れ 10 万人計画」は、優秀な外国人留学生を受け入れるために韓国政府が主導し、各大学と連携して行なうものであった。韓国政府はこの計画によって、留学生が 10 万人に増加すれば、1600 余億ウォンの留学・研修収支の改善効果があり、少子高齢化社会に備えての高級人材が見こめると予測し、また「親韓」・「知韓」の留学生を養成することで、国際社会における韓国に友好的な人材を確保するのに大きな効果があると期待していた。しかし、韓国政府が計画した 2012 年までの「10 万人計画」は実現できなかった。「表 2」の通り 2012 年の受入れ留学生は 8 万 6878 人に留ま

り、2011年と比べて2659人減少したのである。そして、その後も減少が続いている。

その理由は、様々であると思われるが、最大の問題は中国人留学生の減少である。先述したように、2011年以降、中国人学生は留学先として欧米を中心とする英語圏をえらぶ傾向が強まっている。これからも中国人留学生の欧米志向は強まっていくと予測されるので、韓国の「外国留学生受入れ10万人計画」の目標達成は現実的には難しいであろう。

2013年現在、韓国における外国人留学生は、表2が示すように中国人が最も多く、その次が日本人である。韓国においても、中国や日本と同様、アジアからの留学生が殆どを占めているのである。ところで留学生は、大きく分けて「学位課程」（学位を取得するための学部正規課程）に在籍する者と、「非学位課程」（語学研修等の短期留学課程）に在籍する者とに区分されるが、韓国に来る留学生は日本への留学生に比べて、「非学位課程」に在籍する者が多いのが特徴で、その割合は留学生全体の30％以上を占めている。特に日本人は「学位課程」よりも「非学位課程」の留学生が多い。その数は年々増加し、2006年には日本人留学生の3712人のうち「学位課程」が1267人、「非学位課程」が2445人であったのに対し、2013年には前者が1367人、後者が3136人になった。韓国の今後の課題は、どのようにして外国人留学生の減少に歯止めをかけ、「受入れ留学生」を拡大させるのか、また増加傾向にある「非学位課程」の留学生をどのように活用して国際教育交流を行なうのかである。その解決策については後述する。

3. 日本における留学政策の変遷と課題

日本における外国人留学生の受入れは、1954年の国費外国人留学生事業から始まったが、本格的な外国人留学生政策が始まったのは、「21世紀の留学生政策に関する提言」（通称「留学生受入れ10万人計画」）が出された1983年からである。この提言は、中曽根元首相が東南アジアを訪問した際に元日

本留学生たちから日本留学に関しての要望を受けたことをきっかけに、当時の文部大臣瀬戸山三男のもとで組織された委員会がまとめたとされる[34]。

「留学生受入れ10万人計画」は1983年8月に発表された。同計画は韓国と同様に、送り出し中心であった留学生政策を受入れ中心に転換することを示すもので、日本を21世紀初頭までにフランスと同程度の10万人の留学生受入れ国にするという目標を揚げて、初めて高等教育レベルの教育、国際分野における国際理解、国際協調の推進、発展途上国の人材育成協力の観点から総合的な留学生政策を打ち出したものであった。同計画が策定された時代背景としては、1980年代までつづいた高度経済成長によって日本が経済大国になり、アジア諸国から日本にやってくる留学生が増えたことが挙げられる。特に改革開放政策のなかで私費留学が認められた中国で、留学希望者が増加したことも大きな原因であった[35]。また、日本国内において留学生の受入れ体制が整備されるなかで、外国人の入国について規制が緩和されたことも大きな要因となっていた。日本政府は1996年以降、外国人留学生の身元保証人制度を廃止し、2000年1月には入国・在留に関わる申請書類を大幅に簡素化させた。さらに、日本国内の少子化が進むなかで大学が留学生を積極的に受

表3　日本の外国人留学生数の推移

年	留学生数	年	留学生数	年	留学生数
1983	10,428	1994	53,787	2005	121,812
1984	12,410	1995	53,847	2006	117,927
1985	15,009	1996	52,921	2007	118,498
1986	18,631	1997	51,047	2008	123,829
1987	22,154	1998	51,298	2009	132,720
1988	25,643	1999	55,755	2010	141,774
1989	31,251	2000	64,011	2011	138,075
1990	41,347	2001	78,812	2012	137,756
1991	45,066	2002	95,550	2013	135,519
1992	48,561	2003	109,508		
1993	52,405	2004	117,302		

【単位：人】

出所：日本学生支援機構（JASSO）編『平成25年度外国人留学生在籍状況調査』（2014年3月）より作成。

け入れるようになったことも急増の要因にもなっていた[36]。

「留学生受入れ10万人計画」の実施後、表3で見るように、1997年のアジア通貨危機のとき一時的に留学生の数が減少したものの、それ以外は一貫して留学生数が増加していった。特に2000年以降は急速に増加している。1999年に5万5755人であった留学生数が、2000年からの4年間にほぼ倍増し、2003年には10万9508人となって遂に「留学生受入れ10万人計画」の目標を達成した。

しかし、外国人留学生が増えるとともに、不法滞在や不法労働などを目的とする偽装留学生などが現われ、留学生が不法就労者や不法残留者になったり、受入れ教育機関として不適切な教育機関が存在するなどの問題が目立ち始めた。千葉県のある大学では、多くの留学生が長期間授業を履修していないことが判明し、立ち入り調査をした東京入国管理局が、不法残留や所在不明の留学生を探して確実に出国させよう大学側に求めるという事件がおきた[37]。また山形県のある大学は、中国人留学生を大量に受け入れて経営を支えようとしたが、留学生の大半が首都圏で暮らしていることが判明して、不適正な運営と経営状況の悪化が表面化し、文部科学省から解散命令を受けることになった[38]。こうした問題は両県だけでなく当時多くの地方私立大学で発覚しており、不法残留留学生も増加していた。図5の通り、不法残留留学生の数は2002年には1万4395人であったが、2003年には1万5229人に増加し、それが2005年まで続いて2006年から減少に転じた。その理由は、2003年10月から留学生に対する入国・在留資格審査が厳格になったからである[39]。

このように、2000年以降、就労目的の留学生の失踪や不法残留等の例が大きく報道されて、2003年から留学生に関する各種審査が厳格になった結果[40]、表3の通り、留学生の全体数の伸びも鈍ることになった。その伸びが再び増加するのは「留学生30万人計画」が策定される2008年頃である。

2008年1月18日、第169回の国会で福田前首相の施政方針についての演説が行なわれた。このとき福田前首相は、新たに「留学生30万人計画」を策定して実施し、産学官が連携して海外の優秀な人材を大学院・企業に受け入

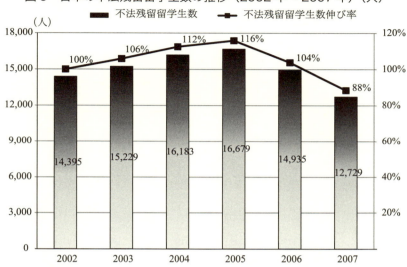

図5 日本の不法残留留学生数の推移（2002年〜2007年）（人）

出所：法務省入国管理局編『平成19年版出入国管理』、2007年、80頁より作成。
注1：不法残留留学生の数には「留学資格」と「就学資格」者が含まれる。
　2：不法残留留学生数の伸び率は、2002年を100％として換算したものである。

れることを拡大すると述べ[41]、これを受けて、2008年7月29日、「留学生30万人計画」の骨子が、文部科学省、外務省、法務省、厚生労働省、経済産業省、国土交通省により共同で取りまとめられた[42]。そこでは、2020年までに日本が受け入れる留学生数を30万人と設定し、「日本留学への誘い―日本留学の動機づけとワンストップサービスの展開―」、「入試・入学・入国の入り口の改善―日本留学の円滑化―」、「大学等のグローバル化の推進―魅力ある大学づくり―」、「受入れ環境づくり―安心して勉学に専念できる環境への取組―」、「卒業・修了後の社会の受け入れの推進―社会のグローバル化―」を重点項目として、入学前から卒業後の就職まで、一貫した枠組による受け入れの整備をうたっていた。

「留学生30万人計画」は、アジア、世界との間のヒト・モノ・カネ・情報の流れを拡大する「グローバル戦略」展開の一環として、2020年を目途に30

Ⅱ.「人的・文化的交流」の過去と現在

表4　日本における外国人留学生の現状

地域名	2010年		2011年		2012年		2013年	
	留学生数	構成比	留学生数	構成比	留学生数	構成比	留学生数	構成比
総数	141,774	100%	138,075	100%	137,756	100%	135,519	100%
アジア	130,955	92.4%	129,163	93.5%	127,178	92.3%	124,542	91.9%
中国	86,173	60.8%	87,533	63.4%	86,324	62.7%	81,884	60.4%
韓国	20,202	14.2%	17,640	12.8%	16,651	12.1%	15,304	11.3%
台湾	5,297	3.7%	4,571	3.3%	4,617	3.4%	4,719	3.5%

【単位：人】

出所：日本学生支援機構（JASSO）編『平成25年度外国人留学生在籍状況調査』（2014年3月）より作成。

注：留学生出身国上位10カ国（2013年）：① 中国、② 韓国、③ ベトナム、④ 台湾、⑤ ネパール、⑥ インドネシア、⑦ タイ、⑧ マレーシア、⑨ アメリカ、⑩ ミャンマー。

万人の留学生を受入れて、①日本留学についての関心を呼び起こす動機づけの段階、②入試・入学・入国といった入口の段階、③大学等や社会での受入れ段階、④就職等卒業後の進路段階、など各段階における体系的な方策を実施し、関係省庁・機関等が総合的・有機的に連携して計画を進めると述べている。しかし、この計画には英語のみによる学位取得を可とするコースの大幅増加や宿舎確保など、10万人計画策定の時点から指摘されてきた解決困難な課題が多く含まれていた[43]。特に、卒業後の日本企業への就職促進と並んで、原則英語のみによる学位取得を可とするコースを増加することは、日本留学を希望する人からみれば、就職と英語による学位取得が一体であると理解される可能性がある。

2011年3月に起こった東日本大震災の影響もあって、現在、外国人留学生の数は減りつづけている。「留学生30万人計画」の目標である2020年までの30万人達成は、かなり厳しい状況である。

現在日本にいる外国人留学生の多くは、表4の通りアジアからの留学生であり、そのうち中国、韓国、台湾など、東アジア諸国からの留学生が約75.2%（2013年現在）を占めている。だが2011年からはアジアからの留学生の数も、東アジア諸国からの留学生の数も台湾を除き減少傾向にある。これからもこの現象はしばらく続くと思われる。

さらに、海外に行く日本人留学生も年々減少している。表5の通り、海外に留学する日本人は1980年代から2004年までは増加する傾向であったが、2005年からは下がる一方である。その状況を日本人留学生が一番多く行っている米国留学から見てみよう。第2次世界大戦の終結直後からフルブライト法などを整備し、留学生の積極的な受入れを開始した米国には、日本、中国、韓国から多くの若者が留学した。米国での日本人留学生の数は1980年から20年近く1位を占めていたが、1998年からは中国やインド、韓国からの留学生が急激に増え、図6の通り2010年以後には7位に下がった。2002年からは韓国に、2010年からは台湾にも追い越されて、実数自体も減少している状況である。一方で中国や韓国からの留学生は1990年代後半から毎年増加しており、韓国と台湾は2011年から減少をはじめたが、それでも日本よりは多い。2013年現在、米国にいる外国人留学生の総数は81万9644人で、そのうち中国が23万5597人で全体の28.7％を占めて最も多く、その次がインドで9万6754人（11.8％）、第3位は韓国で7万627人（8.6％）という順序になっている。日本は1万9568人（2.4％）で、2005年の4万2215人から年々減少が続いている。

表5　日本の海外留学生数の推移

年	留学生数	年	留学生数	年	留学生数
1983	18,066	1993	51,295	2003	74,551
1984	15,246	1994	55,145	2004	82,945
1985	15,485	1995	59,468	2005	80,023
1986	14,297	1996	59,460	2006	76,492
1987	15,335	1997	62,324	2007	75,156
1988	17,926	1998	64,282	2008	66,833
1989	22,798	1999	75,586	2009	59,928
1990	26,893	2000	76,464	2010	58,060
1991	32,609	2001	78,151	2011	57,501
1992	39,258	2002	79,455		

【単位：人】

出所：高等教育局学生・留学生課編『日本人の海外留学者数及び外国人留学生在籍状況調査』、文部科学省、2014年より作成。

注：OECD「Education at a Glance」、ユネスコ統計局、IIE、中国教育部、台湾教育部などの資料を基に文部科学省が集計した統計。

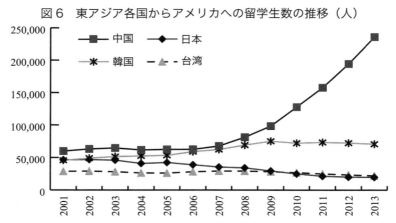

図6 東アジア各国からアメリカへの留学生数の推移（人）

出所：IIE『Open Doors；Report on International Educational Exchange』各年より作成。
注：2013年の留学生出身国上位10カ国：① 中国、② インド、③ 韓国、④ サウジアラビア、⑤ カナダ、⑥ 台湾、⑦ 日本、⑧ ベトナム、⑨ メキシコ、⑩ トルコ。

　このように日本では、受入れにおいても、送り出しにおいても、留学生の減少が起きている。日本の海外留学者の減少について、一橋大学国際教育センターの太田浩氏は日本国内の次の問題があると指摘している[44]。①就職活動の早期化と長期化の問題、②学生の海外経験を評価しない雇用の問題、③単位互換制度の未整備問題、④大学での国際教育交流プログラム開発の遅れ、⑤新TOEFLの導入による英語力の低下問題など。また、日本そのものが内向き、後ろ向き、下向きになっており、それがガラパゴス化やパラダイス鎖国といった現象となって若者の海外志向を減少させていると述べた。確かに①の「就職活動の早期化」は、新卒一括採用という日本独特の雇用慣行によるもので、在学中の留学は勿論、1カ月程度の海外研修さえも抵抗感を感じる学生が少なくないのが現状であり、それは②「雇用の問題」とも重なって、留学離れをより加速化させる要因にもなっている。それに対して、中国と韓国の場合は、一般企業が即戦力重視として新卒より経験者を積極的に採用する傾向があり、留学は就職につながるという意識をもつ人が多い。特に韓国では、「スペック」（SPEC: Specification）による採用を考える企業が多い。「ス

ペック」とは、就職のために必要な条件として保有している資格のことで、2004年の国立国語院編纂の「新語資料集」に登録された新造語である[45]。「スペック」は就職するにあたっての重要な要素とされており、学歴、成績、経歴以外にもTOEICの点数などの語学力や海外経験、ボランティア経験などが含まれる。

　このように、①と②に関しては、日本と韓国の制度や認識の違いが存在している。しかし、③④⑤については、日本だけでなく中国と韓国もかかえている問題であると思われる。それよりは、日本人若者の「内向き」の問題がより深刻的な問題であろう。現在、日本の「若者内向き現象」の要因については、明確な検証はされていないが、その実態が若者の海外留学志向を減少させていることは事実である。日本の海外留学者が減っているのは、まさに「時代の逆行」であり、これ以上、日本の若い優秀な学生が内向き志向になることは、日本の孤立が進む危険な兆候であると考える。この問題を解決するためには、政府と教育機関、各企業が一丸になって、若者が海外留学のメリットを実感できるような仕組みを早急に作ることが必要であろう。

4．東アジア共同体に向けて

1）東アジア諸国の相互不信感

　かつて、東アジア地域は過去半世紀にわたる冷戦の只中にあった。冷戦期の東アジアの国際政治秩序は、米国を中心とした日本、韓国の資本主義陣営と、ソ連を中心とした中国、北朝鮮の共産主義陣営に二分化され、激しく対立していた。しかし、1970年代に入ると米中、日中の和解によって冷戦構造が変化しはじめ、1990年代にはソ連邦が消滅することで、東アジアの緊張関係が改善された。それまで反共政策を取っていた韓国も中国と国交を樹立し、両国の人的交流や文化交流が積極的に行なわれるようになった。

　このような国際情勢の変動は、東アジアに暮らす人々にとって身近な現象としてとらえられ、東アジア共同体に向けての地域交流を促進させる要因に

もなってきた。しかし、東アジア諸国では国民相互間の不信感が未だに存在しているのが現状である。現在日本と東アジア諸国では、歴史認識問題、靖国神社参拝問題、領土問題などを巡って、激しい対立が続いており、未だに第2次世界大戦後の戦後処理も未解決のまま残されているのである。

　日本内閣府の「外交に関する世論調査」（2013年10月）によると図7の通り、日本人のいだく中国と韓国への親近感は、1980年代後半と2000年代に大きな変動をみせている。中国の場合、1970年代後半から1988年（68.5％）まで「親しみを感じる」と答える人（「親中感」、以下同様）の割合は60～80％近くであったが、1989年には51.6％に減少し、「親しみを感じない」と答える人（「嫌中感」、以下同様）は前年度（1988年）の26.4％から43.1％に増加した。この変動は1989年の第2次天安門事件によるものである。その後、2003年までは「親中感」と「嫌中感」の幅が40％～50％代で、いわば拮抗期であったが、2004年から「嫌中感」の割合が大幅に増加した。2004年夏に中国で開催されたサッカーアジア杯での反日騒動、そして2005年4月に北京や上海などで起こった反日デモが起因となり、そこに「尖閣島」をめぐる領有権問題が火をつけたためであろう。

　2013年現在、「嫌中感」の割合は80.7％である。「親中感」は18.1％まで減少して、日中関係は過去最悪な状況となっている。韓国も同様の状況にある。韓国の場合は、戦後から一貫して「嫌韓感」が「親韓感」より強かったが、1988年のソウル・オリンピック開催により「嫌韓感」と「親韓感」の割合が逆転したものの、1年もたたない89年に「嫌韓感」多数期に戻り、それが99年までに続くことになった[46]。その理由は、韓国社会における「慰安婦問題」の台頭であると思われる。日本では1983年に吉田清治著『私の戦争犯罪—朝鮮人強制連行』（三一書房）が出版され話題となった。同書には、植民地時代に済州島の女性を慰安婦として205名を徴用したという証言があって、大きな衝撃を与えた。この証言は1989年8月14日の『済州新聞』の報道によって否定されたにもかかわらず、同書の韓国語版が89年に韓国で出版され、「慰安婦問題」が韓国社会でクローズアップされた。これ以降、日本の歴史認

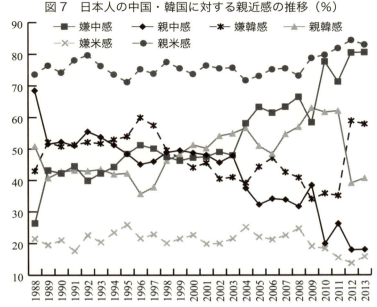

図7　日本人の中国・韓国に対する親近感の推移（％）

出所：日本内閣府『外交に関する世論調査』各年度により作成。

識問題が大きく問われて、両国の国民のあいだで不信感が強まることになった。

　このような日韓関係が良い方向に転換したのは1998年頃であった。1998年2月に韓国政権が交代し、同年10月に金大中大統領は日本を公式訪問した。金大中大統領は滞在中、小渕恵三首相との間で会談を行ない、そこで両首脳は1965年の国交正常化以来築かれてきた両国間の緊密な友好協力関係をより高い次元に発展させて、21世紀に向けた新たな日韓パートナーシップを構築するという「21世紀に向けた新たな日韓パートナーシップ共同宣言」を発表した。この宣言に基づき、韓国政府はそれまで規制してきた日本の大衆文化を段階的に開放する方針案を採択し、日本大衆文化が開放されることになった。それはまた、現在世界に広まっている「韓流ブーム」を引き起こす一因にもなった。この現象は日韓交流に大きな影響を及ぼし、文化交流だけ

Ⅱ．「人的・文化的交流」の過去と現在

でなく、両国の人的交流を活発化させた。その結果、図7の通り、1999年に「嫌韓感」が46.9％、「親韓感」が48.3％となり、その後「親韓感」多数期を迎えるようになったのである。ところが2012年8月の李明博大統領の独島（竹島）訪問によって日韓関係はふたたび悪化し、2011年には39.2％だった「嫌韓感」の割合が2012年には59.0％に増加し、「親韓感」の方は62.2％から39.2％に減少した。「韓流ブーム」によって得られた「親韓感」が「嫌韓感」へと再転換したのである。2013年では「嫌韓感」は58.0％、「親韓感」が40.7％で少しその割合の幅は縮まってはいるが、安倍政権発足以来、2014年10月現在まで日韓首脳会談さえ行なわれていない現状から見て、この状況はこれからも続くだろう。

このように、日韓関係における相互不信の原因は「歴史認識の問題」や「領土・領有問題」であった。これは日中関係においても同様である。2013年に日本のNPO法人「言論NPO」と中国日報社が共同で発表した日中共同世論調査では、日中両国の9割以上がそれぞれ相手国について良くない印象をもっているという結果がでた。日本人は90.1％が「良くない」と答えて前年の84.3％を上回る結果であった。中国人も92.8％（2012年64.5％）と急増した。その理由としては、両国とも領土問題と歴史認識問題であった[47]。

以上のように、東アジアにおける冷戦緊張が改善されたにもかかわらず、東アジア諸国の間には相互への不信感が存在している。しかし図7の通り、日本内閣府の同調査における米国にたいする親近感は、2013年現在「親米感」が83.0％、「嫌米感」が15.8％で、一貫して高い。諸外国の中で米国は最高値を維持しており、東アジア諸国とは対照的である。なぜ東アジア諸国の間で、米国のような親近感を維持できないのか。東アジア諸国間の相互不信感をどうやったらなくせるのかという問題が、課題となっている。今後、東アジア共同体を創るためには、この問題を解決しなければならない。そのための方案を、次に東アジア諸国間の人的・文化的交流の現状から探ってみる。

2）東アジア諸国間の「人的・文化的交流」の実態

　国際連合教育科学文化機関である「ユネスコ憲章の前文」では、「戦争は人の心の中で生まれるものであるから、人の心の中に平和のとりでを築かなければならない。相互の風習と生活を知らないことは、人類の歴史を通じて世界の諸人民の間に疑惑と不信を起こした共通の原因であり、この疑惑と不信の為に、諸人民の不一致があまりにもしばしば戦争となった」と述べ、その要因をなくすために「人類の知的及び精神的連帯」が必要であると宣言している。つまり、国家間の相互不信が戦争を起こす要因となり、その要因をなくして平和を維持するためには「人的・文化的交流」による相互連帯が必要である、ということである。この理念を反映して、現在の東アジア諸国においても活発な「人的・文化的交流」が行なわれている。

　現在、東アジア諸国を訪れる外国人の目的は、観光やビジネス、親族・知人の訪問など多様であり、その数も年々増加している。2012年に日本を訪日した外国人の数を目的別にみると、観光・レジャーが49.0％で最も多く、その次が「ビジネス」（34.3％）、親族・知人訪問（9.1％）、留学（1.8％）の順であった[48]。その数は2013年に1000万人を超えている。日本は2003年から国土交通省が中心となって、外国人旅行者数を増やす目的で「Visit Japanキャンペーン」を行ない、その目標である年間1,000万人を2013年度に達成した[49]。2013年度に日本を訪問した外国人1036万人の内訳をみると、アジアからの訪問者が795万人で全体の76.7％を占めており、そのうち、東アジア（特に韓国、中国、香港、台湾）からの訪問者が673万人で64.9％を占めている。具体的な統計は図8の通りである。この現象は、中国と韓国においても同様である。例えば同年度（2013年）の訪韓外国人旅行者数は1217万人で、アジアからの訪問者は960万人（78.9％）を占め、そのうち東アジア地域（特に韓国、中国、香港、台湾）からの訪問者は801万人（65.9％）であった[50]。日韓両国とも東アジア諸国からの訪問者が65％前後を占めているのである。

　また、日本人の海外訪問者も東アジアに集中している。「図9」の通り、

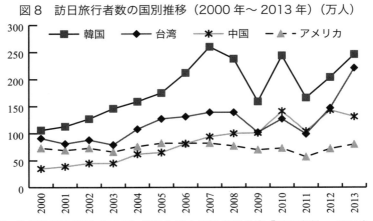

図8 訪日旅行者数の国別推移（2000年〜2013年）（万人）

出所：日本政府観光局（JNTO）資料と国土交通省観光庁『説明資料』、2014年2月24日により作成。

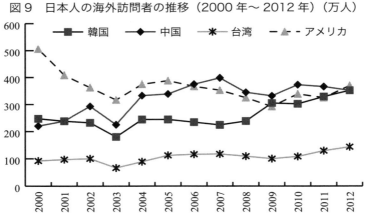

図9 日本人の海外訪問者の推移（2000年〜2012年）（万人）

出所：日本政府観光局（JNTO）資料と国土交通省観光庁『説明資料』、2014年2月24日により作成。

2000年には米国への訪問者が圧倒的多かったが、その後、中国と韓国への訪問者が増え、2012年には米国が370万人（20％）、中国と韓国がそれぞれ350万人（18.9％）となり、中国と韓国だけでも全体の37.8％を占めている[51]。その反面、米国を訪問する日本人は多いが、米国から日本への訪問者は東アジ

図10 海外の日本語教育の現状（学習者上位3位まで）（人）

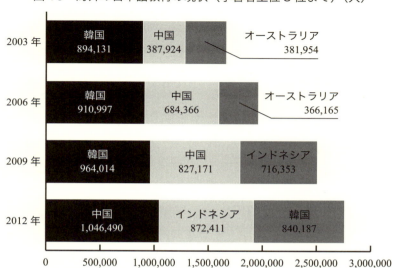

出所：国際交流基金編『海外の日本語教育の現状』くろしお出版、各年を基に作成。
注：2012年の4位はオーストラリアで296,672人、5位は台湾で233,417人であり、この5カ国が占める割合は、82.5％である。

ア諸国からの訪問者より極めて数少ない。

このように、東アジア諸国間の訪問者は近年増加している。この訪問者の増加は、ただ単なる観光者や「ビジネス」の増加ではなく、民間レベルの文化交流の活性化にも繋がるものであると考えられる。海外観光とは他国の景色や史跡、風物などを見てまわることであり、その国をよく観察するという行為である。最近拡大している高校や大学などの修学旅行や海外研修も、その1つである。特に海外研修は、各学校で事前にその国の歴史と文化等を学んでから実際に現地を訪れて、異文化体験や異文化理解を深めるものであり、現地の同世代の若者との交流も行なう。こうした体験は、参加した若者にその国への関心と親近感を生み出す効果をもっている。

また、東アジア諸国の間では相互の言語（特に日本語、中国語、韓国語）

に対する関心が高まっている。日本においては中国語、韓国語は非常に人気のある外国語の1つになっており、その需要性から中国語と韓国語の科目を設ける大学が年々増加している。例えば韓国語科目を設けている大学は、1988年には私立、公立、国立を含め68校であったが、2011年には451校にもなっている。中国語科目の場合は、2000年には514校であったが、2011年には620校に増加し、英語のつぎに学習者が多い外国語科目になっている[52]。一方、東アジア諸国における日本語の需要も高い。世界各国の中での日本語学習者の数は、図10の通り、2012年現在、海外の136ケ国の中で中国がトップを占めており、5位の台湾の23万3417人を加えると東アジア諸国が占める割合は過半数以上になる。

このように、東アジア諸国間では互いの言語に対する需要が非常に高いのである。外国語学習というものは、言葉の学びだけでなく異文化理解や異文化体験を含むものであるから、東アジア諸国においてお互いの言語の学習者が多くなることは、「相互理解」をする「知人」「友人」が多くなることを意味することになる。

3）東アジア諸国における留学生政策の問題点と課題

以上のように、東アジア諸国では民間レベルでの「人的・文化的交流」が盛んに行なわれている。文化交流、民間交流、特に若い世代間の交流は、東アジア諸国の人々が抱いている相互の不信感を改善する近道になるが、なかでも留学生がはたす役割は非常に重要である。留学生は自国の発展に貢献できる人材というだけでなく、自国と留学先の双方の文化に精通した人材として協力と交流の懸け橋になる。その国の生活を経験し、その言葉を理解し、その文化に対する認識も深いからである。それゆえ「相互理解」をもつ留学生の数を拡大させて、「人的交流」を活発にしなくてはならない。しかしながら現在の東アジア諸国の留学政策を見ると、受入れにしろ、送り出しにしろ、国家発展のための人材育成と人材獲得を重視する国家戦略的な色合いが強く、留学政策の本来の目的である「相互理解や相互交流」は影が薄くなっている

ようである。

　また、東アジア諸国で留学生の9割を占めている私費留学生は、個人的な志向と戦略に基づいて国際移動を活発に行なうが、近年しだいに欧米の英語圏への志向を強めている。それに伴い、近年では海外に出ないで自国内の外国教育機関で履修や学位取得ができる「トランスナショナル教育」が注目されている。例えば現在、韓国では仁川経済特区である松島新都市を国際教育のハブとする目的で外国教育機関の受入れを拡大させている[53]。この「トランスナショナル教育」の拡大政策は、韓国人学生の海外流出に歯止めをかけるとともに、外国人留学生の受入れを増加させることを目指して進められたものであるが、それが逆に東アジア諸国間の留学生交流に水を差す結果を招くおそれがある。現在、韓国に分校を設置している外国教育機関は欧米のトップ大学であり、そこに入学する外国人留学生はあくまでも「トランスナショナル・プログラム」に惹かれてきたものであって、韓国に興味があって来ているとは限らないからである。現韓国で行なう「トランスナショナル教育」は単に韓国社会の「英語熱風現象」に応えるものとしか思われない。

　欧米の英語圏への留学志向は、東アジア諸国の留学生政策の主となる「留学生受入れ拡大」の目標達成をますます難しくさせている。現在、韓国の「外国留学生受入れ10万人計画」はすでに失敗し、2020年までの中国の「50万人の留学生受入れ計画」、日本の「留学生30万人計画」も目標達成が難しい状況である。そのうえ国家の優秀な人材が海外留学先から帰国しないという現象（「頭脳流出」問題）が顕著になっている。特に中国では、1989年の天安門事件のあと、各国で永住権および国籍取得を申請する海外中国人留学生が大量に現われ、帰国を促進する政策を展開したが、いまも「頭脳流出」の問題が続いている。2007年3月の教育部統計によれば、1978年～2006年までの海外中国人留学生数は106.7万人であったが、そのうち留学帰国者は27.5万人であり、残り79.2万人が留学先で在学中、あるいは就職、定着等で滞在している状況である[54]。この「頭脳流出」の問題は、中国だけでなく日本にも、韓国にも問題化になっており、そのため、東アジア諸国の留学政策

II.「人的・文化的交流」の過去と現在

では、「送り出し政策」より「受入れ政策」にもっと力を入れるようになったが、相互依存度が高い東アジア諸国にとっては「受入れ」にも大きな影響を及ぼす結果にもなったと言える。今後は、この「頭脳流出」問題を「頭脳循環」という発想に変えて、国際移動する人材をいかに活用するかという観点から考えるべきであり[55]、東アジア諸国間において「相互理解や相互交流」を中心とした「東アジア版のトランスナショナル・プログラム」を構築させることが必要であると考える。

　以上のように、東アジア諸国間においては「東アジア共同体」を担えるようなグローバル人材の育成のために努力はしているが、課題は山積している。これらの課題を解決していくために、東アジア地域内の国際教育に関する連帯と交流活性化のためのさらなる努力が必要になろう。そのヒントになるのが、1987年から始まった欧州委員会による「エラスムス計画」である。「エラスムス計画」は欧州地域内の高等教育の交流と連帯を促進するために作られた大学・国際教育交流の「地域統合大学モデル」の端緒である。学生の短期留学交流を中心として、大学の教職員との交流や地内大学間での共同カリキュラム開発などを行なうプログラムで、域内の相互理解と「ヨーロッパ市民」意識の形成・涵養などを目的としている。特に若い世代の交流を促進することで、近年様々な戦乱を体験した国々が地域統合にむけて、お互いを理解し合い、和解を進めていくことを主たる目的とする。この計画は、ヨーロッパ地域内の国際教育交流の主要な枠組みとして急速に拡大・発展し、相当の成果をおさめている[56]。相互依存度が高く、各法律、制度、グローバル人材の養成が欧州や米国に比して遅れている東アジア諸国においては、東アジア共同体にむけてのシンクタンクの形成と実質的な総合議論の展開によって、「エラスムス計画」のような、「新国際教育のプログラム」を創ることが必要であると考える。

おわりに

　東アジア諸国は新しい地域統合と協力のために、相互の友好関係を築くべきだという共通認識は、政府レベルでも民間でも持っている。しかし、領土問題や歴史認識問題がひきおこす相互不信がそれを邪魔しているのも事実である。このような東アジア諸国の人々の心理的距離感を縮めることなくして、東アジア共同体の形成は難しい。なによりもまず、信頼関係を築くことが不可欠である。

　その信頼関係を築くためには、国際教育交流を含む「人的・文化的交流」が重要である。2014年は日中関係と日韓関係が最悪の年であると言われている。しかし、筆者を含め、日本に滞在している外国人たちは、日本人の外国人に対する態度が過去と比べて大きく変化したことを感じている。日本だけでなく、他の東アジア諸国においても、同様なことが起きていると思われる。それは、今までの「人的・文化的交流」の成果であると考える。従って日中関係や日韓関係が最悪になっているこんな時だからこそ、「人的・文化的交流」をより拡大する必要がある。「人的・文化的交流」は相手国に対する好感度を高め、社会的心理的関係を改善する。東アジアの未来を担う若い世代の交流が相互理解のために重要であり、なかでも留学生交流は重要である。留学生は将来において各国の高度な人材として活躍することが期待されているからである。

　東アジアの友好な関係を構築するために、留学を中心とする国際教育交流を拡大させ、若者のあいだに「東アジア市民」意識を形成させることが、東アジア共同体創生の出発点となると考える。

注
1) 経済協力開発機構（OECD）編（徳永優子・稲田智子・定延由紀・矢倉美登里の訳）『図表でみる教育— OECDインディケータ（2014年版）』、明石書店、2014年、396-

406 頁。
2) 李滔主編『中華留学教育史録』高等教育出版、2000 年、76 頁。
3) 『新中国五十五年統計資料彙編』中国統計出版社、2005 年より。
4) 陳昌貴「改革開放以来我国出国留学発展的歴史回顧与勢展望」『中国留学人材発展報告 2009』機械工業出版社、2009 年、79 頁。
5) 国務院「関于自費出国留学的暫行規定」（1984 年 12 月 26 日）。
6) 「規定」は 6 節 49 条になる。「規定」の全文は「関于出国留学人員工作的若干暫行規定」（『人民日報』、1987 年 6 月 11 日）を参照。
7) 白土悟著『現代中国の留学政策』、九州大学出版会、2011 年、404-406 頁。
8) 国務院辨公庁の「在外留学者関連問題に関する通知」（1992 年 8 月 14 日）の日本語全文訳は白土悟、前掲書、331-333 頁参照。
9) 「全国出国留学人員派遣工作会議」の方案は「国家公費留学の選抜派遣の管理方法を改革する法案」である。ここで打ち出された新原則は、「公開選抜、平等競争、専家評審、擇優録取、籤約派出、違約賠償」であった。白土悟、前掲書、339-341 頁。
10) 1993 年の「中国教育改革及び発展綱要」において高等教育は義務教育でないため受益者負担にすることを示した。遠藤誉「中国高等教育の現状と課題」（『東亜』479 号、2007 年）。
10) 1997 年 2 月、国家教育委員会は「普通大学卒業者の就職工作の暫行的規定」を発布し、相互選択制度に全面的に移行することを示した。唐金士主編『大学生就職与創業指導』東南大学出版社、2006 年、29-30 頁。
12) 私費留学生の完全自由化は 2002 年 12 月 1 日、国務院の「第 1 群の行政審査項目の取消に関する決定」と 2003 年 2 月 12 日、教育部の「大学専科以上の学歴保持者の自費留学審査手続き簡素化に関する通知」によるものである。白土悟、前掲書、417-418 頁。
13) 中国教育部「2013 年度我国留学人員情況」（2014 年 2 月 21 日）。
http://www.moe.gov.cn/publicfiles/business/htmlfiles/moe/s5987/201402/164235.html
（2014 年 10 月 1 日アクセス）。
14) 2012 年の統計では、米国（28％）、日本（13％）、イギリス（11％）、オーストラリア（11％）、韓国（6％）の順であった。経済協力開発機構（OECD）編、前掲書、407 頁。
15) 1950 年から 65 年までに交換留学を含めた外国人留学生は、全 70 か国から 7259 人を受け入れていた。そのうち、一番多い国は 5252 人の北ベトナムであり、その次は 546 人の北朝鮮、208 人のソ連という順であった。李滔主編『中華留学教育史録』高

等教育出版、2000 年、220-226 頁。286-288 頁。
16）「1973 年の外国人留学生受け入れ計画と留学生政策の若干の問題に関する請示報告」の全文は、白土悟、前掲書、198-200 頁参照。
17）国家教育委員会計画建設司編『中国教育統計年鑑 1990』人民教育出版社、1991 年、15 頁。
18）白土悟、前掲書、300-301 頁。
19）この統計は長期・短期を含む在籍外国人留学生総数である。長期留学生は 6 か月以上の滞在者を指し、短期留学生は 6 か月未満の滞在者を指す。なお、この計画は目標 1 万 3000 人は達成できなかったが、留学生を大幅に増加させた結果になったと言える。中国教育年鑑編輯部編『中国教育年鑑』人民教育出版社、各年度より。
20）白土悟、前掲書、705-706 頁。
21）中国教育部が制定した「中国留学計画」の全文は、白土悟、同上書、716-719 頁参照。
22）文教部は現日本での文部科学省のことを指す。韓国では教育を担当する政府機関は政権が交代することにその名称が変わっていた。それは次の通りである。1948～1990 年の文教部、1990 年 12 月 27 日に「教育部」に改称。2001 年 1 月 29 日に「教育人的資源部」に改称。2008 年 2 月 29 日に「教育科学技術部」に改称。2013 年 3 月 23 日に「教育部」に改称して現在に続く。そのため、本章では各年の名称をそのまま使用することにしたい。
23）長嶋万里子「韓国の留学生政策とその変遷」(『留学交流』2011 年 4 月号、vol.1)。
24）韓国教育部編『国際教育白書』、2000 年。
25）長嶋万里子、前掲論文。
26）河添恵子著『アジア英語教育最前線』三修社、101 頁。
27）2005 年 5 月に教育人的資源部は「英語教育活性化の 5 カ年総合対策」を発表し、「学生たちの基本的な英語意思疎通能力を向上させる」ことを目標として定めた。教育人的資源部『英語教育活性化の 5 カ年総合対策（2006～2010）』2005 年 5 月、1 頁。
28）『東亜日報』2006 年 9 月 14 日。
29）「キロギアッパ」とは、子供を留学させるために妻子を外国に住まわせ、自分は韓国に残って生計を支える早期留学生の父親を指す。子供のために懸命に働き、海を越えて家族に会いに行く姿が、渡り鳥の鷹と重なることから、このように呼ばれるようになったという。近年「キロギアッパ」の孤独死や自殺問題が多く発生している。
30）小林和美「『キロギ・アッパ』になった韓国の父親たち—『早期留学』についての

インタビュー調査から―」(『大阪教育大学紀要』第 57 巻第 2 号、2009 年)。

31) 詳細の政策方案については、教育人的資源部国際教育協力課『21 世紀韓国大学の国際化のための新プロジェクト―留学生 5 万人誘致と政府の政策』、2004 年の報告書を参照されたい。

32) 同上。

33) 「Study Korea Project 発展方案」(教育科学技術部『報道資料』、2008 年 8 月 4 日)。

34) 当時、中曽根首相は訪問先で多くの元留学生から、自分の子弟は「欧米へ留学させたい」と言われたことから、留学生政策の再検討を指示するようになったという。日本国際教育協会編『日本国際教育協会 40 年史』日本国際教育協会、1997 年、360 頁。

35) 中国人留学生は 1993 年の 2 万 1801 人であったが、2003 年には 7 万 814 人に急増した。全体に占める比率からみると、41.6％から 64.7％の増加であった。文部省『我が国の留学生制度の概要』(1993 年～2004 年版)を参照。

36) 「留学生受入れ 10 万人計画」達成に対して出入国管理政策が果たした役割については、総務省の政策評価書にも指摘されている。総務省『留学生の受入れ推進施策に関する政策評価書』2005 年 1 月、23 頁。

37) 「『学生探し、出国促せ』不法残留で大学側に要請：東京入管」(『朝日新聞』、2004 年 11 月 13 日)。

38) 「酒田短大に解散命令へ～大学法人で初めて・文科省」(『朝日新聞』、2004 年 7 月 13 日)。

39) 2003 年 10 月 17 日法務省による「首都東京における不法滞在外国人対策の強化に関する共同宣言」が発表され、東京都を中心として、留学生に対する入国・在留資格審査の厳格化が図られることになり、これを受け同年 11 月 11 日には「在留資格『留学』及び『就学』に係る審査方針について」の審査方針が出されるようになった。『日本語教育振興協会ニュース』77 号、2003 年 11 月 30 日、41-45 頁。

40) 例えば、日本政府は従来、中国人留学生・就学生の来日条件として、おおむね 300 万円以上の預金残高証明書の提出を課していたが、2003 年末以降は、過去 3 年分の預金残高証明書等、一層厳格な書類提出を求めていた。浅野慎一「中国人留学生・就学生の実態と受け入れ政策の転換」(『労働法律旬報』1576、2004 年)。

41) 「第 169 回国会における福田内閣総理大臣施政方針演説」(2008 年 1 月 18 日)。寺倉憲一「わが国における留学生受入れ政策―これまでの経緯と『留学生 30 万人計画』の策定―」(『レファレンス』2009 年 2 月号)。

42) 文部科学省、外務省、法務省、厚生労働省、経済産業省、国土交通省「留学生 30 万人計画の骨子」(2008 年 7 月 29 日)。

http://www.kantei.go.jp/jp/tyoukanpress/rireki/2008/07/29kossi.pdf
（2013年3月14日アクセス）。
43）寺倉憲一、前掲論文参照。
44）太田浩「なぜ海外留学離れは起こっているのか」（『教育と医学』59（1）、2011年）。
45）パク・ヨンチャン他編『新語』、国立国語院（ソウル）、2004年。
46）内閣府「外交に関する世論調査」では、1978以降の数値が含んでおり、1978～87年は「嫌韓感」が45～54％であり、「親韓感」が35～45％の「嫌韓感」多数期であった。それが、88年のソウルオリンピアを契機に「親韓感」が50.9％、「嫌韓感」が42.9％に逆転したが、1年後の89年に「嫌韓感」52.2％、「親韓感」40.7％に戻り、「嫌韓感」多数期を続くことになった。
47）「日中共同世論調査の結果」（『朝日新聞』、2013年8月6日記事）。
48）国土交通省観光庁『説明資料』、2014年2月24日。
49）Visit Japanキャンペーンとは、2003年4月から実施された外国人旅行者の訪日促進事業である。日本では2003年度の日本人海外旅行者数が1,652万人であったのに対し、訪日外国人旅行者数は524万人に留まった。その格差を是正するため、2010年までに年間で1000万人の外国人が訪日することを目標に事業を推進することになった。この事業では国土交通大臣を本部長として関係省および民間団体・企業を入れて「キャンペーン実施本部」を組織し、海外諸国での日本旅行の広報や国内における外国人旅行者向けのインフラ整備などを行なった。しかし、2010年の目標達成はできなかった。2007年からの世界金融危機、2008年のリーマンショック、2011年の東日本大震災などの影響により、訪日旅行者数は大きく落ち込むようになった。2012年の円安により回復され、2013年に1036万人の訪日観光客を記録して目標を達成するようになった。
50）国土交通省観光庁『説明資料』、2014年2月24日。
51）2012年の日本人の海外訪問者数は1849万657人であった。
52）文部科学省『大学における教育内容等の改革状況について』、2011年。国際文化フォーラム編『日本の学校における韓国朝鮮語教育—大学等と高等学校の現状と課題』財団法人国際文化フォーラム、2005年を参照。
53）松島新都市では、米国のストーニーブルック大学（State University of New York at Stony Brook; SUNY）とジョージメイソン大学（George Mason University）の2校が分校として設置していたが、2014年9月に米国のユタ州立大学（Utah State University）、ベルギーのゲント大学（Ghent University）が開校した。また、地方にもオランダやドイツのグローバルキャンパスがある。これらの外国教育機関においての韓国人学

Ⅱ.「人的・文化的交流」の過去と現在

　　生の入学は定員または在学生の 30% 未満とする規制がある。杉本均著『トランスナショナル高等教育の国際比較―留学概念の転換』東信堂、2014 年、186 頁。
54）白土悟、前掲書、703 頁。
55）「頭脳流出から頭脳循環へ」という発想は、「海外へ流出した人材がそこで得た高度な専門技能をともなって出身地へ帰還する、あるいは両地域間・多地域間を頻繁に往来する」という概念であり、1990 年代末に国際移民システムの転換を示すものとして提案された。それは、かつての送り出し留学生の頭脳流出の懸念よりも、今日では海外に出た人材がいかに出身国との間に立って活用してくれるかの期待とともに、海外との「国際教育」の連帯を深める要因にもなっている。川口充勇「頭脳循環―香港・台湾移民研究の動向を中心に―」(『華僑華人研究』第 4 号、2007 年 11 月) を参照。
56）黒田一雄「東アジア共同体形成と国際教育交流」(西川潤・平野健一郎編『国際移動と社会変容』、岩波書店、2007 年、233-238 頁)。

III.
知識人からみた 「東アジア共同体」

第9章
安重根と東洋平和論

韓 相禱（権 寧俊／訳）

はじめに

　ある事実を判断するとき、意識的であれ無意識的であれ、主観と客観、普遍的思考と個人的な思考により影響を受けている。つまり、自分の価値基準によって「正誤」の決定をなしているのである。そのために、1つの事実に対して正反対の評価が与えられることがある。

　現在、日本・韓国・中国の3カ国間で行っている歴史論争も、このような価値基準の違い、すなわち、ある歴史的事実を判断し評価するにさいして、各々が自国、自民族の立場で行うために起きていることだと言える。「主観」のみあって「客観」が失われ、個別性が強調されるあまり、普遍性の立ち入る余地がなくなってしまった状況である。

　本章で考察しようとする「安重根の東洋平和論」は、このような3カ国の間に存在する歴史認識の溝をどのように埋め、克服できるか、という問題への糸口を提供できると思う。日本人の立場からみた安重根、韓国人の立場からみた安重根、中国人の立場からみた安重根ではなく、東アジア人の視角からみた安重根の姿はどうであり、また、彼が構想した東アジア平和がどのような姿であったかを探ることで、その回答を見つけることができるであろう。

Ⅲ. 知識人からみた「東アジア共同体」

1. 安重根の一生

　安重根は1879年9月2日、黄海道海州で安泰勳と趙マリア（洗礼名、本名は趙聖女）夫婦の3男1女の長男（幼少期名：應七）として生まれた。1897年にカトリック教信者になっている。彼は、西洋修士会から博・学士数人を招いて大学を建て、国の有能な人材を選んで教育すれば、何十年かのちには必ずや大きな効果を上げるだろうという計画を立て、ソウルに上京してミシェル主教にこの意見を提示した。するとミシェル主教は「韓国人が学問を学び始めれば、カトリック教を信仰することが疎かになってしまうから、二度とそんなことは言うな」と拒否した。安重根はこれに憤慨し、心の中で「宗教の真理は信じても、外国人は信じない」と誓った。そしてフランス語を習うのも中断した[1]。

　ある友人がなぜフランス語を学ばないのかと聞いたところ、彼は「日本語を学ぶものは日本の下僕になり、英語を学ぶ者は英国の下僕になるのだ。私がフランス語を学びつづければフランスの下僕になることを免れない。それで、フランス語をやめたのだ。わが韓国が世界で威力をふるえば、世界の人々が韓国語を用いるようになるのだから、心配しなくていい」[2]と答えたという。

　1905年、中国に移住するために上海と山東半島一帯を視察した。1906年、鎮南浦に移住して、敦義学校と三興学校を運営しながら愛国啓蒙運動を行った。1907年、国債報償運動で関西支部活動のリーダーとなり、高宗の強制退位と軍隊解散を契機にして、国外で義兵部隊を招集するためウラジオストクに渡る[3]。

　1908年に義兵部隊である大韓義軍を結成し、その「参謀中将」として国内進攻作戦を指揮した。咸鏡北道で行った戦闘では、捕虜になった日本軍人たちに「お前たちも同じ人間なのに、伊藤博文のような乱臣賊子たちの過ちで戦地に赴いたのだ」と言って釈放した[4]。このように、彼は現実的な認識を持ちながらも、まるでイエスの愛にも匹敵する理想主義の姿を見せた。安重根

のこのような行動は、彼がカトリック教信者であったということで理解できる。

1909年、ウラジオストク近郊のクラスキノ（煙秋：ロシア沿海州）で11人の同志と共に断指同盟を結成した。彼は「国のためにはどんなことでもしなければならない。若者は戦争に赴き、老人は自分の仕事に従事して兵糧でも何でも補い、子どもたちには適切な教育を施して第二国民になる素質をもたせるべきだ」と熱心に説いた。また、「人心結合論」を発表して次のように述べた。

　我が国が今日このように惨憺たる境地に陥ったのは、他でもない、互いに和合できなかったことが一番の原因だ。その不和の病の原因は驕慢にある。（省略）驕慢を正すのは謙遜、これのみである。人がもしそれぞれ謙遜をなし、自らを低めて他者を尊び、他者が自分を叱ることは甘受して、自分が他者を叱ることは程々にし、自分の功を他者に譲るようなら、人が獣でない以上、相互不和になるはずがない。（省略）根が乾けば、枝と葉も枯れるものだ。同じ祖先の血を受けた同族がすでに屈辱を受けているのだから、我が身はこれから何をすべきか。我が同胞よ！　各自、不和の二文字を打ち破り、結合の二文字を固く守り、我が子らを教育し、青少年たちは死を決心し、ただちに国権を回復して、大韓民国国旗を高く掲げ、一家眷属をあげて独立館に集まり、一心団結して六大州が振動するような大韓独立万歳を叫ぶことを約束しよう！[5]

2. 義挙の始末

1909年10月26日午前7時、黒い毛織の紳士服の上に半コートをはおり、平たい帽子をかぶった安重根は、馬車でハルビン駅に到着した。ロシア軍人たちが物々しい警戒を布いていたが、日本人に仮装して駅の中に入ることができた。安重根はプラットホームがよく見える駅構内の喫茶店に入り、茶を注

文した。列車は午前9時にハルビン駅に到着した。30分後に列車から降りた伊藤は、各国の使節とあいさつを交わし、隊列するロシアの儀仗隊を閲兵した。伊藤が列車から背を向けたとき、安重根はすばやく喫茶店から出てプラットホームに立った。ロシア儀仗兵のすぐ後ろに立った彼の前に伊藤が近づいてきた。安重根は銃を取り出し、まず伊藤に向けて2発を発砲した。当時、現場にいて安重根を最初に尋問したロシア国境検事のミレルは、報告書に「銃声2発が鳴り、凶漢（安重根）は左手で右の肘を支えて儀仗隊の前を歩いていた公爵（伊藤博文）に向けてもう1発撃った」と記した。

そのあと安重根は急に方向を変え、伊藤の随行員に向けて3、4発さらに発射した。当日駅で写真を撮っていた写真家ジュエフは「彼は驚くほど落ち着いていた。ロシア人が傷つかないように銃口を日本人のみに向けて銃を撃った」と陳述している。

ニキホロフ憲兵大尉がすぐに安重根に飛びかかったが、安重根は彼を振り払って頑強に抵抗した。ミレルは「凶漢の腕力が強く、最初は押えられなかった。他のロシア将校たちの手助けを受け、凶漢の拳銃を奪うことができた」と記している。そして「凶漢は全力でロシア将校と戦闘を繰り広げた」、「最後の銃弾で自殺しようとしたが失敗したようだ」と書き、「凶漢が銃弾を全部7発撃つのに30〜40秒しかかからなかった」と付けくわえた。

安重根は伊藤につづいて、随行していた川上俊彦ハルビン総領事、森泰二郎宮内大臣秘書官、田中清次郎満鉄理事なども撃った。それから拳銃を頭上に投げて、「コリア　ウラー」と力の限り3回叫んだ。伊藤は応急処置を受けたが、胸とわき腹、腹に弾が貫通しており30分後に亡くなった。11時40分、特別列車は伊藤の亡骸を載せて発った。

「コリア　ウラー！」1909年10月26日午前9時30分、中国ハルビン駅に「韓国万歳」を意味するロシア語がとどろいた。日本帝国主義の朝鮮侵略に主導的役割をした伊藤が、ロシア財務長官ココフチョフワとの会談のために特別列車に乗ってハルビン駅に到着した直後であった。駅舎内をいっぱいに埋めたロシア儀仗隊の軍楽の音、日章旗を振る歓迎ムードの人々の歓声が

一瞬にして静まり返った。

　ロシア憲兵に現場で捕獲され、駅構内の憲兵隊派出所で取り調べを受けた安重根は、ハルビン駅内の鉄道警察局事務室に移送された。ミレルは「凶漢は、最初は非常に興奮していたが、すぐに平静を取り戻し、自分が誰であるかと犯行動機について明瞭に陳述した」と記している。安重根は動機について、堂々とした声で「祖国のため復讐したのだ」と答えた。その時、誰かが来て、伊藤が死亡したという知らせを伝えた。それを聞いた安重根は「伊藤を殺す私の使命は終わった」と言い、事務室の壁に掛けてあった聖母マリア像の前で祈祷を捧げた。ミレルは「彼は歓喜にあふれて神に感謝の祈祷を捧げた」と記した。

　ロシア司法当局は14時間の調査の末、当日の午後11時30分（一部記録では午後10時10分）、予審書類の原本と証拠品を入れた箱2つとともに安重根を日本総領事館（今の花園街　97号）に移送した。彼は地下の牢獄の独房に収監された。

3. 法廷闘争と受刑生活

　ハルビン日本総領事館で検察官の尋問を受けた安重根は、伊藤博文の罪として、高宗の廃位と明成皇后殺害、東洋の平和を壊した罪、日本天皇の父を殺した罪など15個の項目を堂々と列挙した。伊藤の罪は、乙巳条約（第2次日韓協約：訳注）で韓国の外交権を奪い、丁未7条約（第3次日韓協約：訳注）で内政を踏みにじっただけでなく、力で隣国の朝鮮を強制併合し、東洋平和を犯したことであると指摘した。法廷審問で、彼は次のように陳述した。

　「統監として韓国にやってきた伊藤が、5カ条（乙巳条約：訳注）と7カ条（丁未七条約：訳注）の協約を武力で強制的に成立させたことは、決して日本天皇の聖慮によるものではないから、日本天皇をだましたと同じである。また、これは韓国民衆を欺いたものでもある。そこで私は、伊藤を殺すこ

とによって、今日の韓国が直面している悲惨な状況を救わなければならないと考えた。そうしなければ、韓国の独立は非常に難しいと考え、ついに私の目的を実行したのだ。

私は、義兵の参謀中将として独立戦争をハルビンで展開し、伊藤を殺したのであって、決して個人的に決行したのではない。参謀中将の資格で実行したのであるから、捕虜として扱われなければならないにもかかわらず、今日このように殺人罪の一被告としてここで取り調べを受けていることは、大きな誤りであると考える。

伊藤を殺すことも、韓国の独立と東洋平和のためである。したがって悪いことをしたわけではないので、逃走する必要もなかった。

決して個人的に行ったのではなく、義兵として行ったのである。戦争に参加して捕虜となってここに来たのだと確信しているから、私を国際法により処罰してくれるよう希望する。[6]

1910年2月14日午前10時に安重根事件の最終判決である第6回公判が開廷され、裁判長は日本刑法を適用して、安重根に死刑、禹德淳に懲役3年、曹道先と劉東河には各懲役1年6カ月を言い渡した。死刑宣告を受けても安重根は「これよりもっと高い刑はないのか」と言って、毅然としていた。

裁判が終わった後、監獄にもどり「日本国4000万民族が"安重根の日"を叫ぶ日が遠くないだろう」といい、「私は大罪人である。その罪は他ならぬ、私が情け深く弱い韓国の人民であったことだ」と言った。

安重根は自分の行動が私的な感情によるものではなく、「大韓義軍参謀中将」として独立戦争を遂行する過程で敵将を射殺したと主張した。自分は日本の法廷で日本の法で裁判を受けることを否定し、国際法による戦争捕虜として裁判を受けたいと一貫して要求した。

1910年2月14日に死刑宣告を受けた安重根は、生涯最後の日々を獄中で、自叙伝『安應七歴史』と韓国・中国・日本が共同繁栄しうる道を模索した『東洋平和論』を叙述しながら過ごした。

1910年3月15日、安重根は3カ月前から執筆し始めた自叙伝『安應七歴史』と『東洋平和論』を急いでまとめた。特に『東洋平和論』を完成するために、上告もあきらめて、死刑執行を15日間ほど延期してくれと嘆願したが黙殺された。

　この時期、安重根が閉じ込められている監獄に関わった多くの日本人が、彼に書を書いてほしいと願い、安重根は「国家安危労心焦思」、「一日不読書口中荊棘」などの遺墨200点余りを残した。死刑を目前にしながら、人間の限界を超えた荘厳な態度であった。

4．殉国

　安重根の母は、12月旅順で開かれた1審裁判で安重根が有罪判決を受けると、以下の内容の手紙を送った。

> 　應七！　お前が今回やったことは、わたしたち同胞の怒りを世界に示してくれました。この怒りの炎をつづけて燃やそうと思ったら、悔しくても上告せずに、わたしたちの民族の大義のために死を選ばなくてはいけません。
> 　正しいことをした人が、悪い人たちに裁判をもう一度やってと頼むのは、道理に合いません。それに、英雄と崇められている伊藤博文を殺したお前を、あの人たちが助けてくれるわけがありませんし。
> 　もし、息子として年老いた母親より先に死ぬのが親不孝だと思って上告するのなら、それは決して親孝行ではありませんよ。大きな志を持って死のうというのなら、つまらない上告などをして、生きのびようとする姿を見せないでおくれ。

　息子の死刑執行を目の前にした最後の瞬間にも母は動じなかった。母は日本の警察の責任者に「この国の国民として生まれ、国のために死ぬのは国民

たる義務である。我が子が国のために死ぬのなら、私もまた息子を追って死ぬだけです」と言った。

　1910年2月13日、安重根と2人の弟との面会が許された。弟たちは「日帝に命乞いしないで潔く死を受け入れなさい」という母の言葉を伝えた。「2人の兄弟が泣きながら母の言葉を伝えると、日本人検察官までもが涙を流してむせび泣いた。」と報道した[7]。

　死刑執行の前日である3月25日、獄中の安重根を弟の安定根と安恭根が訪ねた。安重根は「私は私のやるべきことを、覚悟をもってやったので、死は怖くない」と言い、母の世話を頼んだ。

　1910年3月26日午前10時、安重根は前日に故郷から送られてきた白の絹製の韓服に着替え、静かに膝を折って祈祷した。刑務所長が死刑執行文を朗読し、最後の遺言を聞いた。安重根は「私は、見たこともない伊藤を憎くて殺したわけではない。東洋平和のために決行したのである。ここにいる人たちも、これからは韓・日和合に力を尽くし、東洋平和に貢献してほしい」と言い、「私とともに"東洋平和万歳"を叫ぼう」と提案したが、彼らはこれを拒否して絞首刑を執行した[8]。刑場でも安重根は毅然としていた。「彼の態度はとても冷静で、日常と少しも違いはなかった。泰然自若として死に臨んだ[9]」と「通訳の園木末喜の記録」には記されている。

5．東洋平和論

　旅順監獄の栗原刑務所長は、殉国1週間前の1910年3月19日に朝鮮統監府の境喜明警視に送った手紙形式の報告書で、安重根が『東洋平和論』完成のため死刑を15日ほど延期してほしいと要請した状況を記録している。

　報告書のなかで境は、「『東洋平和論』も書きはじめ、現在、序論は書きおえた。……本人は『東洋平和論』の完成を強く望み、死後必ず光があたると信じている。それで先日、論文叙述のために死刑執行を15日ほど延期してくれと嘆願したが、おそらく許可は出ないだろう。結局『東洋平和論』の完成

は難しいであろう」と書いている[10]。

　3月15日に自叙伝『安應七歴史』を書きあげてから『東洋平和論』執筆に着手したところだったが、安重根は3月26日に殉国した。未完の著作になってしまった『東洋平和論』では「およそ合すれば成功、散れば敗亡することは万古の道理」であると前提し、西洋帝国主義の侵略から東アジアを守ろうとすれば、韓・中・日の3国が力を合わせなければならないと力説した。

　『東洋平和論』は「序文」「前鑑」「現状」「伏線」「問答」に分かれており、そのうち安重根は序文と前鑑の一部を執筆したのみで[11]、日本帝国が死刑執行を急いだために残りは完成しえずに殉国したのであった。

　序文で安重根は、「合成散敗　萬古定理」、すなわち「合すれば成功し散れば敗亡することは萬古の決まった道理」であると説明し、弱肉強食と適者生存の論理のなかで、西欧列強が弱小国を食い物にしている当代の状況を批判し、また同じ人種同士なのに戦争という暴力によって覇権を掌握しようとしている日本の侵略政策を痛烈に批判した。

　「前鑑」は5つの項目に分かれている。第1に、日清戦争の性格を糾明し、第2に、帝政ロシアの極東政策と日本の過失問題を扱い、第3に、日露戦争の原因と当時の西欧列強の態度と韓国の立場を説明し、第4に、日露戦争講和条約を米国の領土であるポーツマスで締結した理由を指摘し、そして最後に日本帝国の大陸侵略に対する警鐘を鳴らしている。

　序文と前鑑の説明だけでは、『東洋平和論』の全体の内容を理解することは困難だが、1910年2月17日に安重根が関東都督府、平石高等法院長官と面談したさいの「聴取書」の内容[12]などを総合して、その大筋を再構成することができる。

　東洋の中心地である旅順を永世中立地帯と定めて、韓・中・日3国による常設委員会を設けて紛争を未然に防ぎ、韓・中・日3国が一定の出資で共同銀行をつくり、共同貨幣を発行して支援を必要とする国を援け、3国の若者で共同軍を編成し、互いの国の言語を教え合い、韓国と清国は、西洋国家の文物をいち早く取り入れた日本の指導のもとで商工業の発展を目指し、ロー

マ教皇庁もここに代表を派遣して国際承認と影響力を持つようにする、など
であった。

　人類の普遍的価値と幸福を追求しようとした安重根の『東洋平和論』は、
ヨーロッパ地域のEUと環太平洋地域のAPEC、そして今日活発に議論されて
いる、「東アジア共同体」にも多くの示唆を与える。1959年のフランス外務長
官ローベル・シューマンの「欧州合衆国」構想は、欧州石炭鉄鋼共同体（ESCS）
から欧州経済共同体（ES）を経て欧州連合（EU）という実を結んだ。

　安重根の構想にあった「東アジア共同体論」が100年過ぎた今も実を結ん
でおらず、韓・中・日の共同歴史教科書編纂、韓・中・日FTA締結などがヨ
チヨチ歩きしている状態を考えると、安重根の歴史を見る視野の広さと時代
を先取りする予見力に感嘆せざるを得ない。

　安重根が100年前に作った『東洋平和論』の精神と提案を基に、東アジア
に繁栄と平和の共同体を建設できるかという疑問は、韓・中・日の3国が過
去100年の痛切な歴史を通して得た教訓と、その教訓の実践にかかっている
[13]。

　日本学会ではドイツの批判哲学者カント（1724～1804）と安重根の思想を
比較する研究が進んでいる。安重根を、伊藤博文を暗殺した行動家として理
解することから一歩進んで、東洋平和論を唱えた普遍的思想家として位置づ
けしようとしている。

　法政大学教授である牧野英二氏は、安重根の『東洋平和論』とカントの
「永久平和論」の類似性に注目し、憲法学者の笹川紀勝（明治大学教授）氏は、
日本人が安重根を理解する経路としてカントに注目している。笹川教授は法
学的観点でカントの「永久平和論」の核心要素である「共和制」、「平和」、
「暴君・僭主」を安重根の思想と比較し、分析した。カントは戦争を防ぐため
国家間の条約で「平和連盟」を創設しようと提案したが、安重根も「すべて
の国家が自主独立を実現することこそが平和」（審問調査）だと主張して戦争
防止を訴えていると笹川教授は評価した。特に、安重根が軍事的・財政的権
力を持つ「平和会」を組織し旅順を拠点にしようとしたことは、カントの平

和連盟よりも先進的な構成であり、現在の EU に近いということである。

　笹川紀勝教授によると、カントは「暴君」を覆す「革命・抵抗」に至らない範囲内での漸進的改革を主張した。安重根も朝鮮政府の腐敗と堕落を批判しながら改革を追求した点においてカントの改革論と重なる。興味深いことは、安重根は「君主」でなく「政府」を暴君と見なした点である。高宗や純宗ではなく、腐敗した官吏がターゲットであった。伊藤博文の暗殺は外敵との戦争であり、「僭主」に対する抵抗であるとして、正当化できるということである[14]。

　日本カント協会会長の牧野英二教授は、安重根とカントの平和論の類似性を主張した。2人はともに真の平和の実現は武力に頼っては不可能であり、平和の実現のためには国家が道徳的な人間を育成しなければならないと考えていたということである[15]。

　カントの永久平和論は、清国の知識人である梁啓超の「飲氷室文集」を通して韓国内に紹介されており、安重根がヴィレム・ジョセフ神父に詳細な内容を聞いた蓋然性が大きい。

6. 日本人の心の中に生きている安重根

　日本での安重根に対する認識は「尊敬される政治家に対してテロ行為をした暗殺者」という程度の否定的なものが多い。中高教科書で登場する安重根は「暗殺者」もしくは「射殺者」といった否定的な人物として描かれている。

　安重根のような韓国の独立闘士が日本の教科書に登場するのは非常に異例なことである。これは安重根によって命を落とした伊藤博文が日本人にとっては「偉大な人物」だからである。伊藤博文は下級武士から総理大臣にまで昇りつめた成功神話の主人公であるうえ、大日本帝国憲法をつくり、明治維新をけん引した「近代化の父」として日本人の尊敬を集めている。もちろん安重根に対する描写は一貫して「伊藤博文の暗殺者」という否定的なものである。

Ⅲ．知識人からみた「東アジア共同体」

　「教育出版」の中学校教科書では、「韓国の安重根が初代統監であった伊藤博文を射殺した」とあり、「日本文教出版」の中学歴史教科書では「安重根は伊藤博文を射殺したために日本では暗殺者と言われている」とされている。

　面白いことに、否定的な単語も用いられてはいるが、安重根の義挙が日本の植民地支配に対する韓国人の抵抗を叙述する部分と一緒に言及されていることである。日韓併合の不当性を証明する証拠になるということである。

　「日本書籍」が編纂した教科書の場合、「日韓併合」に対する説明は10行と短いが、その半分は安重根の話に割かれ、それと一緒に「日本の侵略に対し朝鮮の民衆は武器を持ち各地で義兵運動を起こし抵抗した」[16]と記されている。

　しかし彼と接した日本人は、彼にたいして尊敬の感情を惜しまなかった。彼を、江戸幕府末期に西洋に立ち向かった「攘夷志士」のように見ていた。安重根は挙事の後、伊藤博文の罪状を一つ一つ挙げて、監獄関係者の日本人たちを論理的に説得し、死を前にしてもなお毅然とした姿を見せ、周りの人々に大きな感動を与えた。

　彼は、「私が監獄に入ってから、特に親睦を深めた人が2人いるが、1人は部長の青木さんで、もう1人は看守の田中さんであった。青木さんは情が深く寛大で公平であり、田中さんは韓国語に精通していた。2人は私の面倒をよく見てくれたので、本当の兄弟のように好きでした」[17]と記している。

　安重根の弾丸をうけた南満州鉄道の幹部、田中青次郎は、のちに「安重根は私が出会った人間の中で最も偉大な人だ」という言葉を残した[18]。

　旅順監獄所長であった栗原貞吉は、平石高等法院長と眞鍋裁判長などに善処を嘆願したが拒否された。栗原所長は安重根の死後、辞職して故郷の広島に帰り医学関連の仕事に従事し、1941年に死亡するまで公職につくことはなかった[19]。

　朴殷植（独立運動家・歴史学者：訳注）は「彼が書いたものを欲しがる日本人が後を絶たず、数百の掛け軸を書くことになった」、「各国の人々が争って安重根の肖像写真を買ったので写真家は財を成した」[20]と記している。

232

この状況について安重根は、「法院と監獄の官吏たちは、私の直筆を記念にとっておきたいと言って、絹と紙を何百枚も買いこみ、書いてくれと頼んだのであった。こうなったら仕方ないと、さほど書が得意ではない私は、笑いものになることもいとわず、毎日、何時間も字を書いた」[21]と書き記した。

　旅順監獄の担当看守で、憲兵隊員であった千葉十七は、安重根に「爲国献身軍人本分」という揮毫をもらい、非常に感激した。1910年3月26日朝、旅順監獄にはしとしと雨が降っていた。安重根はいつものように身だしなみを整えたあと、母が送ってくれた純白の韓服に着替えて祈祷を捧げた。死刑執行の時間が近づくと、安重根は千葉十七に向かって「先日頼まれたものを書いてさしあげましょう」といった。千葉は真心をこめて絹と筆を準備した。安重根は姿勢を正し「爲国献身軍人本分」と書き、切断された左手薬指の手形を残し千葉に渡した。

　日本に帰国してから、彼は宮城県の大林寺に安重根の位牌を祀り、1934年に死亡するまで安重根の冥福を祈った。今も大林寺の前には安重根の揮毫を刻んだ追慕碑が建ち、毎年追悼式が開かれている。

　下級検察官であった安岡静四朗も「国家安危労心焦思」という揮毫をもらったが、後日、息子の嫁に「安重根は深い教養の所有者だった」という言葉を残し、嫁は「初代総理大臣を殺した暗殺者をそのように評価してもいいのか」と驚いたそうである[22]。

　安重根が旅順の監獄にいた当時、そこに派遣されていた浄心寺住職の津田海純は安重根の東洋平和思想に感動して、遺墨を大切にした[23]。

7. 中国人の心の中に生きる安重根

　安重根の義挙の知らせを聞いた中国人たちは、「我々の仇をかわりに討ってくれた」と言って喜んだ。上海の『民吁日報』は「韓国の仇はわれわれの仇だ。韓国の大人物が、日本が（満州にまで）伸ばした足をへし折ったのだ。韓国人は自分の仇を討ったのみと言っているが、これは我々の仇を討ったこ

III. 知識人からみた「東アジア共同体」

とでもあるのだ」[24]と、興奮を隠せなかった。

　安重根が処刑されたあと、中国の識者層は安重根の写真を集め、それを仰いで冥福を祈った。その後、韓国人といえば文句なく親近感をもち、とくに亡命者には物心両面で格別に助けてくれた。

　1919年、禹昇圭（独立運動家・言論人：訳注）が北京から上海へ行く途中のことだ。南京へ着いたとき、中国の貨幣がなくなり、旅館代を日本円で支払おうとして、店主と揉めていた。そのとき、ある中国人青年がその経緯を聞いて代わりに旅館代を支払ってくれた。別れるとき彼は、「安重根先生は偉大な方なので、どうか安重根を手本とし、あなたも偉大な抗日闘士になってください。」と言った。

　崔用徳将軍（中国陸軍・空軍軍官学校、韓国光復軍の出身：訳注）は、その年（1919年）上海で（臨時政府）各道の代議員大会が開かれたとき、北京から上海までの交通費がなかった。それで北京駅長のところに行って事情を話すと、すぐに無料乗車券とともに列車内で食べるための食費1元までくれたという。これもまた、安重根が遺してくれた徳のおかげであろう。[25]

韓国独立運動家のこのような回想は、中国人たちの安重根に対する評価と尊敬をよく示している。
　清末の最高権力者であった袁世凱は、「生涯の大事をいまや終えた／死地に生を望むのは丈夫のすることではない／身は韓国にあって、名を万国にとどろかした／百年を生きることなく、死して千秋を生きる」[26]と記した。
　清末期の碩学、章太炎は「安重根は朝鮮の安重根、アジアの安重根でなく、世界の安重根」[27]だと言った。章炳麟（清末民国初期の学者・革命家：訳注）は「アジア最高の義侠」だと称賛した。

第9章　安重根と東洋平和論

　中国の近代政治家である梁啓超は「霊柩馬車が前を行く。…遠く空を見上げると喪服を身にまとったような黒雲が大地を覆う」という安重根の哀悼詩を書き、「私がこの世を去ったときには、私の墓が安重根の墓と並べるように」[28]と最大の尊敬を表した。
　新文化革命の先駆者である陳独秀は「私は青年たちがトルストイとタゴールになるより、コロンブスと安重根になってほしい」[29]と言った。代表的な作家魯迅はホノルルで発行された『自由申報』に寄稿した文章で「4億の中国人は恥じて死ぬべきだ」[30]と書いた。
　1915年ころに刊行されたと推定される葉天倪（民国期の学者：訳注）の『安重根伝』では、次のように記述されている。

　　安重根を単に烈士といい、勇夫といい、侠客といい、血気男子といい、愛国志士とのみいえば、むしろ見下すことになる。その一つの体にいかに多くの名をつけようと、事実に比して不足である。…私は『安重根は世界の偉人だ』と考える。……安重根が成し遂げたことは、まさに一国の枠を超え、人類の枠を超え、世界に通用したことなので、世界の偉人というわけだ。……今日は20世紀の世界だ。政治戦争の時代は終わるだろうし、人道戦争の時代がまさに始まろうとしているが、この時代を開けた人は安重根である。……安重根の一撃は韓国のために行ったものではあるが、単に、それだけではなく、実にアジア平和のためであり、また、世界平和のための策でもあった。そういうことで、私は安重根を世界の偉人と言ったのである。[31]

　すべての中国国民から「国父」として仰がれる孫文は「功は三韓を覆い、名は万国に轟いた。100歳までは生きられなかったが、死んで千年を生きることとなった。弱国が罪人であり、強国が宰相であるが、その立場を変え、伊藤も罪人となった」[32]と記した。
　中国国民政府の最高指導者である蒋介石は安重根について「壮烈な志は千

年まで輝く」33)と書いた。彼の息子である蒋経国（台湾政府総統）は「青い光を放つ濃い血（忠誠心）と朱い心（碧血丹心）」34)と書いた。

　1910年末、劇団である進化団は南京・上海・武漢・長沙などの地を巡回しながら演劇「安重根、伊藤を狙撃する」を公演した。孫文は進化団の活動に賞辞を贈り「これも学校である（是亦学校也）」という題詞を書いた35)。1928年には上海で安重根の挙事を扱った映画がつくられ、1992年にも中国人が書いたオペラ「安重根」が公演された36)。

8．意味と価値

　1909年10月26日の狙撃は単なる暗殺ではなく、侵略に対する平和のメッセージであった。安重根の義挙は韓国人の抗日運動にとどまらず、北東アジアの平和定着のための大宣言であった。

　彼は、世界が西欧列強とこれを模倣する日本によって弱肉強食の世界となることに対して、強烈な批判意識を持っていた。これを克服するためには「道徳主義の伝統を有している東洋の国々が自ら体制をつくらねばならぬ」と主張した。それゆえ、これまで侵略政策を行ってきた伊藤は必ず処罰しなければならなかった。彼は伊藤が天皇をだましており、天皇と日本政府が現実をしっかり理解すれば日本の態度も変わると期待していた。

　安重根をテロリストとする認識は、韓国近代史のそのものを毀損する危険な発想である。1人の義挙ではない「大韓義軍参謀中将」という義兵部隊の指揮官として、独立戦争の一環として決行したのである。また、オサマビンラディンのテロを安重根の義挙と結びつけようとする者もいる。安重根は義兵長を標榜し、敵の首脳部を対象にしたが、一般市民を傷つけたりはしなかった。

　安重根はまた、文明開化を通して実力を磨くことが、韓国独立の前提条件だと考えた「文明開化論者」であり、日本の保護政策が韓国の文明開化でない国権侵奪に過ぎないと考え、武装闘争の先頭に立った「行動家」であった。

安重根は、韓国を占領することに主導的な役割を果たした伊藤博文を除去することが東洋平和に寄与することだと考えた。韓国がたんに歴史の被害者として日本に抵抗することを超えて、安重根は、東アジアの未来をどう作るのかを国際社会に提示しようとした。その手段が「義挙」として現れたのである。

　彼の東洋平和論は現代の東アジア共同体にもあてはまる側面が多い。彼は民族を単位として語る韓国近代史の始まりを見せてくれる代表的な偉人であると同時に、民族を超えて東アジア共同体を構成した先駆者として位置づけられる。

おわりに

　1909年10月26日午前9時半、日本帝国主義の基礎を築いたと評価される伊藤博文を乗せた列車が、ハルビン駅に到着した。伊藤は、ロシア財務長官のココフチョフの案内でロシア軍儀仗隊を閲兵していたところを安重根の拳銃射撃に倒れた。

　映画のワンシーンを連想させるが、安重根の銃口は伊藤博文と彼と同行していた日本人に向けられたのであり、一緒にいた、ロシア財務長官や各国の外交使節たちには一切被害を与えなかった。韓国と中国を侵略して東洋平和を壊した日本帝国主義者以外には、安重根は敵意を抱いたことはなかった。

　安重根は伊藤博文をはじめとする少数の日本帝国主義者たちが日本国天皇と日本国民を騙し、さらに日中韓3カ国の平和と共同繁栄を破壊しているので、東洋平和を守るために彼らを除去したのだと、伊藤博文を狙撃した理由を明確に述べた。

　裁判過程においても、自分は「韓国義兵部隊指揮官」の肩書で、日本帝国主義を相手に戦う韓国独立戦争の一環を担ったのであるから、自分は戦争捕虜として扱われるべきだと要求した。

　彼は『東洋平和論』において、旅順を永久中立地帯に定めて、韓・中・日

の3国が参加する常設委員会を設け、3国間の紛争を未然に防ぐこと、韓・中・日の3国が共同で資金を出資して共同銀行を設立し、共通貨幣を発行して貧しい国を援助すること、3国の若者で共同軍を編成すること、3国の若者たちに互いの言語を教え合うこと、韓国と中国は西洋文物を先に受け入れた日本の指導の下で商工業の発展を促すこと、ローマ教皇庁も旅順に代表を派遣して国際的承認と影響力を持たせること、などを主張した。

1959年フランス外務長官であるローベル・シューマンの「欧州合衆国」構成は欧州石炭鉄鋼共同体（ESCS）から欧州経済共同体（ES）を経て欧州連合（EU）という実を結んだ事実や、環太平洋国家の連合体であるAPEC結成の事実は、安重根が提案した『東洋平和論』の当為性と必然性を体現化しているだけでなく、現在の韓・中・日3国間のあいだで論議されている「東アジア共同体論」にも多くの示唆を与える。

安重根が「東洋平和」という表現を使った背景とその意味を、我々はもう一度考えてみる必要がある。日中韓の国民の思考と希望をすべて満足させる平和の実現が可能なのかどうかを考えるとき、彼が「東洋平和」という価値を提示したことには、3国の国民の個別的な理解と判断をのりこえて、3国の期待と要求を1つに融合させる価値としての「東洋平和」を作り上げようという意味が含まれていたと言えるだろう。

現在、日中韓の政府のあいだには政治的な葛藤がある。だが今の東アジアは、文化的および経済的な側面と市民社会の次元における、共生・共存・共栄を追求する段階に入っている。100年前に安重根が提示した『東洋平和論』が、これから新しい東アジアの諸民族の繁栄と発展の滋養分となることを望んでやまない。

注
1)「安應七歷史」、愼鏞廈編『安重根遺稿集』力民社、1995年、39-40頁。
2) 同上。

3) ウラジオストクでの活動に対して彼は、「国のためにはどんなことでもしなければならない。若者は戦争に赴き、老人は職業に従事し軍糧でも他の物でもどんな補助でもしなければならない。子どもたちには適切な教育を施し第二国民が道理の素質をつくらなければならない。」と熱烈に遊説していた。(第1回公判：裁判長審理/1910.2.7 午前 10 時、旅順日本関東都督府の第 1 号法廷、裁判長：眞鍋十蔵、通訳：園木末喜)

4) 愼鏞廈の前掲書、70 頁。

5) 『毎潮新聞』、1909 年 3 月 21 日。

6) 「第 1 回公判」、裁判長審理、1910.2.7 午前 10 時、旅順日本関東都督府の第 1 号法廷、裁判長：眞鍋十蔵、通訳：園木末喜。

7) 「健気の母」、『満州日日新聞』1910 年 2 月 13 日。

8) 「安重根の最後、兇害後の 145 日」、『満州日日新聞』1910 年 3 月 27 日。

9) 「通訳の園木末喜の記録」(園木末喜「(施政 30 年記念読物) 生きた半島裏面史」36、『大阪毎日新聞』朝鮮版、1940 年 9 月 17 日)。

10) 「典獄栗原貞吉の書翰」(安重根義士記念館 所蔵)。

11) 愼鏞廈、前掲書、169-180 頁。

12) 「安重根聴取書」、国家報勳處編『亜州第一義俠安重根』3、1995 年、633 頁。

13) 「社説：安重根義士義挙 100 周年と東洋平和論」、『朝鮮日報』2009 年 10 月 25 日。

14) 笹川紀勝「安重根の裁判：安とカントの思想比較研究」、旅順殉国先烈記念財団編『安重根裁判に対する再照明』(安重根義士殉国 100 周年記念国際学術会議発表論)、ソウル：白丹記念館、2010 年、73-102 頁。

15) 牧野英二「東洋平和と永久平和：安重根とイマヌエル・カントの理想」、『法政大学文学部紀要』60、2009 年、37-52 頁。

16) 日本教科書の安重根関連叙述内容については、辛珠柏「韓日歴史教科書は安重根をどう記述してきたか (1945 ～ 2007)：伊藤博文と韓国併合との関係を中心に」、安重根義士記念事業会編『安重根研究の基礎』、景仁文化社、2009 年。前田幸子「伊藤博文暗殺事件をめぐって：教科書の記述と新聞報道」、『海峡』11、1982 年。泉原敦史「歴史教科書にあらわれる韓日併合と安重根の伊藤博文処断の記述に対して」、『21 世紀と東洋平和論』、國家報勳處、1996 年など参照。

17) 愼鏞廈、前掲書、99 頁。

18) 「安重根義挙 100 年…日再評価の動き」、『連合ニュース』2010 年 1 月 8 日。安藤豊祿「昔の日本人は韓国に何をしたか」、『實業の世界 臨時増刊 '韓国特輯'』、東京：実業之世界社、1974 年、159-160 頁。『わが心の故郷 韓国』、原書房、1984 年、17 頁。

Ⅲ．知識人からみた「東アジア共同体」

19)「李德日舎廊：安重根を尊敬した日本人たち」、『朝鮮日報』2008年3月10日。
20) 朴殷植「三韓義軍参謀中将安重根博」(『民国彙報』第1巻第1記、1913年1月20日)。
21) 愼鏞廈、前掲書、98-99頁。
22)「李德日舎廊：安重根を尊敬した日本人たち」、『朝鮮日報』2008年3月10日。
23)「安重根義挙100年、日再評価の動き」、『聯合ニュース』2010年1月8日。上記の日本人の認識と評価に対しては、崔書勉「日本人が見た安重根義士」、『韓』9-45、東京：国際韓国研究院、1980年参照。
24)「論伊藤監国暗殺案」(二)、『民吁日報』1910年10月29日。
25) 禹昇圭『私の漫筆：新聞生活　半世紀の一片』、探求堂、1978年、54頁。
26) 安重根義士崇慕會編『安重根義士自叙伝』、1979年、545頁再引用。
27) 章太炎「安君頌」、『章太炎全集』4、上海人民出版社、1985年、234-235頁。
28) 梁啓超「秋風斷藤曲」、『梁啓超全集』9、北京出版社、1999年、5442-5443頁。
29) 陳獨秀「敬告青年」、『青年雑誌』1巻1号、1915年9月1日。
30)「漢字新聞'自由申報'社説要領」、國家報勳處編『亜州第一義侠安重根』3、1995年、157-158頁。
31) 葉天倪『安重根傳』、尹炳奭の訳注『1世紀ぶりに見る貴重な安重根伝記』、国学資料院、2010年、21頁。55-60頁。
32) 尹炳奭譯編『安重根傳記全集』、國家報勳處、1999年、395頁。
33) 金宇鍾・崔書勉主編『安重根』、遼寧民族出版社1994年、5頁。
34) 上記の中国著名人の所懷と評価が記された書は中国ハルビン駅内にある安重根義士記念館に展示されている。
35) 劉秉虎『東北亞平和與安重根』、沈陽：萬巻出版公司、2006年、80頁。
36) その他の中国人の安重根に対する認識と評価に対しては、金宇鐘「在中国的安重根研究和記念活動」、『中韓抗日愛国運動研究論文集』1、北京大学東北研究所、1999年。徐勇「論安重根抗日活動的意義及其在中国的影響」、『中韓抗日愛国運動研究論文集』1、北京大学東北研究所、1999年など参照。

第 10 章
李光洙の日本語小説「大東亜」
―アジアの共同体のために―

波田野節子

はじめに

　韓国の近代作家、李光洙(イグァンス)（1892～1950？）が書いた「大東亜」という日本語小説がある。タイトルからも推測されるように「大東亜共栄圏」の理念を小説化したもので、1943年に朝鮮半島の日本語雑誌『緑旗』に発表された。「大東亜」とは「日・満・支」、すなわち、植民地である朝鮮と台湾を含む日本・「満洲」・中国を核にして、現在のベトナム、ラオス、カンボジア、ビルマ、タイ、マレーシア、フィリピン、インドネシアから、場合によってはインド、オーストラリア、ニュージーランドまで含まれている[1]。これらの地域の民族を欧米列強の抑圧と支配から解放して共存共栄をめざすというのが「大東亜共栄圏」構想だった。

　「大東亜」という語は、地理的な意味をこえて聖戦イデオロギーを内包しているために、戦後、GHQは「大東亜戦争」という呼称を禁じて「太平洋戦争」と呼ばせた。だが、これでは対米戦争の局面のみ強調されるとして「アジア・太平洋戦争」という呼び方が提唱され、現在はこの2つが一般的になっている。呼称によるイデオロギー露出を避けたい場合は「先の戦争」とか「今次の大戦」などとも呼ぶ[2]。「大東亜」という呼称が使われなくなるとともに「大東亜共栄圏」の記憶は日本人の脳裏から薄れつつあるが、旧「大東亜」地域の人々はそうではなく、この「記憶差」「忘却差」が日本といくつかの国とのあいだに軋轢をもたらす原因になっている。

Ⅲ．知識人からみた「東アジア共同体」

　旧「大東亜」地域では、戦後いくつもの連携がおこなわれ、現在も「東アジア共同体」や「アジア共同体」などの模索がつづいている。だが日本人がこうした共同体について語るときには、私たちの前世代が周辺の国々をまきこんだ「大東亜共栄圏」構想のことを知っておくべきだろう。「大東亜共栄圏」の時代に日本語で書かれた李光洙の短編「大東亜」は、そのための良いテキストとなってくれる。本章では、この小説を読みながら「大東亜共栄圏」について考えてみたい。そして最後に、この作品を書いた李光洙という作家の生涯を簡単に紹介する。

1．小説「大東亜」を読む

　この小説を読むと、筆者はいつも不思議な感覚にとらわれる。日本語で書かれ、舞台は日本、登場人物も日本人だというのに、そこに描かれている世界のなじみなさに当惑し、居心地悪く感じてしまうのだ。大学の授業でこの小説を読んで学生に感想を求めたところ、「気持わるい」とか「不気味だ」などという意見が出た。おそらく彼らは私と同じ感覚をこの言葉で表現したかったのだろう。

　この小説は、姉さんかぶりをした和服の若い女性がかいがいしく父親の書斎を掃除している場面から始まる。晩秋の東京の空は晴れわたり、風は菊の香りを載せている。彼女が5年前に帰国していった中国人の恋人のことを考えていると、階下から「電報ですよ」と呼ぶ母親の声がする。それは、恋人が長崎に着いて打った「明日午後着く」という電報だった。

　小説のなかで流れる時間は1時間にもみたない。だが書斎を掃除している主人公の脳裏には、この数年間のさまざまな出来事が走馬灯のように浮かぶ。今日は1943年の「菊薫る明治節」すなわち11月3日で[3]、この2日後には大東亜共栄圏の国々の代表者による「大東亜会議」が開かれることになっている。小説では会議のことは触れられていない。しかし読者たちは、長崎に着いた中国人と大東亜会議とのかかわりを直感したはずである。「大東亜」が

第10章　李光洙の日本語小説「大東亜圏」

発表されたのが、その年12月1日発行の『緑旗』12月号というタイミングだったからだ[4]。

　その時代の人々には常識であり、現代の私たちには共有されていない情報が、この小説には詰まっている。では、筆者がこの小説にいだく違和感はそこから来ているのだろうか。当時の人たちの常識からはじき出されていることが、居心地の悪さを感じさせるのだろうか。確かにそれもある。だが、それよりはむしろ、この小説の登場人物たちがどこか異常に見えることが、筆者の心を不安にさせるのである。登場人物たちは恐ろしいほど真面目に行動しているが、まさにその真面目さのために、まるで凹凸のある鏡面に映った像のようにいびつな印象を与えるのだ。

　李光洙は自分の小説を「時代の絵画」と呼んだ作家である[5]。その彼が1943年の日本を描いた「大東亜」が現代の私たちに感じさせる歪みは、いったいどこから来ているのだろう。描かれた世界にあるのだろうか、描いた作家の視線にあるのだろうか。それとも、その世界と現代の私たちとのあいだに、歪みを生じさせるものがあるのだろうか。そうしたことを考えながら、以下ではまず、当時の読者には常識であった歴史的な事項を補てんしながら、小説を読んでみよう。

1）日中戦争

　筧(かけい)朱美(あけみ)は日中戦争が始まるまで上海で暮らしていた。いまは早稲田大学で東洋史を講じている父の筧(かけい)和夫(かずお)が、そのころ上海の東亜同文書院の教授だったからだ。東亜同文書院とは、1901年に近衛篤麿を会長とする東亜同文会によって設立された日本人教育機関である[6]。校舎は上海の東側に位置する虹橋にあり、朱美も日本人が多く住むこの町に住んでいた。筧和夫には『周礼と支那の国民性』という著書があって、セントジョーンズ大学（実在したアメリカ系私立大学）の中国人教授、范鶴鳴(はんかくめい)はこの本に共鳴して筧の門を叩き、日本の歴史と文学、国家的理想と東亜に対する国策を知ろうと努めた。2人の学者の交遊は家族にまでおよび、朱美は鶴鳴の息子の范于生(はんうせい)を知る。

243

Ⅲ. 知識人からみた「東アジア共同体」

　それまで「支那は汚いところ、支那人は汚い人種」とばかり思っていた朱美は、静安寺路にある范家の家庭を訪れて中国の伝統の深さに感銘をうけ、中国人の娘たちとともに学びたいと願って、于生の姉が通うセントマリーズカレッジ（これも実在した）に入学する。日中関係が険悪な時期だったので生徒たちは彼女に気を許そうとせず、スパイが目的だとさえ言われたが、多くの中国人に日本を知ってもらいたいと願う朱美は、上海の西の端にある学校まで休まずに通った。「真の日本を理解する一人の支那人を造ることは、一城を占領すること以上の勝利である」という父親の口癖を、彼女は実行していたのである。

　　「しかし、わたしは腹を立ててはならない。匙を投げてもならない。私が、真心をこめて、彼女たちに向ける一言一行は、必ずや、種子となって、彼女たちの心の土に落ちるであろう。それが、いつかは、芽を吹くに違いない」。わずか十八歳の朱美は、雄々しくも、こういう風に考えていた[7]。

　1937年7月に盧溝橋事件が起き、戦火はまもなく上海におよんだ[8]。学校は閉鎖され、筧一家は東京に引揚げることになる[9]。出発の前夜、范教授は息子の于生を連れて筧のもとを訪れた。中国国民としてお詫びするという范に筧はこう語る。

　　「私は、アジヤは一つなりを固く信じます。あなたも偉大な孫中山先生と同様、この点で、私に共鳴されている。私たちは、このアジヤの心、アジヤの魂を窒息させないよう、最善の努力をしましょう。私は、日本人の中に、あなたは中華人の中に、この心をしっかり植えつけましょう」[10]

　この言葉は岡倉天心と孫文を下敷きにしている[11]。彼らは手を握って別れを惜しみ、范は、息子に日本を学ばせてやってくれと言って筧に託す。こうして于生は東京に来ることになったのである。

第 10 章　李光洙の日本語小説「大東亜圏」

　于生は筧家に寄宿して、東京帝国大学で国文学と国史の講義を聴講することになった。最初のうちは楽しそうだった于生の表情は、しかし戦況の推移とともに暗くなっていく。国民政府の首都南京が陥落して日本で戦勝祝賀会が行われた 12 月 13 日には、于生は具合が悪いと言って部屋にひっこみ、夕食も食べず、廊下で家族に会っても口もきかなかった。蒋介石は南京から脱出し、首都を移して抗戦をつづけている。

　　蕪湖や、九江がつづいて陥落し、廬山の激戦が伝えられ、秋も深い十月二十九日には、漢口も陥落して、蒋介石政権は重慶の山奥へ逃げこんでしまった。日本に於いても蒋介石に対する敵愾心がますます深酷になり、東京に残っていた支那人学生たちは、隊をなして帰国して行くというありさまである[12]。

　蕪湖、九江、廬山で日本に連敗した蒋介石は、漢口（武漢。なお武漢の陥落は 10 月 26 日）が陥落すると内陸部の重慶に首都を移し、徹底的に抗戦する意志を示した。短期で終わるという日本の予想に反して戦争は泥沼化し、中国に対する日本人の敵愾心は高まっていく。そんななかで、ますます憂鬱で神経質になっていく范于生のために、朱美は 1 人で胸を痛めた。朱美はかぞえで 19 歳、于生は 23 歳だった。

2) 筧博士と范于生の会話

　ある夜、お茶を飲みながら、「君、もっと寛がぬか」と話しかけた筧に、于生が「まだ日本の礼儀に慣れないもので」と答えたことから、2 人のあいだに長い会話がはじまる。会話は「礼」についてのやりとりから始まり、ついで当時の首相である近衛文麿のいわゆる近衛声明、そして「大東亜共栄圏」へと広がっていく。

　「礼儀の本」は何かと筧和夫に問われて、于生は、孟子のいう「辞譲之心」すなわち「相手を尊敬する心」であると答える。すると筧は、それなら相手

245

Ⅲ. 知識人からみた「東アジア共同体」

を尊敬し感謝しながらものを言い、行いをすれば「礼」にかなうのであるから、日本も中国もその心は1つだが、問題はその心に「誠」があるかどうかだとして、「どうだね、范君。今日の君の国の礼儀には、誠があるか、それとも偽りが多いか、素直に言って見たまえ」と尋ねる。この質問に范はうなだれる。彼は祖国に「偽り、利己主義、事大主義、権謀術数」が多いことを憎んでいたが、それを口に出すのは彼の愛国心が許さなかったのだ。

　ここで思い出されるのは、筧和夫の著書の『周礼と中国の国民性』というタイトルである。この本に共鳴した范于生の父の鶴鳴は「支那では死滅した礼が、日本では生きて栄えている」と雑誌に書いて排斥され、あやうく大学を辞めるところだったという。このことから推して、筧の著書は、中国人の「国民性」が悪いために、周の孔子の理想とした礼が中国では廃れて日本に残っているというような内容だったのだろう。これより20年前に李光洙は「民族改造論」という論説で、朝鮮が衰退したのは堕落した「民族性」のせいであるから、朝鮮が強くなるためにはまず民族性を改造する必要があると主張して、排斥を受けたことがある[13]。彼はこの自説を中国に対して応用したのである。

　うなだれた范于生を見て、筧は話題をかえる。アジアはその「同種性」と「兄弟性」に目覚め、英米に対して「運命共同体」であることを自覚すべきだというのだ。もちろん「兄」は日本である。筧は、「運命共同体」である中国の領土に日本が野心をもっていないことは近衛声明でも明らかだと言って、范に「君は、近衛声明を文字通り、信じてくれるだろうね」と念を押すように尋ねる。近衛文麿は1938年に3回の声明を出している。南京を制圧したあと「爾後、国民政府を対手とせず」として和平の道を閉ざした1月の第1次声明、重慶政府の和戦派に「東亜新秩序建設」を呼びかけた11月の第2次声明、そして、それに呼応して汪兆銘が重慶を脱出したあと「善隣友好・共同防共・経済提携」の3原則をうたって出した12月の第3次声明である[14]。

　筧の問いかけに対して于生は挑むように、「従来の列強の声明というものが、どんなに当てにならないものであるかを見せつけられた私たちとしては、

俄かに信頼できません」と答え、その彼を説得するために筧の熱弁がはじまる。

　そもそも列強と日本を同列におくことが間違いなのだと筧は言う。「天皇のしろしめす国」である日本が、国民に対しても外国に対しても嘘を言うことはありえない。「建国以来、万世一系の天皇によって治められている」日本は、かつて1度も国民に嘘をいったことがない。だから日本国民は国家の言葉を信じるし、近衛3原則も信じている。しかも声明が「御前会議」を通ったものであるからには、これはもう「絶対不可欠」なのである。こう言いきって自分を見つめる筧に対して、「范は、筧の理論の論理よりも、その表情の誠実に打たれ」て「ハイ」と答えざるをえなかった[15]。

　范の目から挑戦的な光が消えたのを見て、筧はふたたび話題を「礼」へと引きもどす。いまやアジア人は「礼」に帰らねばならない。アジアの人々は「礼」を尊び、「法の根本」を「礼」においたほどだったのに、英米の「巧智と利欲」が入りこんで中国の「礼」は地に落ちた。そして日本の道義性を理解できない中国は、英米の餌につられて「支那事変という大不幸」を引き起こしてしまったというのである。

　「仇敵に誘われて兄弟に手向かっているのだ。君たちは礼に帰らねばならない。礼の目を通じて日本を見直せというのだ。かくすることによってのみ、君の祖国もアジヤも救われるのだ」[16]

　「大東亜共栄圏というのは、これに他ならないんだ。即ち利欲世界を打破して礼の世界を立てようということなんだ」[17]

　後述するように「大東亜共栄圏」という用語が登場するのは1940年のことで、この会話が交わされている時点（1938年末か翌年初）ではまだ使われていない。しかし、「大東亜共栄圏」構想自体は第2次近衛声明の「東亜新秩序建設」の延長であるから特に問題は生じない。

筧の弁舌は異様な熱をおびてくる。英米の「利欲世界」に立ち向かってアジアに「礼の世界」を打ち立てようという「大東亜共栄圏」の理想のために、日本は英米との戦争も辞さないというのである。

> 「日本は真剣なんだぞ。血を以ってこの大業をやり通す覚悟なんだ。英米にして、相変らず、東洋制覇の非望を棄てざる限り、日本は、きっと、英米を破砕すべく起ち上がるぞ」
> 「日本が英米と戦うんですか」
> 范は信ぜられないような顔をしていた[18]。

中国とならともかく強大な英米を相手にして日本が戦うことなど、范には考えられなかったのだ。ところが筧は、日本は必ずや「義」のために立ち上がるだろうと予言する。范は、つきものが落ちたように「先生のお話で日本の姿がはっきりしたように思われます」と言い、この日の会話はこれで終わった。

3）朱美と于生の愛

祖国が自分を呼んでいると言って范が帰国を宣言したのは、それからまもなくのことだった。帰って日本と戦うつもりかと尋ねる筧に、范は、それはまだわからないが「日本という国が本当に先生がおっしゃるような国であることが解った瞬間、私は生命を投げ出して、先生のおっしゃったことを私の同胞に伝えます」と約束する。駅に見送りにきた朱美に范は愛を告白した。彼は求愛が受け入れられることを信じていた。

> 范は、日本人が真に、筧博士の説の如く、アジヤの諸民族を兄弟の如く思い、これを救うために戦うのならば、自分の愛の申込は、朱美に受け入れられるものと信じていたのである[19]。

第 10 章　李光洙の日本語小説「大東亜圏」

一方、告白された朱美の心は次のように描かれる。

　朱美にしても、范には好意がもてた。ただ好きな、若い男性というばかりでなしに、范は、何だか、支那の歴史や民族を代表した青年のようで、無限の興味を感ずるのであった。もし、自分が、范の妻になることによって、大東亜共栄圏の建設に少しでも、助けになるものだったら、自分の身も心も、范に捧げてもいいと思った[20]。

范は「この戦争に生き残ったら、必ず東京へ帰ります」と約束し、朱美は「ええ、信じます。きっときっとあなたのお帰りをお待ちしますわ」と誓う。こうして2人が別れたのが1939年[21]、それから多くのことが起きた。

　汪兆銘の南京政府が出来ても、范からは何もいって来ない。おそらく重慶にいるのだろうと、朱美は溜息をついた。大東亜戦が、始まり、馬来や、西南太平洋の大戦果が上り、今年に入っては、支那に於ける治外法権が撤廃され、上海は還付され、ビルマは独立し、つい数日前、十月十四日には、比島が独立した。日本は、筧博士が、范にいったとおりのことを、事実をもって証明したのであった[22]。

汪兆銘は1940年3月に南京に新政府を樹立し、中国には重慶の蒋介石政権、延安の共産党政権とともに3つの政権が鼎立することになった。范于生はどこにいるのだろう。連絡がないところを見ると、蒋介石のいる重慶に行って日本軍と戦っているのではないだろうか。そう思って朱美は溜息をついたのである。

ヨーロッパでは第2次世界大戦がはじまっていた。ドイツが電撃的な進撃でパリを陥落させると、日本は日独伊三国同盟を締結した。アメリカとの対立は先鋭化し、1941年12月8日、日本はついにハワイとマレーシアを奇襲する。西洋の列強に抑圧されている「大東亜」を解放する正義の戦争である

という意味をこめて、この戦いは「大東亜戦争」と命名された。そして1943年1月、日本は汪兆銘政権との日華共同宣言で中国の治外法権を撤廃して上海を還付し、8月にビルマ、10月にはフィリピンを独立させた。

　「日本はこれほどまでやるのに、支那の人たちに通じないかな」
　朱美は菊の薫を含んだ、風に吹かれながら、西北の空を眺めて、支那四億の民衆や、アジヤ諸民族を瞼に描いていた[23]。

　于生からの電報が届いたのはそのときである。朱美は無性にうれしかった。

　日本の誠実はついに、范于生という一人の青年の心を得たのだ。それは、やがて十億のアジヤの心を得る手引きとなることだろう[24]。

　高揚する心を抑え、朱美が書斎を片付けながら父の帰りを待つところで小説は終わる。

2. 小説「大東亜」を考える

　以上、長くなったが、当時の読者にとっては常識である歴史的な事項を補てんしながら「大東亜」を読んでみた。このなかで李光洙は、英米の「利欲」によって汚染されたアジアに「礼の世界」をうちたてることが日本の「大東亜共栄圏」構想であると書いている。それが当時、日本帝国が叫んでいた「大東亜戦争」の大義であった。この大義を具現するのが日本人女性朱美と中国人男性于生の愛である。「大東亜」は「大東亜共栄圏」構想をこの2人の若者の愛に形象化した恋愛小説なのである。

　本章では、李光洙が「大東亜」に描いた世界を、現代の私たちの視点によって見直してみたい。最初にまず、恋愛小説「大東亜」に恋愛がどのように描かれているかを見、つぎに、この時代に充満していた空気がいかなるもので

第 10 章　李光洙の日本語小説「大東亜圏」

あったかを見てから、最後に、日本が大義としてかかげた「アジアの解放」が現実にはどういうものだったのかを考えてみたい。

1）失敗した恋愛小説「大東亜」

　范于生と1つ屋根の下で暮らし、祖国のために悩む彼に同情しているうちに、朱美は范を愛するようになった。告白されたとき、「朱美にしても、范には好意がもてた」とあるのは、彼女が異性としての范に惹かれていたことを示している。ところが、彼の愛を受け入れる朱美の思いは、「大東亜共栄圏の建設に少しでも、助けになるものだったら、自分の身も心も、范に捧げてもいい」という大袈裟でそらぞらしい文句で表わされるし、范から電報を受け取ったときの歓喜は、「日本の誠実がついに一人の青年の心を得た」喜びとして表現される。朱美の愛は、「東亜共栄圏」構想への忠誠という回路を通してしか発露しないのである。

　一方、自分の愛が朱美に受け入れられると范が信じたのは、毎日顔を合わせながら2人の心に通うものがあったからだろう。ところが彼のその自信は、「日本人が真に、筧博士の説の如く、アジヤの諸民族を兄弟の如く思い、これを救うために戦うのならば、自分の愛の申込は、朱美に受け入れられる」という格式ばった表現になる。日本がアジア人の解放のために戦うことと、日本人である朱美が中国人である范を愛することは次元が違う問題で、これは恋愛と理念の混同、あるいはすり替えである。男女の愛をこのように不自然に表現していることが現代の読者に「歪み」を感じさせるのである。

　じつは李光洙は、この2、3年前にも理念的な恋愛小説を書いている。朝鮮総督の南次郎がうちあげた「内鮮一体」政策に呼応して日本語で書いた「心相触れてこそ」（1940）と朝鮮語で書いた「그들의 사랑（彼らの愛）」（1941）の2つである[25]。「内鮮一体」という言葉は、差別に苦しむ朝鮮人から「内鮮平等」として受けとられる曖昧さをもっていた。南総督は、朝鮮人から内発的な対日協力を引き出すことを期待してこの曖昧さをむしろ助長し、李光洙は「内鮮平等」への期待をこめて日朝の若者たちの「内鮮恋愛」を描いたの

だった。だが「内鮮一体」はまもなく「完全同化」へと変質し、李光洙の２つの長編小説も中断してしまった。

　朝鮮民衆の啓蒙のために書くことを信条とした李光洙は、一方で、恋愛作家と言われるほど恋愛小説を多く書いて大衆から愛された作家だった。その彼が「内鮮平等」というモチベーションをもって書いた２作品はそれなりの水準を保っていた。しかし「大東亜」は明らかに失敗作である。李光洙の恋愛小説ではつねに登場人物の心理葛藤が入念に描写され、そのリアリティが読者を惹きつけるのだが、「大東亜」にあるのは大上段に振りかざした大義名分だけである。なぜ李光洙はこんな無残な恋愛小説を書いたのだろうか。

　推測だが、李光洙はその前年に創設された「大東亜文学賞」を意識していたのではないか。「日本文壇の大御所」菊池寛とならんで「朝鮮文壇の大御所」と称された李光洙は、3年前に創設された「朝鮮芸術賞」の第１回受賞者であり、新設の賞でも朝鮮で最初の受賞者たるべき位置にあった。それで彼は大東亜会議の開催時期に合わせて、「大東亜共栄圏」の理念を形象化した威風堂々たる恋愛小説を書いたと思われるのだ。

　実にタイムリーであり、日本の主張する「大東亜の大義」を格調高く謳いあげた「大東亜」は、しかし大東亜文学賞を受賞しなかった。全員が作家である選考委員たちは、人間を描くという文学の最低基準を満たしていないこの作品を選ぶことはできなかったのだろう[26]。

　恋愛小説の大家である李光洙にこのような恋愛を描かせたのは、この時代の日本に充満していた「空気」だった。それが彼の作家としての精神を窒息させたのである。では、その空気とはどんなもので、作品にどんな形で現われているか、次にそれを見ることにする。

2) 時代の空気

　上海にいたころ朱美は、「真の日本を理解する一人の支那人を造ることは、一城を占領すること以上の勝利である」という父親の口癖を実行して、中国人の学校に通いながら、友人たちに日本を理解してもらおうと努力した。外

国に暮らしていれば愛国心が高まるのがふつうだし、自分の国を知ってもらいたい気持もわかるが、「理解」させることを「一城を占領すること以上の勝利」とする表現は穏やかでない。ここには当時の中国情勢が反映している。

　1932年に日本が建国した満洲を、当然のことながら国民政府は承認しなかった。それに対して関東軍は、満洲国に隣接する華北地方に親日本的な地域を作ることを画策し、日本と中国のあいだには緊張関係がつづいた。このなかで盧溝橋事件が起きるのである。このような緊迫した敵対状況において「日本を理解する一人の中国人」の意味するものは、「対日協力者」であり「漢奸」ということになる。朱美の善意にかかわらず、中国人クラスメートたちが朱美をスパイ扱いにしたのも当然だったのである。

　そもそも「日本を理解する中国人」をつくるのではなく、自分が「中国を理解する日本人」になろうという発想が朱美には欠けている。だが父の絶対的な影響のもとにあり、父の口癖をそのまま血肉としている朱美に、こうした視点を持てるはずがなかった。父の影響は朱美が范を愛する心にまで及び、彼女は范に対する気持ちが恋愛なのか、それとも「大東亜」理念の実行なのか、自分でもわからない状態である。この小説は朱美の混乱をそのまま映し出しているからこそ、現代の私たちに「歪み」を感じさせるのだ。

　朱美だけではない。日本が神国だと信じられ、「一億総神がかり状態の国」[27]だったこのころの日本には朱美と同じような少年少女があふれていた[28]。当時の少年たちが吸っていた空気は、たとえば70万部の発行部数を誇っていた雑誌『少年倶楽部』に充満している[29]。「大東亜」が発表されたと同じ時期に連載されていた人気小説「マライの虎」は[30]、マレーシアで盗賊の首領をしていた日本人青年が軍の特務機関員になってシンガポール陥落のために働くという話で、主人公は危機に陥るたびに、白人を憎んでいるマレー人、中国人、インド人ら現地の人々によって助けられる。その彼の夢は「大君の御盾」となって「靖国にまつられる」ことである[31]。

　同誌の「大東亜戦争」一周年企画「大東亜戦争を勝ち抜くお話会」では、4人の小学生が大本営陸軍報道部の少佐をかこんで話を聞くが、談話の最後

Ⅲ. 知識人からみた「東アジア共同体」

は次のようにしめくくられている。

　平櫛少佐：
　　日本がこの戦いで勝ち抜いてこそ、天皇陛下の大御心が世界中をおおい、ほんとうの世界平和が生まれるのです。このことをしっかりと胸の中にきざみつけておいて下さい。
　四君：
　　はい。私たちもその覚悟で、今から一生けんめいやります[32]。

　現代の私たちには異様にしか感じられないこの時代の空気を、「大東亜」のなかで象徴するのが、朱美の父の筧和夫である。彼が口にする「建国以来万世一系の天皇のしろしめす国」という絶対的な原理の前では、すべての論理が無化され、彼に見つめられた范は「筧の理論の論理よりも、その表情の誠実さに打たれ」て、「ハイ」とうなずくことしかできない。
　論理を持たない国粋主義者、筧　和夫（かけいかずお）には、じつはモデルがいる。筧　克彦（かけいかつひこ）という東京帝国大学法学部教授で、講義を始める前に柏（かしわ）手を打つとか、講義の途中で祝詞（のりと）をあげるなどの奇矯な行動で有名だった[33]。登場人物に実在の有名人と似た名前をつけることで、その特徴を登場人物にまとわせるという手法を用いて、李光洙は、東京帝大の名物教授である筧克彦のもつ神がかり的な国粋の雰囲気を筧和夫に与えたのである。
　筧克彦には「神ながらの道」という著書があり、皇族に進講もしている。彼は当時の人々を「神国日本に対する盲目的信仰」で染めあげる国粋主義イデオローグの役割を果たした人物だった[34]。だが人柄はおおらかで、「道を求め、道を楽しんだ人、名誉も利益も求めずに終始」した人という評もある[35]。ベルリン大学に6年間留学して法律と哲学と神学を学んだ彼は、ヨーロッパ文化の根底に哲学とキリスト教があることに気づき、日本文化のなかにそれと同じものを求めてついに古神道に行きついたという[36]。おそらく彼はヨーロッパとじかに対峙して自らの道を国粋に定めたことで、精神的な安定を得

たのだろう[37]。

　しかし、彼から影響をうけた人間はそうはいかなかった。その極端な例として蓑田胸喜（みのだむねき）という人物がいる。美濃部達吉の天皇機関説事件、京大の滝川幸辰（ゆきとき）と東大の河合栄治郎の追放事件、津田左右吉の古代史著作発禁事件などで火つけ役を果たしたこの人物は、胸喜をもじって「狂気」と呼ばれるほどファナティックな人間だった[38]。国家主義という時代の追い風に乗って悪魔的な情熱で帝大教授たちを筆誅していった彼を、竹内洋は次のように分析している。

　　急速な近代化にともなう欧化と国粋との葛藤による自家中毒は近代日本の宿病だったが、そうした病が蓑田の身体に乗り移ったのである。〈中略〉蓑田的なるものは近代化（する）日本のバックラッシュだったのである。蓑田胸喜が跳梁跋扈しなくとも、蓑田的なるものは、ほかの誰かの身体を乗りものにして表出、爆発したはずである[39]。

　江戸末期に西洋と遭遇して以来、列強の植民地にならないために必死になって行なってきた自らの近代（西洋）化の精神的なゆりもどしであり、自己の内部に棲みついた西洋的なものに対する嫌悪でもある「蓑田的なるもの」は、日本人の心の奥底に多かれ少なかれ潜んでいた。12月8日の大戦の詔勅を聞いたとき、多くの人が胸のつかえが取れたような高揚感を覚えたのは、その表われであろう[40]。そして驚いたことに、李光洙という朝鮮人作家の内部にも「蓑田的なるもの」は存在していたのである。

　明治末の日本で中学校を卒業した李光洙は、1913年に21歳で大陸を放浪し、上海で「西勢東漸」の実態を目の当たりにした。中国経済が西洋によって完全に支配され、安南人や印度人まで西洋人に使われているのを見たときの不快感を彼は紀行文に書きしるしている[41]。この不快感はその後も彼の内部に沈潜し、朝鮮の近代化を叫びながらも、時おり思い出したように「先祖伝来の不文律をまもる伝統の君子国」を「権利思想という毒液をもたらす西

洋」から守れという論調の文章を書いていた[42]。日本が英米を敵に回したとき、李光洙の内部にあった西洋への反発は呼応するように表面化した。1942年と1944年、2回の大東亜文学者大会に出席したときの彼の発言にそれははっきりと表われている[43]。

「大東亜」に描かれた筧和夫の神がかり的で不気味な姿は、李光洙のこの側面を映しだしている。時代に呼応して噴出した自己の「蓑田的なるもの」まで注入して、李光洙はこの小説を「時代の絵画」とすることに成功した。ここには当時の日本の姿が極大化され、ほとんど戯画化されかねない状態で描きだされている。植民地の作家である李光洙だからこそ、それができたのである。「嘘をつかない」を座右の銘とし、対日協力行為にさえ真摯な態度を失わなかった作家李光洙は、帝国が自分たちに押しつける「大東亜共栄圏の大義」を、帝国の言葉そのままに受け入れて忠実に作品化した。するとそれは、若い男女のあいだの恋愛さえまともに発露しえないほど人間性が失われ、論理が不在で、ただ筧和夫の異様な目の輝きだけが空間を支配する歪んだ世界となって現れたのである。

日本人なら誰も否定することができない「大義」で武装され、それでいて明らかにどこかが歪んでいる自分たちの姿をつきつけられたとき、「大東亜文学賞」の選考委員はさぞ当惑したことだろう。この作品が候補作にもならなかったことは当然だったのかもしれない。

3)「アジアの解放」

菊の香りを含んだ風に吹かれながら、朱美は「支那四億の民衆」と「アジヤ諸民族」を瞼に描き、范のことを考えている。日本は中国に上海を返して治外法権を撤廃し、フィリピンとビルマを独立させた。父が范に言った日本の正しさは証明されたのだ。「日本の真意が、事実によって、証明される日が来たら、再び先生の門下に帰ります」と言って去った范は、生きてさえいればきっともどる。そう考えている朱美のもとに、范からの電報が届く。日本が大義を実現していることを世界に宣明する大東亜会議開催の2日前だった。

第 10 章　李光洙の日本語小説「大東亜圏」

　1943 年 11 月 5 日から 2 日間、東条英機の主催により東京の議事堂で開催され、中国から汪兆銘主席、タイからワイタヤコン殿下、満洲から張景恵国務総理、フィリピンからラウレル大統領、ビルマからバー・モ首相、オブザーバーとして自由インド仮政府首班チャンドラ・ボースが参加して大東亜共同宣言を発表したこの会議について、小説「大東亜」は一言もふれていない。老練な作家李光洙は、読者の想像力にまかせることで、この会議の存在感を高めることをねらったのである。現代の私たちには通用しないこのテクニックは、当時は大きな効果を生んだことであろう。こうして小説「大東亜」はみごとに完結する。

　だが、国家が戦争するのはつねに国益のためである。「礼の世界」とか「アジアの解放」という言葉が胡散臭さを感じさせるのは、現代の私たちがこのことをよく知っているからだ。では日本が大義としてかかげた「アジアの解放」とは現実にはどういうものだったのか。日本は何のために「大東亜共栄圏」を構想し「大東亜戦争」を戦ったのか。そして、どのような結末を見たのか。こうしたことを、小説を離れた場所から見てみよう。

　1940 年、ヨーロッパでのドイツの圧倒的な優勢を見た日本は「バスに乗り遅れるな」を合言葉に 3 国同盟締結への動きを加速させ、その一方で南進政策を急いだ。その真意は、宗主国であるフランスとオランダがドイツに占領されたために空白状態となっている植民地、オランダ領インドシナ（蘭印：インドネシア）とフランス領インドシナ（仏印：ベトナム、ラオス、カンボジア）を、ドイツが出てくるまえに掌握することだった。これによってアメリカとオランダに頼らざるをえなかった石油やゴムなどの天然資源を確保し、同時に、連合軍が蒋介石を援助している東南アジアの経路（援蒋ルート）を断ち切って、日中戦争の泥沼化を打開したいと考えたのである[44]。それは、あくまでも「自存自衛」のための国策であった。

　ふたたび首相となって 3 国同盟を締結した近衛文麿は、就任のさいに国策の基本方針として「大東亜の新秩序建設」を提唱した。これを松岡洋右外相が記者会見で「大東亜共栄圏」構想という用語で説明したのが[45]、この用語

の最初の使用例である[46]。「大東亜共栄圏」の原理は「肇国（建国）」の精神たる「八紘一宇（世界を一つの家とすること）」である。日本建国の理想に源を発する「大東亜共栄圏」は、皇国日本を核とした大家族のごとき関係による新しい秩序の世界であり、盟主日本は旧秩序を打破、つまり西欧に支配されている「大東亜」の諸地域を解放し、「道義」に基づいた新秩序を建設して共存共栄しなくてはならない。こうして「アジアの解放」は「大東亜共栄圏」の大義となり「大東亜戦争」の名分となる。だが先述したように、日本がじっさいに目指していたのは、西洋列強が作りあげたアジアの植民地体制を日本中心の支配体制に再編成することであった。

一方で「アジアの解放」というスローガンは、実は日本が現地の人々からの協力を引き出すために必要としたものでもあった。すでにアジアの各地では民族解放への動きが進んでいたからである[47]。独立のために戦っている人々は、自分たちが置かれた情況に応じて日本の大義名分を利用しようとし、日本は日本で自らが掲げたこの大義によって拘束されることにもなった[48]。各地域における事態の推移は以下のとおりである。

第2次近衛声明に呼応して重慶を出た中国の汪兆銘は苦難の道をあゆんだ。近衛は約束を守らないまま退陣し、日本政府とのあいだの過酷な交渉のすえに成立させた南京政府は傀儡政権と呼ばれた。失意の汪兆銘は大東亜会議の翌年に名古屋の病院で客死し、南京政府は日本の敗戦とともに瓦解する。

すでに宗主国アメリカのコモンウェルス（自治領）だったフィリピンは、1946年の独立を約束されており、日本が解放への歩みを後退させたという評価もあるほどである[49]。1943年の独立のさい、フィリピンは日本の指導にもかかわらずアメリカ風の自由憲法をほとんど変更せず、対米参戦もついに行わなかった[50]。

同じ年に実現したビルマの独立は、インドやタイに対して日本が大義を守る国であることをアピールするための多分に施恵的なものだった[51]。だが、このような形で1つの地域を独立させることは、現在日本の植民地になっている地域の独立願望を刺激する危険性をともなう。実際に満洲居住の朝鮮人

からは、ビルマのような「未開住民」に独立を与えるなら自分たちにも同様の栄誉を与えよという不満があがった[52]。

日本がもっとも欲していた石油資源があるインドネシアは「帝国領土」と位置づけられて、独立運動は抑圧された。1944年、戦局の悪化と民族主義者らの突き上げによってようやく日本は独立を約束するが、敗戦には間にあわず、結局、日本軍降伏の2日後にスカルノらは日本の反対を押しきって独立宣言をおこなった[53]。

「アジアの解放」という大義のもとで行なわれた「大東亜」地域への日本の介入はさまざまな形でその地域に大きな影響を与えた。とはいえ現地の人々にとって、それはすでに始まっていた脱植民地化という大きな流れのなかの通過点に過ぎなかったのである。

3. 李光洙という作家

李光洙は1892年に平安北道の農村の貧家で生まれた。日露戦争が始まろうとしているころに孤児になり、東学教徒の伝令をしたことが機縁になって、文明路線を歩んでいた東学の留学制度で日本にわたった。その後、官費留学生として明治学院中学に入り、在学中に文学に目覚めて日本語と朝鮮語で創作を始める。

彼が中学を卒業して故郷の学校の教員になった1910年、日本は韓国を併合した。ふたたび留学した彼は早稲田大学に学びながら、1917年、『無情』を新聞連載して脚光を浴びる。現在、この作品は韓国文学史で最初の近代長編とされている。1919年2月に東京で独立宣言を起草して亡命。上海臨時政府に参加して独立運動家の安昌浩を知った彼は、その実力養成論に共鳴し、帰国して修養同友会を立ち上げる。「民族改造論」を書いて批難を浴びたのはこのころである。だが李光洙の本領はやはり作家としての仕事にあった。1920年代から30年代にかけて彼はつぎつぎに長編小説を新聞連載し、大衆から圧倒的な人気を得て、つねに朝鮮文壇のトップにあった。

1937年、日中戦争勃発の前月に同友会事件がおき、李光洙は会員たちとともに逮捕される。会員の2名が死亡、1名が廃人になるほど過酷な取り調べで、指導者の安昌浩は保釈後に死亡し、李光洙も長期入院した。裁判がはじまると、李光洙は会員を招集して思想転向会議をひらき、裁判所に転向声明を提出。その後は率先して創氏改名をするなどの対日協力を行なう。大東亜会議が開かれた1943年11月には、李光洙は東京に来て、日本で学ぶ朝鮮人学生たちに学徒志願を勧誘する講演を行なった。その2年後、日本は敗戦して朝鮮は解放される。

　大韓民国が建国されると李光洙は「反民族行為処罰法」によって逮捕されたが不起訴になった。朝鮮戦争が始まるとすぐ人民軍に逮捕されて平壌へ移送され、その後の消息は不明である。1990年代に入って北朝鮮は、李光洙が1950年10月に死亡したと発表したが信憑性に欠ける。

　日本語小説が量産された1940年代は韓国文学史の「暗黒時代」として長いあいだ無視されてきた。しかし最近では研究が盛んに行われている。

おわりに

　明治の末、日本によって国権を奪われていく祖国を見ながら、中学生だった李光洙が痛感したのは「力の論理」だった。大正時代におきた3・1運動のときは、日本の圧倒的な力の前で多くの人々が犠牲になることに批判的で、まず独立するだけの力を持たねばならないという実力養成論を主張した。そして民族意識を高めるための啓蒙的な小説を書いて、合法的な農村改良運動を行なった。だが満洲事変がおきたころから、彼はしだいに、日本との力の差が埋まることはないのではないかという悲観主義に陥っていく。同友会事件という国家暴力によって独立願望を放棄するよう迫られたとき、多くの会員の運命の責任者であった彼は「転向」を表明した。李光洙が「大東亜」を書いたのは、その5年後のことである。日本敗戦後に李光洙は自らの対日協力行為を回想して、もし日本が勝てば朝鮮の地位はともに浮上するし、万が

第 10 章　李光洙の日本語小説「大東亜圏」

――日本が負けた場合でも、無理に協力させられた朝鮮が罪を受けることはないと考えたと書いている[54]。そう考えるしか道はなかったのだろう。

　本章では、「大東亜」を現代の私たちの目で読み解いて、この小説に感じられる「歪み」の所在を追い求めた。歪みはまず、朱美と于生の愛の表現に見られた。愛しあう2人は自分たちの心を「大東亜共栄圏」への忠誠という回路を通してしか表現できないのである。歪みはまた、筧和夫の論理を超越した神がかり的な姿にあった。筧のこの姿は1943年の日本に充満していた空気を体現している。本章では、この空気の根底に、江戸時代の末から無理な西洋（近代）化をつづけてきた日本が自らのアイデンティティを回復しようとして炸裂させたバックラッシュがあるという竹内洋の説を紹介し、李光洙の内部にもそれに呼応するものが潜んでいたことを指摘した。

　植民地の作家である李光洙が、「帝国」の大義である「大東亜共栄圏」の理念を恋愛に形象化しようとしたとき、作家の意志とはかかわりなく、愛しあう若者は人間性を失い、「大東亜共栄圏」構想を体現する人物は狂的なまでの歪みを露呈する。「時代の絵画」を描く作家であろうとした李光洙は、まさに「帝国」の歪んだ姿をありのままに映し出したのである。

　韓国では、近代文学の祖とされる李光洙が日本語でこのような小説を書いたという事実が現在も人々の心の傷となっている。こうした事情に思いをいたすとき、自らの過去をあまりにも早く忘れてしまう現代の私たちの心にも歪みはあるのではないかと考えてしまう。アジアの共同体について論ずるときには「大東亜共栄圏」の歴史を忘れないでいることが、アジアの国々に対する「礼儀」であり「道義」であろう。李光洙の「大東亜」を、忘却に警鐘を鳴らすテキストとして、謙虚に読みたいと思う。

注
1) 山本有造「「大東亜共栄圏」構想とその構造」『近代日本のアジア認識』緑蔭書房、新版第2冊、2001年、551-556頁。

Ⅲ. 知識人からみた「東アジア共同体」

2) 佐々木隆「解説」『日本の歴史25 太平洋戦争』中央公論、2006年、544-545頁。

3) 李光洙「大東亜」『緑旗』、1943年12月号、76頁。小説の冒頭で朱美は「いいお天気だ。菊のお節句だもの」とつぶやく。「菊の節句」とは陰暦9月9日の重陽の節句のことだが、小説の末尾近くに「菊薫る明治節が近づいても范からは、何の便りもなかった」（84頁）とあって、作者が「菊の節句」を明治節の意味で使っていることがわかる。「菊薫る明治節」は当時の常套句だった。

4) たとえば1943年11月6日の『京城日報』は前日の大東亜会議における東条首相をはじめ各国代表の発言内容を大きく扱っているし、「大東亜」が掲載された『緑旗』の同じ号の巻頭には「米英撃滅」というタイトルで「大東亜六か国会議」についての記事がある。

5) 李光洙「余の作家的態度」『李光洙全集16』三中堂、1963年、193頁。

6) 竹内好「東亜同文会と東亜同文書院」『日本とアジア』筑摩書房、2010年（第一刷発行、1993年）／ダグラス・R・レイノルズ（野原万佐子訳）「東亜同文書院とキリスト教ミッションスクール」『帝国という幻想「大東亜共栄圏」の思想と現実』青木書店、1998年、73-94頁／粟田尚弥「引き裂かれたアイデンティティー―東亜同文書院の精神史的考察―」前掲書、95-119頁。

7) 「大東亜」『緑旗』1943年12月、77頁。

8) 第2次上海事件をさす。

9) このとき東亜同文書院は中国側に接収されて11月に校舎も焼失したが、のちに再開されて1939年には大学に昇格している。

10) 「大東亜」、78頁。

11) 竹内好「岡倉天心」『日本とアジア』筑摩文芸文庫、1993年、408頁／「孫文観の問題点」、前掲書、370頁。

12) 「大東亜」、79頁。

13) 李光洙「民族改造論」『開闢』1922年5月号、『李光洙全集17』、三中堂、1962年所収。

14) 筧の言葉のなかに「日本国民は近衛三原則をそのとおりに信じているんだ」（82頁）とあり、3原則をうたったのが第3次声明であることから、この会話が交わされたのが1938年の末か翌年初めとわかる。

15) 「大東亜」、81頁。

16) 「大東亜」、83頁。

17) 同上。

18) 「大東亜」、83頁。

19)「大東亜」、84 頁。
20)同上。
21) 84 頁に「この五年間」とあり、1943 年の足掛け 5 年前は 1939 年である。76 頁に「朱美は、別れてから、足掛け五四年になる、范于生のことを忘れたことはない」とあるのは「五年」のミスプリントであろう。
22)「大東亜」、84 頁。
23)同上。
24)「大東亜」、85 頁。
25) 波田野節子「李光洙の日本語小説と同友会事件」『朝鮮学報』第 232 韓、2014 年、43-77 頁。
26) 大東亜文学賞は 1942 年の第 1 回大東亜文学者会議で制定された。第 2 回大東亜文学賞の選考委員は岡田三郎、伊藤整、戸川貞雄、芳賀檀である。受賞作品はなく、次賞として鑓田研一の『満洲建国記』、満洲の古丁『新生』、タイのドック・マイ・ソッド『これぞ人生』、フィリピンのホセ・エスペランサ・クルサ『タロン・マリア』、中華民国の梅娘『蟹』が選ばれたが、朝鮮からの受賞者はいなかった。授賞式は李光洙も参加した南京での第 3 回大東亜文学者会議（1944 年 11 月）で行われた。
27) 立花隆『天皇の東大（下）大日本帝国の生と死』文藝春秋、2005 年、215-216 頁。
28) 聖戦イデオロギーを子供たちに吹き込んだ教師たちの言説を紹介したある研究者は、この教育を受けた自分は「東洋平和のためならば、なんの命が惜しかろう」という歌を愛唱し、現人神と鬼畜米英の神話を信じこんで、敗戦の日にはショックで食事がのどを通らなかったと回想している。栄沢幸二『「大東亜共栄圏」の思想』講談社現代新書、1995 年、215-216 頁。
29) 発行部数については、岩橋郁郎『少年倶楽部と読者たち』刀水書房、1988 年、9 頁。
30) 尾崎秀樹『思い出の少年倶楽部時代』講談社、1997 年、「少年倶楽部」主要作品年表。
31) 大林清の「マライの虎」は『少年小説大系第 10 巻 戦時下少年小説集』（三一書房、1990）に収録されている。谷豊については、中野不二男『マレーの虎 ハリマオ伝説』新潮社、1988 を参照。なお、「マライの虎」は『少年倶楽部』で 1943 年 8 月号から翌年 7 月号まで連載されたが、連載直前の 6 月に同名の映画が封切られている。戦後、1960 年に「マライの虎」のリメーク版テレビドラマ「怪傑ハリマオ」、1989 年に谷豊の人物像を再解釈した映画「ハリマオ」が制作された。前者は筆者も記憶しているほどの人気番組だった。本稿を書くにあたりUチューブでこのドラマのオープニ

Ⅲ．知識人からみた「東アジア共同体」

ングを見たところ、現地人たちを鞭打つ白人をハリマオがやっつける場面から始まっていることに驚いた。思い出してみると、このころのテレビや映画で悪者はいつも白人だった。敗戦から15年たっても子供たちの世界にはまだ大東亜共栄圏の影が残っていたのである。

32) 『少年倶楽部』1942年12月号、大日本雄弁会講談社、100頁。
33) 竹内洋『大学という病 東大紛争と教授群像』中公文庫、2007年（中央公論新社、2001年）、216頁。
34) 立花隆『天皇と東大（下）』、82頁。
35) 丸山真男他編『南原繁回想録』東京大学出版会、1989年、14頁。
36) 立花隆『天皇と東大（下）』82頁。
37) 筧克彦については前掲の立花隆『天皇と東大（下）』の39章「筧克彦と「神ながらの道」」のほか、呉豪人「植民地の法学者たち 二 凡庸なる悪「法」学者筧克彦と増田福太郎」『「帝国」日本の学知第1巻』（岩波書店、2006年）を参照。
38) 大内力『日本の歴史24 ファシズムへの道』中央公論新社（中公文庫）、2006年（初版1974）、391-397頁、412頁／竹内洋『大学という病』、215-221頁／立花隆『天皇と東大（下）』、76頁／竹内洋「帝大粛清運動の誕生・猛攻・蹉跌」『日本主義的教養の時代 大学批判の古層』パルマケイア叢書、柏書房、2006年、30-40頁。立花隆『天皇と東大（下）』、76頁。
39) 傍点は引用者による。竹内洋『大学という病 東大紛擾と教授群像』、221頁。同書を2001年に中央公論新社〈中公叢書〉から出した竹内洋はつづいて『蓑田胸喜全集』（全7巻、柏書房、2004年）を編み、また佐藤卓己と共編で『日本主義的教養の時代 大学批判の古層』（パルマケイア叢書、柏書房、2006年）を出して「蓑田的なるもの」を追及した。
40) 後藤乾一「アジア太平洋戦争と「大東亜共栄圏」1935-1945」『岩波講座東アジア近現代史第6巻』岩波書店、2011年、26頁。
41) 李光洙「上海印象記」『青春』1914年12月、『李光洙全集』第18巻、三中堂、1963年、202頁。
42) 波田野節子「大東亜文学者大会での李光洙発言に見る〈連続性〉」『韓国近代文学研究―李光洙・洪命憙・金東仁―』白帝社、2013年、49-50頁。
43) 同上、50頁。
44) 後藤乾一「アジア太平洋戦争と「大東亜共栄圏」1935-1945」、22-24頁。
45) 山本有造「「大東亜共栄圏」構想とその構造」『岩波講座東アジア近現代史第6巻』岩波書店、2011年、551頁。

46）栄沢幸二『「大東亜共栄圏」の思想』、82-118 頁。
47）後藤乾一「アジア太平洋戦争と「大東亜共栄圏」1935-1945」、25 頁。
48）川西晃祐「「独立」国という「桎梏」」『岩波講座東アジア近現代史第 6 巻』岩波書店、2011 年、347-367 頁。
49）後藤乾一「アジア太平洋戦争と「大東亜共栄圏」1935-1945」、36 頁。
50）川西晃祐「「独立」国という「桎梏」」、358 頁。
51）林茂『太平洋戦争』中央公論新社（中公文庫）、2006 年（初版 1974）、324-325 頁。
52）川西晃祐「「独立」国という「桎梏」」、354 頁。
53）倉沢愛子「二〇世紀アジアの戦争―帝国と脱植民地化」『岩波講座 アジア・太平洋戦争 7』岩波書店、2005 年、226-228 頁。
54）李光洙「나의 告白」（私の告白）『李光洙全集 13』三中堂、1962 年、268 頁。

本研究は JSPS 科研費 25284072 の助成を受けている。

第11章
戦間期の中国知識人が考えた「世界語」と国際連帯

崔 学松

はじめに

　20世紀において、多くの思想的な潮流のなかでも民族や国境を越えた国際連帯活動としてのアナーキズムとエスペラント運動は類似の運命をたどった。アナーキズムが人類社会について新しい社会としての理念的な思想であるのに対して、エスペラントは共同体形成のための各民族間の意思疎通の問題を方法論的に提示した思想であった。

　アジア共同体形成において、国家という枠を越えた国際的連帯についての考察を行う場合に、依然としてエスペラント運動を構成する地域的な諸社会の共有と連帯という視点が重要であると思われる。アジア共同体形成過程においてエスペラント運動は世界史的に、あるいはアジアにおいて地理的・空間的に国境を超える連帯を意味するものだけでなく、ナショナルなアイデンティティの形成によって生み出された異文化・異民族に対する偏見を取り除く作業でもある。

　エスペラントはアナーキズム運動と共同体形成のための歴史の軌道を同じくしながら、激動の社会のなかで最も信頼できる標示で、連帯の象徴であったかもしれない。われわれの追憶のなかにおいて、「虚無的なテロや極端な破壊主義」として刻印されてきたアナーキズムという幽霊が、複雑化して情報化した東アジア社会で再び徘徊しながら、追憶のなかのアナーキズムもしくは呪われるアナーキズムではない新たな運動として生まれ変わろうとして

いる。この点は、エスペラント運動においても同じく、国際語としての言語自体の運動ではなく、人類の普遍的な生き甲斐と関連する民際的言語（Interpopola lingvo）として生まれ変わろうとしている。

　歴史を知るということは、歴史を再認識することでもあるが、その歴史的な事実のなかで現実を把握することこそ最も大事である。エスペラント運動においても、言語としての存在価値が優先され、中立的な存在として強調されてきたため、閉鎖的で保守的な集団や個人として映っている。しかし、冷戦終結後の今日において、インターネットの普及によって全世界が1つとして連結され、エスペラントは平和のことばとして再び共同体形成のための国際連帯としての役割を果たせる夢をみている。

　筆者は戦前を中心に高揚した東アジアの社会変革において国際連帯活動としてのエスペラント運動が果たした役割を歴史的に解明する研究を行っている。本章はその考察の一環として、戦間期における中国新文化運動とエスペラントをめぐる論争をとりあげ、その実態と意義を検討することを課題とする。

　第1次世界大戦以降、国際政治情勢には大きな変化が起こった。ヨーロッパと東アジアの国々においては、各国のプロレタリアが連合して抑圧者に抵抗しなければ、真の自由と平等は得られないというような国際プロレタリア運動の気運が高まった。そこで、エスペラントはこのような階層において、重要な連絡手段になったのである。中国知識人の一部は、救国をめざして積極的に西洋や日本に学び、外国の新思想や事物を中国に紹介することに努め、中国の古い社会制度を改革することを目指した。多民族国家の中国では、各民族間の意志疎通や相互理解のために、世界共通言語としての「大同語」の創造という理想が論じられてきた。たとえば、立憲君主政体への「変法自強」を主張した康有為は、「全世界の言語と文字を同じにすべきであり、ことばや文字が違うのはよくない」と主張した[1]。

　近代の言語改革運動は、アルファベットを基準とするヨーロッパの表音文字の影響を強く受けた形となって現れた。日中全面戦争の前夜においては、

大衆動員・教育普及・抗日宣伝など抗日救国運動が広がった。当時のラテン新文字運動とエスペラント運動は、「世界語」とみなしたエスペラントを通じて中国語のローマ字化の運動を前進させるという明確な解放のビジョンに基づいた形で進められた[2]。

以下では、本章が主として依拠した研究成果についてふれておく。

ウルリッヒ・リンス（栗栖継訳）[3]は、第1次世界大戦後の反体制運動としてのエスペラント[4]運動について、各国の独裁者・圧政者による政治的迫害の過程を中心に詳細に論じた。1930年代の世界においては、エスペラント使用問題はきわめて複雑な経緯を辿ったが、それは世界的規模のコミュニケーションの問題と国家権力者による管制との対峙という根本的な問題を孕んでいた。東アジアにおける「共産主義陰謀家たちの言語」[5]としてのエスペラントにたいする迫害をめぐっては、リンスが中国、朝鮮、日本のエスペラント運動と革命思想とのつながりを検討した。リンスは、第2次世界大戦後、次第にエスペラントは民族間のわだかまりをなくす砕氷船の役割を演じつつあるとも指摘した。

大島義夫・宮本正男[6]は、第2次世界大戦以前の近代日本における社会運動・エスペラント運動を歴史的に概観している。そして、政治的な反体制の立場に立つエスペランティストの足跡をその事例として取り上げている。大島・宮本は、民族間の差別をなくして社会的矛盾を解決しようとする人々の努力は民主的な国際的言語生活を志すエスペラントと深いつながりを持っていた、と指摘した。また大島・宮本は、中国のエスペラント運動に日本のエスペランティストとしてかかわった長谷川テルの中国における活動を評価しつつ、戦後の日本の反体制的エスペラント運動はアジア・アフリカへの視点が欠けていた、と指摘した。

浜田ゆみ[7]は、1930年代の中国におけるエスペラント運動と言語・文字改革運動との密接な関係にたいする再評価を通じて、中国語（漢語）の近代化の歴史過程を考察した。しかし、1930年代のエスペラント運動の理念とアナーキズムやコミュニズムとの結びつきは、浜田の研究においては十分に明

らかにされてはいなかった。

　中国のエスペラント運動を考察する際の重要な論点は、この運動に対する中央政府の政策的対応である。しかし、この問題は同時にきわめてセンシティブな問題である。葉籟士[8]は、この問題に文字改革の観点から接近したものであり、エスペラントと大衆語・土語・ラテン化などとの関係について考察を加えた。葉は、文字改革はむしろエスペラントの影響を受けたラテン新文字（漢語拼音）の圧倒的な優位性に基づいて進められた、と分析した。葉は、文字改革における表音問題は現代の中国社会ではきちんとした方針が出されていない、と結論づけた。

　中華人民共和国では、これまで豊富なエスペラント関連書籍が編纂、発行されてきた。長年にわたり中国エスペラント運動史資料を収集してきた候志平[9]は、こうした現実を報告した。候は、中国エスペラント運動が果たした社会運動としての役割を考察した。

　以上に先行研究を簡単に考察した。本章においては、中国エスペラント運動を国内の言語問題あるいは国際的な連帯の枠組みのなかで捉えることが重要である、と考える。エスペラントが中国語の表音化の問題とともに、中国大衆の救国運動と国際反戦闘争にそれなりの貢献をしたからこそ、毛沢東はエスペラントに対して肯定的な評価をしたのであった[10]。本章では、戦前の中国社会における新文化運動とエスペラントをめぐる論争との関連に着眼して考察する。

1．エスペラント採用論をめぐる論争と新文化運動の展開

　中国において伝統的な政治体制と社会秩序は、1912年の清朝の滅亡とともに崩壊された。日本の中国に対する浸透は、1915年以降から旅順・大連の租借期間の延長、および山東半島におけるドイツの利権の継承などによって一層深刻化した。1916年の袁世凱の死後の中国は軍閥間の勢力争奪の修羅場と化した。さらに1919年の五四新文化運動は、中国に西欧の様々な新しい思

第 11 章　戦間期の中国知識人が考えた「世界語」と国際連帯

想をもたらし、アナーキズム、マルクス主義、資本主義など様々な思想が中国に紹介された。

　旧体制は崩れたものの、旧体制の支えであった理念としての儒教思想が持つ余韻は依然として大きな影響を及ぼした。それに対して、抵抗し続けた陳独秀は、上海で『新青年』雑誌を通じて「科学」と「民主」を提唱しながら民衆啓蒙運動を繰り広げた。1915 年に『青年雑誌』という名で編纂され、その翌年に『新青年』と改称された雑誌は、伝統的な価値を批判し、新しい思想を国内にむけて紹介することによって、中国思想界に莫大な影響を与えた。『新青年』の編集方向は、第 1 に文語体を口語体に変える文字革命であり、第 2 に儒教孔子を徹底的に批判することであり、第 3 に科学と民主主義の擁護などであった。陳独秀は胡適などと一緒に文字革命の先頭に立って、新文化運動の核心的な課題の 1 つとして取り上げた。『新青年』は 1918 年 1 月から口語体である白話文で発刊されただけでなく、口語体という形式も揃えていた。その内容においても、反封建・反儒教の立場を鮮明にした魯迅の『狂人日記』が同じ年に発表された。

　新文化運動[11]は、封建社会の理念的な抑圧から脱出して精神改造と倫理的革命を通じて個人の独立と個性の解放を追求し、伝統的な儒教を否定して近代的な民主主義とその理念を基盤とした科学主義を主張した。西欧思想を受容する新思想運動、古典文語体でない現代的な口語体での国民文学、通俗的な社会文学を志向する新文学運動などが、新文化運動の具体的な体現であった。そして、儒教を代替すべき新たな思想としては、西欧型の民主主義、自由主義、個人主義が浮上した。新たな教育方針で北京大学は、倫理学者で教育思想家であった蔡元培学長の主導のもとで、運動の中心的役割を果たした。とくに、『新世紀』派のアナーキストたちは「中国文化の将来は国粋とどう対処するかにかかっている」と宣言した。このような態度は、中国の漢字を廃止してエスペラントに代替する文字革命論という絶頂に達した[12]。中国のアナーキズムの雑誌『民声』を中国語とエスペラントによって編集し、国際アナーキスト運動の流れを紹介した[13]。このように、社会革命運動の先駆者た

ちはエスペラントを社会変革のための手段として認識する一方で、エスペラント運動を通じてアナーキズムや国際プロレタリア運動などとの関係を構築していった。

　20世紀のはじめに、漢字の改革を主張している人のなかには、中国語を廃絶し、それに取り替える言語としてエスペラントを中国の共通語にすべきだという意見が急速に強まった。清末におけるエスペラントの提唱の過激派として知られる『新世紀』グループは、中国語を表音文字へと接近させるように改造を加えた妥協案を提案した。しかし、章炳麟をはじめとした清末の国学者は、歴史から切り離してエスペラントの変種とするような中国語改革を否認した[14]。

　このように、中国国内では、エスペラントをめぐって、「中国語を廃止しエスペラントを用いるべきである」という議論と「エスペラントの採用には反対である」という議論とが併存し、この2つの議論の対立は1931年の「満洲事変」まで続いた。

　「中国語を廃止しエスペラントを用いるべきである」という議論は、師培（劉師培）、銭玄同、葉籟士などが主張した議論であった[15]。この議論は、「漢字には縁のない中国の大衆が理解し、読め、書ける言語のために戦う」とする強硬な立場をとった。1908年、呉稚暉（呉敬恒）は『新青年』に文章を発表し、次のように主張した。すなわち、「使用を制限された文字が表現不足になるならば、万国新語を取り入れることもできる。その目的は、徐々にエスペラントを混ぜていって、徐々に漢文を無くし、いつの日かエスペラントを使うようにするためである」[16]と主張した。

　これに対して、「エスペラントの採用には反対である」という議論は、「エスペラントはヨーロッパの言語を標準としているので、国語としては不適当である」という立場であった。この議論は章炳麟、陶履恭、劉筠清などによって主張された[17]。1908年、章炳麟は文章を執筆し、当時パリ在住の新世紀派の「中国文を棄てて万国新語を使おう」という主張に反駁し、彼自身の音標字母方案を提出した[18]。

その後、五四運動期にエスペラント論争が再登場した。1919年の五四運動は、政治的・文化的な意味での改革であった。そのために、当時「文学革命」とともに「漢字革命」のスローガンを掲げた文字改革は五四運動の一部となった。1923年、『国語月刊』は『漢字改革号』という特別号を出版し、銭玄同の「中国文字革命」、趙元任の「国語ローマ字の研究」、黎錦熙の「漢字革命軍前進の大道」などの論文を掲載した[19]。これらの論文では、漢字の根本的改革を図らなければならず、表音が不可欠であると主張した。1928年、蔡元培は南京国民政府中央研究院長に就任し、「国語ローマ字を国音字母第二式とする」と、正式に公表した[20]。

2. エスペラント採用論をめぐる論争と新文化運動の拡大

五四新文化運動とともにエスペラント運動が拡大していった。雑誌『新青年』には3年以上にわたってエスペラント問題に対する大討論が展開され、銭玄同や魯迅などが文章を発表してエスペラントを熱く支持した[21]。胡愈之、巴金は当該時期エスペラントを学習しながら、エスペラント運動にも参加した[22]。蔡元培、魯迅、銭玄同、周作人、呉稚暉など五四新文化運動の多くの著名人はみな文字改革運動とエスペラント運動を支持し、この2つの運動は互いに共鳴しあった。

1916年11月、T.M.Chengが陳独秀に書いた1通の手紙が『新青年』に掲載されて、エスペラントの反対者の「高深な学術を表現できない」、「無用な学」などのような見方について、疑問を呈じた。陳独秀はそれに対して、次のような見解を示した。「エスペラントは今日の人類にとって必要な事業である。ただし、まだ習慣になっていないため、派手で無用であるため文学には応用できず、素朴な科学の伝達は可能であろう」[23]。

1917年1月にT.M.Chengは再び陳独秀に、「エスペラントの文法は整然且簡単なので学びやすいけれども、学習者がほとんどない」のは何故かという問題について質疑の手紙を出した。手紙の中には、T.M.Chengの知人の見解が

述べられていた。「エスペラントの文法はフランス語の文法と大同小異であり、エスペラントを学ぶより、むしろフランス語を学んだ方が良いと思う。世界の文明国としてのフランスは書籍も豊富であることに対し、エスペラントの書籍はほとんどない。エスペラントを学んでそれに精通しても実用できないということは何の役にも立たないだろう。エスペラントはその名のとおりに世界に普及することはできないだろう」。その返信の中で陳独秀は、「私もその知人の方の意見に賛同しており、目下はしばらくエスペラントを置いてフランス語を学んでも良いと思う。すでにフランス語に通じた者はエスペラントを学んでも良いだろう」[24]。

陳独秀は返信の中で、「エスペラントは人類にとって必要な事業である」と肯定的であったが、エスペランティストの立場からみると、エスペラントに反対する立場を支持したのと同じであった。そのため、銭玄同は1917年6月に「給陳独秀書」(「陳独秀への手紙」)を発表して、エスペラントで文学を表現しにくいという陳独秀の意見に賛同しなかった。また、「エスペラントに訳された作品は劇本や小説類が最も多い」という事実で、エスペラントを用いて文学創作が可能であると証明しようとした。銭玄同は手紙の中で、「エスペラントの簡単な文法、排列の変化が一定で堅苦しい文字を用いて美文を作ることはできない」、「世界語を習得しても読める良書がないし、西洋のことばに通じる者はこのような索然寡味なことばを学ぶ必要がないだろう」という当時の「名士」たちの見方を批判した。彼は、「世界の進化は20世紀に近づき、大同の未来も遠くない、……エスペラントを積極的に提唱せず、逆に抑制しようとすることはなんて怪しいことだろう」と反論した[25]。

陳独秀は銭玄同の手紙を読んでから、T.M.Chengへの手紙の内容について、「前回の返信の中で、『派手で無用であるため文学には応用できず』と書いたのは、浅い文学観念の一瞬の影響によるもので、決して文学全体に触れたものではない。エスペラントが国語になれるかどうかという問題は、立派な文学を育むことができるかどうかにかかっている」と自己批判と解釈をした。と同時に銭玄同が提出した中・小学校における英語をエスペラントにとって

かえることに「極端の賛成」を示した。また、「わが国の学界においてエスペラントが発達したら、わが国の全ての名詞はエスペラントで書き表し、欧米人の使用するエスペラントの枠に拘る必要がない」と主張した[26]。

銭玄同の陳独秀宛の手紙が発表されてから、陶履恭が陳独秀宛に書いた手紙が、1917年8月の『新青年』に掲載された。陶履恭は「エスペラントに対する懐疑の観点」を示しながら、「エスペラントの無用さ」について質疑した。「最近、蔡元培・銭玄洞先生がエスペラントの提唱につとめているが、それには、（1）言語学の理論からみて各種欧語の無秩序な採用、（2）民族心理の表現に不適当（孔子専制の観念で諸子百家を廃止するようなもの）、（3）語彙が英仏独伊語中心で東洋の語を含まぬことからくる不便、などの問題があり、採用には反対である」[27]。

このように意見対立は先鋭で、論争は避けられない局面であった。陳独秀は陶履恭への回答で、エスペラントの将来の進化を前提して、人類の言語としてのエスペラントと各民族の言語としての国語と両者の関係を提起した。同時に歴史的遺物を重んじて人造の理想を軽んずる態度は進化の障碍であることをも指摘している[28]。

陳独秀の回答は比較的に合理的なものであった。仮にエスペラントだけを主題に討論すれば共通の認識を導き出すのはそれほど難しいことではなかろう。しかし、この論争は五四新文化運動の最中に発生し、しかも辛亥革命以前の思想啓蒙運動よりも実際の社会的問題との結合がさらに密接で、その中に漢字問題を含んでいた。そのため、今回の論争は漢字改革と関連すると同時に、漢字を廃棄して世界語に切り替えることを主張した。銭玄同はこの種の意見の代表者でもあった。

銭玄同は次のように意見を述べている。「中国は20世紀になっても4000年前の象形文字を使用している。2000年来の学問において進歩が少なく、西洋人の3百年間における発明の科学真理は中国人にとっては夢のような話である。今日、外国に戦争で何回か敗れた『甲午』や『庚子』などの外患が生じた。したがって、極少数の人々は目覚めて急いで学ぼうとしているが、斬新

な学問は古い漢字で表現することは難しい。……国語はすでに新しい文明を記載することができず、外国語にとってかえる方法も最善策ではなさそうであるため、エスペラントの採用を提唱する方法しかない」[29]。

　銭玄同は陶履恭の観点について、次のように反論した。「中国を滅亡させないため、中国民族を20世紀の文明民族として作り上げるため、必ず儒教と道教を廃絶しなければならない。したがって、儒教と道教を記載する漢文を廃絶することが根本的な解決方法である。漢文を廃棄してから、採用すべき文字として私が考えたのは、文法が簡単で、発音が整然とし、語根が精良である人工的なエスペラントである」[30]。銭玄同は、エスペラントがまだ提唱の段階に位置しているため、しばらくの間漢文を使用し続ける過渡期においては、英語やフランス語を補助手段とすべきであると主張した。

　銭玄同の主張は、五四新文化運動期における中国一部の知識人の復古・保守的な「国粋主義」の束縛から解放されて、新文化思想で中国伝統的な古い文化を改造しようとする強い願望を反映した。しかし、エスペラントの性質や効用を把握していなかったため、漢文を廃してエスペラントにとってかえる実際に不適切な主張を提出した。この種の意見は不適切ではあったものの、一部の討論者の賛同を得た。

　呉稚暉は、『新青年』で銭玄同の観点を支持する論説を発表した。呉稚暉は「銭玄同先生が指摘したとおり、漢字で拼墶文字を表さないとすれば、エスペラントをわが国の文字として採用することはできないのか」という問いに対して、「もし、それができることなら本当に大したことである。……人類の将来において同じことばで話し、同じ文字で書くのは否定できない問題である」、「漢字で拼音文字をあらわす必要はない」という支持を表明した[31]。胡天月は、同期の『新青年』で「中国文字とエスペラント」という文で、漢文を廃してエスペラントにとってかわることを主張しながら、他の文字を過渡的に使用する必要がないという認識を示した[32]。

　区声白は『新青年』において、「仮にローマ字を連ねて音節を成して、その証拠となる漢字を書き示さなければならず、面倒である。ローマ字だけで書

第 11 章　戦間期の中国知識人が考えた「世界語」と国際連帯

くと、同じ音韻や同じ意味の場合はどのように見分けるのか。また、各地の方言の差異が存在するため、どの地域を標準とすべきかという問題もある。南音だと北方の人々が反対するだろうし、北音だと南方の人々が不満であるため、なかなか解決できないだろう。したがって、唯一 Esperanto の採用のみが問題の解決において妥当であると思う」という認識を示した[33]。

　孫国璋は陶履恭に次のような質疑をした。「エスペラントは人工的な言語であると軽視しているが、実は世界各民族の全ての言語が人為的につくられたものである。訳本を読むより原本を読んだ方が良いという考えがあるが、エスペラントで訳されたシェクスピアーの『ハムレット』に対して、あるイギリスの文学者は訳本の中で最も優れていると賞賛した。これはエスペラントの文学上の価値を認める証ではないか」[34]。

　また、呉稚暉はエスペラントが世界各国のことば、とくに漢文から単語を取り入れていないため、エスペラントの観点からみる場合あまり相応しくないという陶履恭の主張に対して、次のように反駁した。「『尭、爹、鈀』、『黄河、泰山』などの専門用語や学術用語は、英文の辞典において取り入れつつある。エスペラントもこの類の単語を吸収してその範囲を拡大すれば、完全なるエスペラントの実現も道理にかなっている」[35]。

　陶履恭は孫国璋の質問に対して、次のように問い返した。「現在、欧米の大文豪や大劇作家の作品は世界語で訳されているのか、英文を学ばず本当に対応できるのか。私としては、世界語が通用できるとは思わないし、エスペラントと世界統一が因果関係にあるとも思わない。50年後のエスペラントの運命をみれば明らかになるはずだ」[36]。

　陳独秀は陶履恭の軽率な結論に対して、「今日のエスペラントは『世界語』たる価値を備えていないが、世界の将来において、必ずしも保守国だけが永遠に必要とされるわけではなく、『世界語』としてのエスペラントの進展が必要とされるだろう。ことばで意思相通することは原始社会の一大進歩である。その後各民族間においては、小異を捨てて大同を求める。言語の同化は諸原因の1つである。そのため、世界の将来は国別を捨てて大同に帰する。エス

277

ペラントの有無に左右されることはないにしても、エスペラントの流行は鋭利な武器の1つとなるだろう」[37]。

このように騎虎の勢いで展開された討論について、陳独秀は次のように述べた。「諸君が討論するエスペラントは、往々にしてその問題自身から外れて、Esperantoの内容や価値において議論するのではなく、文句などを述べているので、私としては議論に参加し辛い」[38]。

したがって、銭玄同は劉半農、唐俟（魯迅）、周啓明、沈泍黙などの大家にEsperantoの実行の可否についての討論を要請した。これに対して、魯迅は「渡川と道案内」という文章を書いて世界語に対する見方を明らかにした。魯迅は、「人類の将来はある種の共通言語が必ず必要であろう。そのためエスペラントについては賛成である。将来、通用すべきものがエスペラントであるかどうかということについては断定することができない。……しかし現在エスペラントしかないために、これをまず学ばなければならない。現在は草創期に過ぎないことと如く、たとえば、汽船が発明される以前には小船で河を渡るしかできなかったが、もし小船を使わなかったら、汽船の発明はともかく、人類は河を渡ることもできなかったかもしれない」[39]。

3年間にわたるエスペラントに関する討論は『新青年』だけでなく、『東方雑誌』、『教育』などの誌上においても展開された。上記の討論をまとめると、以下のような関連する問題において、まだ明確な解決策を得ていない。第1に、世界語誕生の社会的・歴史的背景の問題である。欧州戦争（第1次世界大戦）の終結は世界大同の始まりになるのかどうか。第2に、エスペラントの性質と効用の問題である。エスペラントは全人類の言語であるかどうか。エスペラントの出現は民族語の消滅を意味するかどうか。第3に、エスペラントの生命力の問題である。エスペラントは思想や感情などを表現することができるのかどうか。

上記のような問題点について、エスペラントに対する胡愈之と巴金の認識を紹介しながら検討したい。

胡愈之は、1922年に『東方雑誌』に「国際語の理想と現実」という一文を

発表して、『新青年』誌上のエスペラントに関する討論について、次のように指摘した。「国際語の最後の理想について、人々は全ての国語と民族語を完全に消滅させること、人類が同一言語を用いることであると勘違いしている。……実は国際語の理想は上記のように誇張されたものではなく、国語と民族語を侵犯することでもない。逆に、国語を補助してことばが異なる国民の間で意思疎通の役割を果たすことにとどまり、国民の内部のことには干渉しない。……国際語の最後の理想は、各国の国民に一種の中立的な補助言語を提供することに尽きる」[40]。

「エスペラントが文学に適するかどうか」という問題について、巴金の回答は最も権威性をもっていた。1930年に巴金は「エスペラント創作文壇概況」という文を書いて、雑誌『緑光』に掲載した[41]。文中において、エスペラントは良好な文学3大要素である豊富性・表現力・柔軟性を備えているだけでなく、きわめて容易性に富むという大きな特徴について説明した。また同年、「エスペラント文学論」を発表した[42]。その中で、巴金はザメンホフの『第一書』で精選された数百個の語根は生きた言語から汲み取ったもので、一つ一つの語根は全部それなりの歴史と伝統をもっていると強調した。

3. 日中全面戦争に至るまでの
　　エスペラント運動と国際連帯活動

1920年代から中国共産党（以下、中共と略記）は、政治的に革命の舞台に登場しただけではなく、新文化運動においても重要な中堅力となった。その上、漢字改革運動にも積極的に関与した。国語ローマ字以降、共産党員により提起されたラテン新文字は漢字ローマ字表記運動を新たな段階へと導いた。それは最初、ソ連で生まれ、中国に伝わった後に中共が指導する左翼運動に徐々に組み込まれていった。

1921年に中共が成立し、労働者階級の利益を代表する政党が初めて政治舞台に登場した。1925年の上海で、日本の資本家が労働者を残酷に搾取するの

に反対して流血の衝突を招いた「五・三十事件」が起こった。これは、中共が労働者運動を指導した早期の活動であった。当時の胡愈之が編集した『東方雑誌』の『五・三十事件臨時増刊号』には、その手がかりが見られる。当時、上海の6つのエスペラント団体も世界に向けて「抗議書」を発した[43]。

　その後、胡愈之は、国外のエスペラント界の反応を整理して、「五・三十事件とエスペラント界」という文章を書き、『緑光』に発表した[44]。彼は文章の最後に、「今回の事件について我々は2つの感想を持った。第1に、五・三十惨殺事件は、エスペラント界において同情を呼び起こし、公平な道がおのずと人の心の中にあることがわかった。第2に、愛国運動は対外的な宣伝に注目しなければならず、対外宣伝では重要な手段であるエスペラントを忘れてはならないのだ」と述べている。この事件は、中国のエスペラント運動が国内の政治闘争と結合する端緒となった。

　一方では、第1次世界大戦後、国際政治と経済状況が変化するのに伴って、ロシアの十月革命が成功し、国際間にはすでに明らかに2つの大陣営が存在していた。それは少数のブルジョワジーとプロレタリアートであった。この両大陣営の対峙は、エスペラント運動にも例外なく反映された。そのため、「中立主義」を代表する国際エスペラント協会以外に、多くの国際組織が出現し、中でも最も代表的なものは Sennacieca Asocio Tutmonda（全世界脱民族性協会、略称 SAT）であった[45]。

　しかし、民族独立運動に対する立場の相違から、1931年、SATがオランダで第11回大会を開催した際に、左翼会員はこの組織を脱退して別の組織、統一委員会（IUK）を設立することを正式に宣言した。1932年8月、統一委員会はベルリンで Internacio de Proletaraj Esperantistoj（プロレタリア・エスペランティスト・インターナショナル、略称 IPE）の成立大会を開催した[46]。IPEの主な仕事は、委員会発行の『国際主義者』や各種書籍を出版する他、最も重要であったのは『PEK』（プロレタリア・エスペラント通信）を発行することであった[47]。こうした情勢は、中国のエスペラント運動に対して大きな影響を与えた。

第 11 章　戦間期の中国知識人が考えた「世界語」と国際連帯

　1931 年 9 月 18 日、日本は中国東北地域に対する侵略拡張を図った。中共は全国に「中華民族の危急の時だ！　全民族が抗日戦争を行わなければ、我々の活路はない」と打電し、次いで全国人民に対して「抗日救国十大綱領」を提出した [48]。黄尊生は回想録の中でこう述べている。「1931 年の満洲事変で、日本軍は瀋陽を占領した。翌年上海事変が起こった。上海の戦闘がまだ終わらないうちに、偽満洲国の政権が樹立され、全国が騒然となった」[49]。

　これらの重大な政治事件は、中国社会の各階層、特に文化知識界に大きな影響を及ぼした。1936 年に抗日統一戦線が結ばれると、エスペランティストたちは「エスペラントによって中国の解放のため」というスローガンのもとに、精力的に活動した。

　「満洲事変」後、漢口エスペラント学会は全国 20 のエスペラント団体を連合して宣言を発表し、世界各国のエスペランティストに対して日本の侵略行為を訴えた [50]。最も早く全世界のエスペランティストに向けて日本軍の暴行を明らかにした最初の資料としては、漢口世界語学会が主催した月刊誌『希望』（La Espero）であった [51]。

　このような背景の下に、1931 年 11 月 3 日に中共が指導するエスペラント組織である中国左翼世界語者聯盟（以下、「語聯」と略記）が上海で成立した [52]。「語聯」は、当時の上海において、中共指導下の文化界の組織である「中国左翼文化総同盟」に属する団体であった。「中国左翼文化総同盟」は、「語聯」の他に、「左翼作家連盟」、「左翼社会科学者連盟」、「左翼劇作家連盟」、「左翼美術家連盟」などの左翼文化団体によって構成されていた。「語聯」の活動は、1931 年から日中戦争が全面的に始まる 1937 年まで、5 年あまり続き、中国のエスペラント運動と民族解放運動が結合した端緒となった [53]。

　「語聯」は成立後、2 つの方面の活動を行った。対内的には、『中国普羅世界語者』（中国プロレタリア・エスペランティスト）という機関刊行物を発行し、大衆に宣伝すると共に、労働者世界語講習会を組織した。また、楽嘉煊の名義で、1932 年 7 月に中国世界語通信教育学社と世界語書店が成立した。その主な仕事はエスペラント教材の編纂であった [54]。対外的には、IPE に加

281

盟し、エスペラントの国際通信の仕事を行い、対外抗日宣伝活動を繰り広げた。その主たる責任者は張企程であった[55]。

「語聯」は、その規模の拡大とともに、合法的な組織化された活動の展開が求められた。1932年12月17日から18日にかけて、「語聯」は中国世界語通信教育学社の名義で世界語展覧会を開催した。この展覧会に合わせて、エスペラント刊行物『世界』（La Mondo）創刊号を発刊した。1933年1月22日、上海世界語者協会（Ĉina Esperantista Ligo）が成立すると、通信教育学社、世界語書店、世界語講習会などを引き継いで協会の事業と、『世界』を協会の機関紙とした。

1933年7月、国際反戦大会の委託を受け、フランスの革命家であるアンリ・バルビュスを団長とする調査団が中国を訪れて、上海では宋慶齢などが参加した国際反戦大会が開催された。1933年4月号の『世界』には、「ザメンホフを記念し、アンリ・バルビュスを歓迎する」と題して、上海エスペランティストの反戦・平和を主旨とする組織の指針を表明した[56]。1933年9月10日、上海世界語者協会は第2回大会を開催し、「中国解放のためにエスペラントを使う（Per Esperanto por la Liberigo de Ĉinio）」というスローガンを一致して可決した[57]。日本軍の東北3省の占領にともない、中国エスペラント運動も中国民衆の抗日運動と密接に絡み合っていた。

1934年の『世界』第9号は、「圧迫を受ける朝鮮人——中国にとって戒めになる前例」と題した文章を載せ、中国が決して抗日を放棄してはならず、闘ってこそ中国人の活路があると戒めた。『世界』は1932年12月15日に創刊され、1936年12月に停刊した。全部で4年1ヵ月続き、計49号刊行し、その後の中国のエスペラント運動において指導的な役割を果たした。1934年11月号の『世界』において、ソ連の国際連盟へ加入したことと「ソ連の真相」についての記事を掲載した。また、1936年1月号においては、国民党と日本との間で結ばれた「何梅協定」と「塘沽協定」などについて詳細に紹介しながら、東北・華北地域での日本の勢力拡大を暴露した。

1934年4月5日、上海世界語者協会は同孚路大中里14号から卡徳路嘉平

坊12号に移転した。上海世界語者協会成立後、公開活動と秘密活動を分離して活動した。教会では国民党の秘密警察の疑念を引き起こしそうな書類、国外からの通信類については厳重管理した。公開活動としては、世界語講座を開設し、『申報』、『新聞報』などの新聞に受講生の募集に関する広告を掲載した。その他、世界書店ではエスペラントの関連書籍の販売以外にも、『共産党宣言』、『国家と革命』などの書籍のエスペラント訳本も取り扱っていた。

このように、上海世界語者協会はエスペランティストの活動のビジョンとして、帝国主義に対する中国民族解放運動に努めることを明確に打ち出した。上海世界語者協会は、地方的な組織でありながら、実際は全国的な団体としての働きを発揮した。1933年9月の統計によると、上海世界語者協会の会員は393人で、そのうち156人は上海の出身で、その他は全国各地に分散していた。『世界』の購読だけをしていた者は412人で、会員と通信教育の学生の購読者を加えると2500人余りになった[58]。

その他、北京と武漢においても、「語聯」の組織が設置されていたものの、武漢の「語聯」は設立してまもなく国民党政府の弾圧によって破壊された。北京の「語聯」組織は、主に各大学を活動の場として、エスペラントを通じて学生運動に積極的な影響を及ぼした[59]。

おわりに

アヘン戦争の敗北以降、西洋に学んで富国を求める新しい思想（維新思想）が進歩的な知識人の間に広まった。文化面における維新思想は、漢字の改革を求めることとして顕著にあらわれた[60]。1892年に漢字改革方式をはじめて提出した盧戇章は、「中国文字あるいは今日使用されている文字は難しく……賢者といえども十余年も苦労しなければならないほどだ」と述べた。そして、その十余年の時間を節約して、数学、物理、化学、及び様々な実学にあてることを求めた[61]。これは、文字改革運動の始まりであった。

ちょうどこのころ、北欧にエスペラントが出現した。異文化間の自由な交

流をめざす理念のもとで、ロマンス諸語の単語にスラブ、ギリシア、ゲルマン諸語を組み合わせて考案されたのは1887年であった。その後、実際のコミュニケーションの必要に応じてエスペラントの語彙は世界中で急速に増加していった。

そのような変化の過程で体現された傾向は、母語の影響を避け、言語的排外主義を克服しようとする寛容性のある言語的生態系の再構築であった[62]。その意味において、エスペラントの実践は一種の世界規模の文字改革運動であった。それゆえに、中国近代文字改革運動とエスペラント運動の間には当然多くの共通点と相互支持があり、互いに影響しあった。

近代中国の知識人は、国家建設において、漢文の簡素化運動を展開しようと企図した。朝鮮では、ハングルという民衆の言語を育てようとした。日本では、いち早く幕府時代と明治にかけて文字の簡素化と漢文・仮名文字の混用が普遍化した。清末の中国では、「新世紀」派のアナーキストたちは「中国文化の将来は国粋とどう対処するかにかかっている」と宣言した[63]。中国では、漢字を廃止してエスペラントに代替する文字革命論の主張において絶頂に達した[64]。清末の中国では、アナーキズム雑誌『民声』を中国語とエスペラントによって編集し、国際的なアナーキスト運動を紹介した[65]。社会革命運動の先駆者たちは、エスペラント運動を通じてアナーキズムや国際プロレタリア運動などとの関係を構築していった。

中国では、エスペラントは初期から革命思想と関連しており、民族独立を課題として主張した[66]。同時代の朝鮮では、アナーキストは植民地朝鮮の解放を最大の目的としたが、他の組織や団体との協力を実践しつつもつねに思想的な隔たりがあった。社会主義者、とくにアナーキストによってエスペラントの研究や普及活動がおこなわれた[67]。

本章では、中国におけるエスペラントと文字改革をめぐるラテン新文字運動を浮き彫りにしながら、エスペラント採用論争が中国における漢字ローマ字表記運動を新たな段階へと導いていくプロセスを明らかにした。冒頭で示したラテン新文字運動におけるエスペランティストたちの連帯活動という視

点からエスペラント採用論争とラテン新文字運動との関連を鳥瞰し、中国の文字改革の変遷過程において外部的要因としてのエスペラントがどのような意味を持つかについて試論的に検討した。

エスペラント採用論争によって、中国におけるローマ字表記運動は、単なる民族語の問題ではなくなり、国際主義の観点を含むようになった。また、エスペラントを通じて国際的なローマ字化の運動と結びつける契機をもたらした。日中戦争が全面化するとラテン化運動は、瞬く間に全国を席巻した。大衆の意識的な参加によって、国語ローマ字運動に終結を宣言するとともに、清末以来の表音文字運動は最高潮に達した。このような展開は、エスペランティストの連帯活動抜きには存在し得なかったに違いない。

本章で示したように、中国においてエスペラントをめぐる問題は、言語問題だけではなかった。アナーキズム運動や新文化運動の問題との間の複雑な繋がりをもった政治問題でもあった。それゆえに、激動した国内の政治的風土にもかかわらず、戦後にいたるまで歴史的な実績を残してきた意義は大きかった。したがって、エスペラント運動においては、民族的・国家的偏見を乗り越えて、共同体形成のための相互間の平等を実現する可能性があると思う。

また、革命思想と関連し、民族独立を最大の課題として掲げた中国のエスペラント運動と、植民地朝鮮の解放のために戦った朝鮮のエスペラント運動との連帯と協力、および思想的な葛藤などは今後の課題としたい。これについては、中国の民族解放運動に深い関わりを持っていたエスペランティストの活動と関連する分析を通して明らかにしていきたい。

注
1) 康有為『大同書』中華書局、1935 年、123 頁。
2) 拙稿「20 世紀初期の中国における国際連帯活動とエスペラント受容」早稲田大学アジア太平洋研究センター編『アジア太平洋討究』第 22 号、早稲田大学アジア太平洋

Ⅲ. 知識人からみた「東アジア共同体」

研究センター、2014 年、拙稿「北東アジアにおけるエスペラント運動と国際連帯活動」『変容する華南と華人ネットワークの現在』風響社、2014 年、汪暉著、村田雄二郎・砂山幸雄・小野寺史郎訳『思想空間としての現代中国』岩波書店、2006 年、256-303 頁を参照。

3) ウルリッヒ・リンス著、栗栖継訳『危険な言語』岩波新書、1975 年。

4) 1887 年にザメンホフが公表した人工の国際語である。母音 5、子音 23、1 字 1 音の原則に従いアクセントの位置は一定である。語彙はロマンス語系を中心に当初は 900 語から成り、少数を除いてすべて多音節語である。文法は容易で規則的で、表現に弾力性がある。その実用性とその理想に共鳴する熱心な支持者を得たため、国際語の試みのうち唯一現在まで残り、支持者（エスペランティスト）は現在世界中に 100 万人程度いるとされる。

5) 東アジアにおける政府当局はエスペランティストたちの活動、とくに彼らが共産主義革命運動と実際に持っていた、あるいは持っていると推定されていたつながりを警戒していた（前掲『危険な言語』、90 頁）。

6) 大島義夫・宮本正男『反体制エスペラント運動史』三省堂、1974 年。反戦エスペランティストであった長谷川テルについては、宮本正男編『長谷川テル作品集』亜紀書房、1979 年などを参照。また、清朝末期の在日中国人エスペラント運動と大杉栄との関係ついては、宮本正男『大杉栄とエスペラント運動』黒色戦線社、1988 年を参照。

7) 浜田ゆみ「1930 年代における中国エスペラント運動の成功——言語・文字改革運動との結びつき」田中克彦・山脇直司・糟谷啓介編『言語・国家、そして権力』新世社、1997 年。

8) 中華全国世界語協会編『葉籟士文集』中国世界語出版社、1995 年。

9) 候志平『世界語運動在中国』中国世界語出版社、1985 年、候志平『中国世界語運動簡史』新星出版社、2004 年などを参照。

10) 1939 年 12 月発行の『延安世界語』の題辞のなかで、「エスペラントという形式をかりて、真の国際主義思想および革命の道が説かれるというのなら、エスペラントは学ぶに値するし、学ぶべきものである」という旨の発言をしている。

11) 陳独秀と胡適が先鋒に立ち、中国のアナーキストの新世紀派である李石曽、蔡元培、呉稚暉などは漢字を廃止し、エスペラントを使用することを主張した。毛沢東の新政権以降には、再び文字革命を支持して、1952 年から 3 年間の研究の末に漢字を簡略化した簡体字とアルファベットの導入を決めた。

12) 「反『国粋之処分』」『新世紀』第 44 号、1908 年。

13) 発刊当初の第1号と第2号の名は、『晦鳴録』（別名は「平民の声」）であった。
14) 『新世紀』グループの妥協案は、たとえば中国語の語順をエスペラント風に調整し、エスペラントの文法に対応して、中国語にも複数格の「們」や助詞の「的」などを新規に規定し、さらに日本語のように漢字の数を制限し、表音文字に近づけるような新しい文字体系を開発すべきというものである（前掲「『万国』と『新』の意味を問いかける」、133頁）。
15) 師培は、「むやみに音母をつくろうとするのは、中国の文字の値打ちは字形にあるのを知らないものだ。中国文字の用を広めようとするなら『説文』をエスペラントに訳すのがいい」と論じた（師培「中土の文字の世に益あるを論ず」『国粋学報』第46号、1908年）。清末国学者であった師培は、アナーキズムの立場からエスペラントに好意的であったが、中国語廃棄という主張には抵抗を感じ、エスペラントの力を借りて中国語を世界に広げようと呼びかけた。なお、銭玄同は、「文学にはエスペラントを用いることは必要であって、さらに普及のために高等小学校の課程に取り入れるべきだ」と主張した（銭玄同「通信」『新青年』第3巻第4号、1917年）。葉籟士は、「『人工的な国際語』の中でエスペラントだけが使われ続けていることは、人に応用されているからである」と指摘した（葉籟士「『用武之地』『環境』與『傲慢』」『読者月刊』第1巻第1期、1933年）。
16) 『新世紀』第40号、1908年。なお、呉稚暉は漢字文を後れたものだと思っていた。「もし改革するとすれば、大部分の語彙は、世界共通して使う現代生活の新語句を採用しなければならず、中国語の文語の部分を取り除くと、残るのはただ『太陽』、『月』といった類のことばで、多くても全体の3割を占めるにすぎない。……それらのために表音文字を別に創ることはない。中国はやはりきっぱりエスペラントを使用したほうがよい」（呉敬恒「『中国、万国新語を用いるの説を駁す』の後に書す」『新世紀』第57号、1908年）。呉稚暉は、清末・民国期の思想家・政治家で、上海南洋公学などの教員や日本留学を経て、1902年、蔡元培らの愛国学社教員を務めた。後にパリに渡り、李石曾らと1907年に雑誌『新世紀』を創刊し、アナーキズムを宣伝しながら、革命を主張した。辛亥革命後に帰国し、1913年の読音統一会で国音、注音字母の制定に中心的な役割を果たした。政治的には反共を主張し、国民党右派の大物として各種役職を歴任した（周雲青編『呉稚暉先生文存』上海医学書局、1925年を参照）。
17) 章炳麟は、「エスペラントはヨーロッパの言語を標準としているので、国語としては不適当である。中国語は表音文字ではあらわしきれないので、漢字は廃止できない」と反論した（章炳麟「中国、万国新語を用いるの説を駁す」『民報』21期、1908

Ⅲ．知識人からみた「東アジア共同体」

年）。なお、陶履恭は、「最近、蔡元培・銭玄同先生がエスペラントの提唱につめているが、それには、a．言語学の理論からみて各種欧語の無秩序な採用、b．民族心理の表現に不適当（孔子専制の観念で諸子百家を廃止するようなもの）、c．語彙が英仏独伊語中心で東洋の語を含まぬことからくる不便、などの問題があり、採用には反対である」と述べた（陶履恭「通信」『新青年』第3巻第6号、1917年）。劉筠清は、「エスペラントは文法が簡単だというが、各方面で必要とされる単語は多い。現在辞典はできているのか。また、エスペラントを学ぶ目的を、外国語からその精華を吸収することだとするが、読みたい本がエスペラントで書かれていなければ失望させられることになる」と疑問を投げかけた（劉筠清「エスペラントに対する疑問」『晨報副刊』1924年11月21日）。

18）周有光『漢字改革概論』文字改革出版社、1979年、35頁。章炳麟は、清末・民国期の民族革命思想家、政治活動家であった。1904年には漢族光復を目指す革命結社を結成し、渡日してから中国同盟会の機関紙『民報』の編集長として、仏教哲学を駆使して排満民族革命論を主張し、東アジアの連帯のために亜洲和親会を結成した。五四運動後には中央集権への反対から連省自治を主張し、中共にも反対した。民族主義の立場から国語問題では声母・韻母を組み合わせた表記記号を作製し、1913年の中華民国教育部による漢字読音統一と表音文字制定に採用されて、注音字母と名づけられた（『章太炎全集』第7巻・第8巻、上海人民出版社、1994年、西順蔵・近藤邦康編訳『章炳麟集』岩波書店、1990年を参照）。

19）これらの論文に共通するのは、「中国文字が改革されなければ、教育は絶対に普及せず、中国語は統一されず、中国語の文学は充分に発展せず、全世界の人が共有している新しい道理、学問、新知識を便利に且つ自由に中国語を用いて書き出すことは不可能である」という認識を明確に公表したことである。なお、1924年には「国語ローマ字拼音法式」を定めた。

20）中国の広義のローマ字化運動は国語ローマ字から始まり、後のラテン新文字をも含むものである。

21）たとえば、銭玄同も次のように反論した。「漢文がなくなった後、いかなる文字が此れに代わるべきか、もとより一人が論じ定められるものではないが、文法が簡単かつ表現力があり、発音が整然としており、語根が精緻な人工の文字であるエスペラントを採用すべきだ」と主張した。銭玄同は、清末に日本留学し、帰国後は北京大学教授を務めながら、1917〜1920年は『新青年』の編集に活躍した。ローマ字運動を起こし、後に魯迅らと語系社を結成して、文字改革に尽力した。歴史学者としては古文献の科学的検討批判の道を開き、顧頡剛らとともに疑古派と呼ばれた。

22）巴金は、中国現代文学を代表する小説家の一人で、五四運動期にアナーキズムの活動に従事し、1927年にフランス留学、日中戦争期は、桂林や重慶などを転々として中華全国文芸界抗敵協会で宣伝活動に従事した。建国後は、中国文学芸術連合会の主席を務め、文革以降は毛沢東時代の自らの文学や生活についての鋭い内省を披露した。エスペラントの普及にも尽力し、上海エスペラント協会の名誉会長でもあった（許善述編『巴金与世界語』中国世界語出版社、1995年、竹内実・村田茂編『ひとびとの墓碑銘——文革犠牲者の追悼と中国文芸界のある状況』霞山会、1983年を参照）。

23）『新青年』第2巻第3号、1916年11月。

24）『新青年』第2巻第5号、1917年1月。

25）『新青年』第3巻第4号、1917年6月。

26）『新青年』第3巻第5号、1917年7月。

27）『新青年』第3巻第6号、1917年8月。

28）『新青年』第3巻第6号、1917年8月。

29）『新青年』第4巻第2号、1918年2月、『新青年』第4巻第4号、1918年4月。

30）同上書。

31）『新青年』第5巻第5号、1918年11月。

32）同上書。

33）『新青年』第6巻第1号、1919年1月。

34）『新青年』第4巻第4号、1918年4月。

35）『新青年』第5巻第5号、1918年11月。

36）『新青年』第5巻第5号、1918年11月。

37）同上書。

38）同上書。

39）同上書。

40）『東方雑誌』第19巻第15号、1922年1月。

41）『緑光』第7巻第1・2合併号、第3号、1930年。『緑光』は、1922年6月に上海世界語学会で編纂したエスペラント雑誌である。

42）『緑光』第7巻第7・8合併号、9・10合併号、1930年。

43）この抗議書では、「五・三十事件」の一部始終について実際に基づいた報道を行っている（『世界』第5号第1版『紀念五月』、1925年）。

44）『緑光』第4巻第1号、1927年。1941年から1947年まで、胡愈之はシンガポール、インドネシア、マレーシアなどの地域で『南洋商報』、『南僑日報』などの編集長を

務め、抗日宣伝活動に従事すると同時に、エスペラントの宣伝と普及を行なった。1949 年に北京が解放されると、彼は全国のエスペラント組織と対外宣伝刊行物を創設するために、エスペランティスト座談会を何度も開催した。胡愈之の積極的な推進によって、1950 年 5 月『人民中国報道』が創刊され、翌年 3 月には中華全国世界語協会が成立した。

45) SAT は、1921 年にフランスのパリで成立されたエスペランティストの左翼組織であった。当時、プロレタリアの解放運動においては国際的な連帯が求められており、エスペラントはプロレタリアの国際的な連帯活動の紐帯と階級闘争の武器として位置づけられた。1929 年の SAT の会員数は 6329 人に達して、同年の国際エスペラント協会の会員数 9113 人に近づいた。SAT の会員のうち、ソ連からの参加者(1987 人)とドイツからの参加者(1835 人)は、全体の 6 割以上を占めていた。

46) IPE の行動綱領には、エスペラントを用いて国際的なプロレタリア運動と社会主義建設に取り組むこと、各国のプロレタリアのエスペラント団体を取りまとむこと、国際人工語の理論の構築とエスペラントの社会における応用領域を拡大すること、革命闘争とプロレタリアの国際的連帯に基づくこと、などが含まれていた。

47) 前掲『危険な言語』、147 頁。

48)「中国各地蘇維跟政府為日本帝国主義強占東三省告全国民衆書」『蘇維跟中国』ソ連外国工人出版社、1933 年、55-59 頁、日本国際問題研究所『中国共産党史資料集』第 5 巻、勁草書房、1972 年、378 頁。

49) 黄尊生「我与世界語運動」『老世界語者』1996 年 16 期、6 頁。

50) 当時、中国のエスペランティストたちが行なった抗日運動に、世界各地のエスペラント活動家も協力した。たとえば、日本のエスペランティストである長谷川テル(中国でのペンネームは緑川英子)は漢口の放送局から日本人民に対する呼びかけを行ない、「平和のハト」と呼ばれたのである(前掲『反体制エスペラント運動史』、283-284 頁)。

51)『希望』第 8・9 合併号、1931 年。文章では、日本軍が瀋陽、長春、吉林を侵略した経過を詳細に報告した。『希望』第 10 号では、世界のエスペラント界で有名な「我々の宣言」(Nia manifesto)を掲載し、日本軍が中国東北を侵略した経過を詳細に述べた。なお、『希望』は 1930 年 1 月に学会発行の『光明』を改編して作られた。「我々の宣言」は、欧米各国と日本・朝鮮のエスペラント団体と個人に配布された。また、1931 年に『希望』第 10 号からは「来自中国」という新しいエスペラントのコラムを設けて、世界に向けて中国の政治と社会事情を発信した。たとえば、「中国人民の抗日現状」、「日本帝国主義の中国からの排除」、「中国ソビエト地区の現状」、「上海 1・

第 11 章　戦間期の中国知識人が考えた「世界語」と国際連帯

　　 28 の抗戦」、「世界各国のプロレタリアへの手紙」、「中国ソビエト現行政体一覧」、「国民党軍の赤軍に対する第 4 回の討伐」、「第二世界大戦中のエスペランティストの任務」など、多数の文章を掲載した。

52) 胡愈之、楼適夷、葉籟士、張企程などが発起人となっている。「語聯」成立の報道は、当時左翼作家聯盟が発行していた『文芸新聞』の 1931 年 12 月 14 日付に掲載された。

53) 1936 年、抗日民族統一戦線の確立のために、「中国左翼文化総同盟」は各所属連盟に対して解散を命じた。しかし、当時対外国際宣伝活動の強化のため、「語聯」だけは解散せず、日中戦争の全面開始のきっかけとなった 1937 年の上海「8・13 事変」まで、その活動を継続した。

54) 1932 年の上海「1・28」事変後、世界語書店は上海世界語協会とともに閉鎖された。王魯彦、攝燿などによって『緑光』第 9 号が編纂されたが、協会の回復は達成できなかった。

55) 『中国無産階級世界語通信新聞稿』を出版し、「語聯」は国際的に他の国家の左翼エスペラント組織と広範な連携を行なった（葉籟士「回憶語連——三十年代的世界語和新文字運動」『新文学史料』第 2 期、1982 年）。

56) 同号には、胡愈之の「アンリ・バルビュスと『世界』」という文章も掲載した他にも、30 名以上の読者らによる「エスペランティストは如何に反戦運動を展開するのか」に関する議論を掲載して、反戦運動のビジョンの確立と帝国主義による戦争の拡大に対する批判を繰り広げた。

57) 『世界』第 10 月号、1933 年。『世界』においては、「反ファシズム」という明確な解放のビジョンを挙げて、ヒトラー政権による IPE に対する破壊を糾弾した。1933 年第 10 号からは「中国怒吼」（Ĉinio Hurlas）という新しいコラムを設けて、戦争の悲惨さとエスペランティストの活動を紹介している。1934 年から 1936 年までの間は、『世界』が最も活躍した時期でもあった。1934 年第 1 号においては、「中国エスペラント運動の現状」という文を発表して、民族危機に直面した中国エスペランティストの明確な立場を表明した。

58) 『世界』第 10 月号、1933 年。たとえば、陳原は 1931 〜 1932 年に広州市の市立世界語師範講習所でエスペラントを学び、その後何度もエスペラント講座を開いて教えた。1933 年以降、『世界』に多くの文章を発表したが、その中には「広州の人力車夫の生活を記す」、「彼女たちはどうやって生きていけるのか？」などがあった。1930 年代中期には、広州の中山大学踏緑社の責任者となり、余荻と共に『中国報道』（Heroldo de Ĉinio）、『正義』（Justeco）、『走向新階段（新たな段階へ）』（Al Nova Etapo）

291

を編集・出版し、抗日救国運動のために国際的宣伝活動を続けた。陳原は、建国後、国家言語文字工作委員会主任を務めたこともあり、著名な言語学者である。1981年、胡愈之、巴金、陳原は国際エスペラント協会名誉監督委員会委員に選出された。

59) 1933年6月23日に北平の『世界語之光』が創刊され、青島の『世界語』、紹興の『緑焔』、成都の『緑焔』、太源の『播種者』、呉淞同済の『小世界』なども相次いで刊行された。この時期から中国戦争の終結まで、「中国の解放のためのエスペラント」という指針は変わらなかった。

60) 中国の漢字は、甲骨文字、金文、小篆から隷書、楷書に至るまで何度も改革されていた。秦の始皇帝は「書同文」の政策を推し進めたが、これは史上初の重要な文字改革であった。言語は絶え間なく変化し、文字が言語の変化の必要に応じて、改革されることは避けられなかった。しかし、社会変革が比較的小さく安定して発展している時期には文字改革も穏やかに進展し、変化も顕著ではなかった。

61) 盧戇章『中国第一快切音新字』序文、1892年。

62) 臼井裕之「『お前はワニか』——Klokodiliにみるエスペラントの言語イデオロギー」『現代思想』第26巻第10号、青土社、1998年を参照。

63) 反「国粋之処分」『新世紀』第44号、1908年。

64) 조세현『동아시아 아나키즘, 그 반역의 역사』책세상（ゾ・セヒョン『東アジアのアナーキズム、その反逆の歴史』チェッセサン）、2001年、79頁。

65) この雑誌は新世紀派である師復によって発刊された。発刊当初の第1号と第2号の名は、『晦鳴録』（別名は「平民の声」）であった。

66) 김삼수『한국에스페란토운동사』숙명여대출판부（キム・サムス『韓国エスペラント運動史』淑明女大出版部）、1976年、241頁。

67) 오장환「1920년대 재중국 한인 무정부주의운동——무정부이념의 수용과 독립투쟁이론을 중심으로」『국사관논총』25집、국사편찬위원회（オ・ザンファン「1920年代の在中韓人無政府主義運動——無政府理念の受容と独立闘争理論を中心に」『国史館論叢』25、国史編纂委員会）、1991年、48頁。

第12章
中国東北地域における農業開発と横山敏男

朴 敬玉

はじめに

　日本をはじめ国家の枠を越え、アジア共同体の構築に向けて、様々な親善活動が行われている今日において、日本が戦前に盛んに唱えていた「大東亜共栄圏」の構築に向けて実施した政策や史実を明らかにすると同時に、当時の調査研究の成果を如何に継承していくかは、重要な研究課題になると考える。中国東北地域は戦前には「満洲」（以下、括弧を略す）と呼ばれ、そこで展開された稲作農業の展開過程は、中国・朝鮮・日本の近代史が絡み合っている東アジア社会経済史の縮図であるとも言える。1930年に東京帝国大学を卒業した横山敏男は、日本では昭和前期のプロレタリア作家として知られているが、1939年には満洲に渡り、終戦直前である1945年の6月には著書の『満洲水稲作の研究』が出版される。近代中国東北地域における稲作農業の展開過程を分析する際に、戦前のこのような調査研究の成果を如何に評価すべきなのかは、たいへん興味深い問題である。

　近代中国東北地域の開発の歴史を辿ると約150年間に過ぎない。多くの移民を吸収した近代の東北地域においては、山東・河北からの漢人移民によって大豆・高粱・粟・トウモロコシ・小麦・陸稲などの旱田作物が栽培された。華北地域の漢人は東北地域に移住した後も高粱・粟などを主食とし、畑作に従事していた。稲作は漢人より後に東北地域に移住した朝鮮人によって始められた。19世紀後半から東北地域へ移住し始めた朝鮮人移民は水田開発の

主な担い手であった。19世紀後半の移住初期、朝鮮人は依然として狩猟や薬草探しを主とし、一部の人たちは麦とジャガイモの栽培で生計を営んでいたが、1875年には鴨緑江上流の通化地域で初めて稲の栽培に成功した。その後、稲作は次第に拡大して、1945年ごろには東北全域に普及するようになった。

特に、1920～1930年代は、朝鮮人の大量移住とともに水田が東北地域に普及し、生産が急速に伸びていく時期でもある。朝鮮人移民の移住は、東北地域における移民誘致政策・土地開発政策や漢人地主との深い結びつきのなかで展開していく。そして、韓国併合以降、東北地域において権益を拡大していく日本の対外政策とも深く絡み合っている。

このような中国東北地域における稲作研究が、東アジア社会経済史の一部分として注目されるなか、1910年代前後から日本の研究者らによってまとめられた東北地域の農村社会や朝鮮人移民、水田に関する調査研究は、次第に活用されている。日本が朝鮮半島・中国東北地域に対する勢力を拡張していく時期、満洲国期に支配者の立場に立って作られた史料が大多数であることから、当該時期の史料に対する批判的な検討は欠かせないが、当時の東北地域社会を理解する上では、非常に重要な参考価値がある。特に、横山の『満洲水稲作の研究』は、近代東北地域稲作研究においては欠かせない貴重な参考文献である。

そこで、本章では、まず、近代中国東北地域における稲作農業の歴史的背景や朝鮮人移民による新しい農耕文化の形成過程を概観する。次に、横山敏男のプロレタリア作家としての経歴と1939年から1944年までの満洲での活動を紹介する。そのうえで、著書である『満洲水稲作の研究』を取り上げ、そこから見えてくる彼の調査研究の成果を分析し、その時代背景と調査研究の限界性を明らかにする。

1. 中国東北地域における農業開発

1）中国東北地域における稲作の歴史的背景
（1）中国東北地域における農業開発ブーム

　20世紀初期における鉄道の敷設や移民の主な出身地である華北農村社会の変遷は、東北地域における移民社会の形成に大きな影響を与えた。加えて、民国期に官有財産であった土地が改めて官から民間に払い下げられ、地主支配が公的に認められるようになった[1]。土地の払い下げ政策や移民に対する積極的な誘致政策により、東北地域の農地の開墾が著しく進み、移民がその主力をなしていた。

　また、日露戦争以降、関東州を中心とする南満地域での米を主食とする日本人の増加から影響を受けて、漢人も米を食べるようになった。1920年代に入ると南満における都市人口の増加もあって、さらに多くの漢人が米を食するようになった[2]。19世紀後半から移住し始めた朝鮮人農民は米生産の主な担い手となった。

　米需要の増加とともに米生産の利益が注目されるようになり、民国初期以降、東北地域の地方政府は水田開発を重視するようになった。「振興実業、発展経済以救亡建国（実業を振興し経済を発展させることで、滅亡から救い強い国家を建設する）」というスローガンが社会潮流となり[3]、東北地域においては私営開墾会社としての稲田会社が次々と設立されるようになったのである[4]。

　しかし、1920年代後半以降になると、張作霖爆殺事件、張学良の国民政府への接近や「国権回復運動」の広がりという東北地域をめぐる状況の変化もあって、東北地方政権の在満朝鮮人政策は確実に「民族主義」的色彩を強めてゆくことになった。帰化の勧誘と同化政策を強化し、帰化していない朝鮮人による土地所有・賃借を禁止することなどにより、朝鮮人の南満地域から北満地域への再移住が増加した。

（2） 1920〜1930年代の朝鮮農村社会

　1910年から1918年までの土地調査事業の遂行により、土地の売買が促進され、農民層の分解が進み、小作農が増大した[5]。また、1920年からの「産米増殖計画」の遂行により自作・自小作農の土地喪失が進行したが、それは朝鮮南部の米作水田地域においては朝鮮北部の畑作地域よりも急速に進行した[6]。その結果、従来の朝鮮北部からの移動に加えて、南部の米作地帯から押し出された朝鮮人農民の東北地域への移動も増加するようになった。朝鮮総督府資料『朝鮮の小作慣習』（1929年）は、その様相を次のように述べている。「朝鮮人の鮮外移住者は、最近（1920年代後半―引用者）に至り、慶尚北道及び全羅北道地方の農家にして、満洲、西伯利亜方面へ移住し水田耕作を行ふものが漸く増加して来た」[7]。このように、東北地域開発ブームのなかで、多くの朝鮮人移民は韓国併合以降の日本の植民地政策によって貧窮化が進んだため、東北地域に移住して農業開墾に参加することになった。さらに、日本内部における失業問題や朝鮮における民族解放運動の日本への波及が懸念されたため、朝鮮人の日本への渡航が規制されたことによって[8]、中国東北地域、特に北満への移住に拍車がかかるようになった。また、1928〜1932年の世界大恐慌は朝鮮農民の貧窮化を加速させた。満洲国成立以降、東亜勧業株式会社や満鮮拓植株式会社といった国策会社の移民事業への介入によって、朝鮮南部から東北地域への移住が急激に増加していった。

（3） 日本の政策的関与

　資本主義化の進展とともに、日本政府は人口の急増と食糧問題という大きな課題に対応しなければならなかった。1912年ごろには、一部の日本人がすでに南満洲での水田耕作の可能性を探り始めており、満鉄付属地内においては水田経営が始められていた[9]。ただし、当時、この地域における日本人の水田経営は日本が租借していた地域に限られ、租借地以外では様々な困難を伴っていた。このような状況に対して、牧野伸顕外務大臣は奉天総領事落合謙太郎に対し、水田経営の可能性を積極的に探るよう命じていた。牧野は満

洲における水田経営が有利な事業であり、日本の手による満洲開発、日本国内の米価調節という観点からみて、それが日本にとって重要な政策課題であると認識していた。そこで、水田開発計画への本格的調査が開始された[10]。

このように、日本政府が水田開発に強い関心を寄せていたにもかかわらず、関東州と満鉄沿線地以外では、日本人の土地所有権が認められなかったため、韓国併合以降は、「日本臣民」の身分をもつものとされた朝鮮人農民の水田経営への「保護・補助」を行った。そのために、朝鮮人農民に対する中国側の規制はかえって強まることになった。

満洲国成立後、関東軍は「二十カ年百万戸送出計画」、「満洲開拓政策基本要綱」などを作成し、農業移民を計画的に移住させた。そして、朝鮮人移民に対しても、「放任」、「計画的送出」、「統制」など多様な移民政策をとっていたが[11]、朝鮮における農村社会の疲弊によって、朝鮮人移民数は1945年まで増加し続けた。また、満洲事変以降、関東軍と陸軍省は米の現地調達を主張したが、日本の農林省は満洲における米の生産量が増加して日本に向けて輸出し始める可能性が高いと予想し、日中戦争開戦当初には満洲の米生産の抑制を企図していた[12]。にもかかわらず、東北地域の米の生産は、1931年の満洲事変以降には、治安の悪化や1932年の北満地域における冷害などが原因で、水田の作付面積と生産量は一時減少していたが、その後、急激な増加の様相をみせている。1939年には、朝鮮における大凶作や侵略戦争の拡大によって、日本の食糧自給体制の確立は切迫した問題となっていった。

上述のように、中国東北地域における稲作は、近代東アジア社会の変動のなかで、朝鮮人移民の中国東北地域への定住とともに展開していくわけである。

2）朝鮮人移民による新しい農耕文化の形成
（1）朝鮮人移民という視点から
第1に、朝鮮人移民が稲作技術を得意とすることによって、漢人地主との

間には強い経済的依存関係が形成された。特に、1920年代後半、朝鮮人農民に対する規制が強化され、帰化していない朝鮮人による土地の所有・賃借が禁止されたにもかかわらず、多くの朝鮮人移民が漢人地主の下で小作人として水田を営んでいたことはその表れである。そして、日本領事館と朝鮮総督府の「指導」を受けていた金融会や農務契など在満朝鮮人の諸組織は農業耕作に必要な資金を提供した。また、朝鮮総督府の農事指導と東亜勧業や東洋拓殖を通じての朝鮮人農民に対する「支援」は、多くの朝鮮人農民の満洲への移住を促した同時に、在満朝鮮人社会に対する統制を強化することとなった。

　第2に、1920年代前半までは朝鮮北部出身の移民を中心に稲作が行われていた。1920年代後半以降は、朝鮮南部からの移民の増加が目立つようになった。1930年代には間島以外の中満地域と北満地域の朝鮮人は半数近くが朝鮮南部の出身者であった。特に、間島地域において1915年ごろに朝鮮人移民は小田代という新しい品種を積極的に受け入れていた。そして、1920年代前半において朝鮮半島においては稲作経験のない多くの朝鮮人移民が水田を営んでいた。ここからは、朝鮮人移民の新しい自然環境への積極的な適応過程が読み取れる。しかし、1930年代に入ってから、南満地域において品種の多様化が進んだが、多収穫品種よりも使いなれた在来品種の京租が依然として多く使用されたことからは、古いものを固持するという農家の二面的な性質が見られる。

　第3に、朝鮮半島よりも安い土地を求めて東北地域に移住した者もみられたが、朝鮮人移民の大多数は朝鮮での悲惨な生活状況から脱するために移住を選択した。何の財産もない朝鮮人移民が、ある地域に定住する初期において地主と移住者の間で仲介的な役割を果たしたのが中間地主であった。しかし、地主に小作料を支払って、その残額を中間地主と折半するということは農家にとってかなり大きな負担であったため、1930年代末には多くの地域に中間地主が無くなっていった。それは各地における金融会や農務契といった組織の普及と連動したことであり、満洲国政府の統制がより強化された表れ

でもある。そして 1930 年代には移住期間の長さや経済能力の差異などにより、朝鮮人移民のなかで階層分化がかなり進んでいった[13]。

　すなわち、朝鮮人移民の定住過程において、漢人地主との経済的依存関係や朝鮮総督府と日本の国策会社の働きは重要な要因であった。また、朝鮮人移民の水田耕作に従事するようになった過程からは彼らの生活史の一側面がうかがわれる。

(2) 稲作農業の展開という視点から

　第 1 に、19 世紀後半から東北地域の一部地域において実験的に行われた稲作農業は 1910 年代には南満地域を中心に少しずつ広がっていた。1913 年に吉林省各県の代表 30 人が北海道旭川の水田開拓事業を視察してから持ち帰った札幌赤毛が、2 年間の試作を通じて成功するに至った。加えて 1915 年には早熟種である青森県の小田代が龍井村に導入されることによって、中満・北満地域での稲作が可能となった。このように、満洲事変以前の稲作農業の展開過程は、民国期における地方政権の積極的な地域開発政策や水田開発奨励政策と密接に繋がっていた。また、この時期は 1910 年の韓国併合以降、日本の東北地域における権益の拡大と重なっていたことから、南満洲鉄道株式会社を中心に水田適地の調査や新しい米品種の開発が行われた時期でもある。つまり、近代的な農業開発を目指していた民国期の地方政権の様々な奨励政策と東北地域への勢力拡張を図っていた日本政府の政策的関与を離れてはこの時期の水田開発を論じることができないと考える。

　第 2 に、1930 年代、日本政府は米価の暴落による農民収入の激減と日本農村の不安定状態を緩和するために、満洲国での米の生産をさほど積極的に提唱しなかった。そのため、軍用米の現地調達と日本開拓団の営農安定という視点から満洲国における米穀増産の必要性を唱えた陸軍省とは矛盾が激化していった。しかし、朝鮮総督府の「援助」により、朝鮮人移民は急激に増加し、米の生産も着実に増えていた。ただ、この時期の米の需給状況を具体的に分析すると、満洲国の米の生産はやっと需要を充たす程度で、日本の農林

省が危惧していたように米の生産が消費を大幅に超えるような状況ではなかった。

　第3に、南満地域においてはすでに1920年代に多くの漢人が水田を営んでおり、1930年代前半には北満地域を中心に水田面積が大幅に増加した。籾の収穫高において北満地域は、南満・中満地域とほとんど同じとなった。そして濱江省を中心に北満地域における漢人の稲作への参入も目立つようになった。また、北満地域における朝鮮人農家の稲作経営において農繁期に漢人雇農を雇う場合もかなりあった。満洲国期において朝鮮人が営んでいた水田面積は東北地域の約85％を占めていたが、漢人が次第に稲作へ参入したことは、1945年以降の東北地域における米生産のさらなる発展に繋がった[14]。

　すなわち、稲作農業の展開過程において、中国の地方政権が果たした積極的な役割と日本政府の政策的関与は重要な要因であった。また、1930年代の米の生産は満洲国政府の政策とは反する形で着実に増えていた。そして、稲作という新しい農耕文化の形成は漢人地主と朝鮮人農民、漢人農家と朝鮮人農家の交流のなかで、より広範囲に普及されることになる。

　要するに、「朝鮮人移民」と「稲作農業」という視点からみると、中国東北地域の水田開発が歴史的に中国、日本、朝鮮半島と密接な関係を持ったこと、東アジア地域間の融合と相克の近代史がうかがわれる。近年の中国における近代史研究において、実証的に歴史事実を明らかにしようという動きもかなり活発になっているが、「侵略」と「抵抗」といった枠から完全に脱出しているとは言えない。しかし、農業技術の移転、国境を越えた人の移動という視角から近代東アジア地域史を理解することによって、より多様な当時の基礎社会も明らかになると考える。そして、当時の東北地域の基礎社会を明らかにするうえで、『満洲水稲作の研究』は、戦前の農村調査のなかでも農民の生活実態に寄り添った稀有の著作である。

2. 横山敏男の調査研究

1) プロレタリア作家としての池田寿夫

池田寿夫（本名、横山敏男）は1920年代から1930年代にかけて、日本の文学史に大きな足跡を残したプロレタリア文学運動の主要な理論家の一人であった。

横山敏男は1906年に新潟市に生まれ、家は商家であった。1924年に、新潟中学より新潟高校理科乙類に入学し、マルキシズムに関心を持ち、社会科学研究会に加入する。1927年には東京帝国大学農学部農業経済学科に入学し、1928年に学内で「大学左派」を創刊して主宰する。1929年には全日本無産者芸術聯盟（ナップ）に加盟し、また全国映画従業員同盟（「映従」—今東光主宰）に加わり、書記長となった。1930年には東京帝国大学を卒業する。まもなく「映従」（全国映画従業員同盟）が解体され、組合運動とはまったく絶縁し、以後文学運動に専心するが、ナップ機関誌に論文を発表し始め、評価を得ることになる。

1931年にはプロレタリア作家同盟東京支部書記長、続いて常任中央委員に推薦される。1932年には、日本プロレタリア文化聯盟（コップ）機関誌部長となり「プロレタリア文化」を編集した。その間数度の検挙、拘留されるが、1933年5月に日本共産党に入党し、コップフラクションとなった。同年12月に検挙、提訴され、豊多摩刑務所に収容された。

日本では1918年以降、労働争議が多発し、社会主義運動も始まる。関東大震災、経済不況、農村恐慌などによる社会不安が増し、プロレタリア文学が生まれた。小林多喜二、徳永直、中野重治、佐多稲子、宮本百合子、蔵原惟人、葉山嘉樹、青野季吉らそうそうたる作家が輩出された。近代日本の暗い時代、ファシズムが台頭し、運動は権力の弾圧を受け、分裂や統合を繰り返し、昭和10年代には崩壊する。多くの作家が転向し、離れていった。池田寿夫もその一人であった。

「昭和13（1938）年夏」と書いてある日記には転向後の懊悩ぶりがうかが

われる。そして、日記には農民に対する思いを次のように述べている。

> 相変わらず自然を見てもうれしくも何とも思はなかったが、畑で働いてゐる農民の姿をみると何か胸をうたれるものがある。あんなにまっくろになってこの世の人と思へないやうなきたない着物でセッセと働いてゐる姿を見るとかうやってノンベリダラリンとしてゐることが愧づかしくなる。そして、あの人達がこんなへんぴな山の中で猫の額ほどの畑で汗水たらして働いてゐることが、この世の出来事でないやうな気がする。恐く十年前も二十年前も百年前も五百年前も千年前もあうであったろう。都会が一刻一刻激しく変ってゆくのに田舎だけはとり残されたやうに変らない。農民の地位や状態や生活の様式は殆んどとふに足りない変化だ。

すなわち、激しい社会変化の中で、取り残された農村やほとんど変わらない農民の地位と生活様式に対する切実な思いがうかがわれる。

2) 満洲での活動

横山敏男は1939年の春には満洲に渡り、満洲糧穀株式会社に入社する。その後、新設された日満農政研究会新京事務局主事を兼務した。1939年の6月から12月の間には、「住宅難の問題」「服装の問題」「乗物のこと」「言葉について」「食物について」「物価について」「建物と道路」「公園と盛り場」「満州のインテリ」「出稼人根性」などのエッセーを書いて、白水生という名前で『満洲評論』の第16巻第24号から第17巻23号に発表している。また、1942年5月に『興農』に「鮮農部落紀行」を発表している。これらのエッセーは1942年8月に出版された『新京郵信』にまとめられている。

『新京郵便』の「満洲生活―言葉のこと」では、「10年後、20年後、30年後」に「日本語は今日の10倍にも20倍にも否それ以上に普及されるだろう」としながらも、「現在の我々はどうしたらいいか。やっぱり我々はいくら困難でも苦労しても満語を習ふべきであり満人をして日本語を修得せしめると

共に、日本人として満語を修得しなければならぬのだ。それは個人的な用を足すとか、生活的便宜といふことだけでなく、民族協和の第一歩であるといっても決して言ひ過ぎではない」[15]と、日本人の中国語学習の必要性を主張した。

また「満洲紀行―北満農村行」のなかでは、「毎日同じ農民を見、名を覚え、挨拶を交す様になると妙に愛着が生じて来るのはどうしたわけだろうか。農民のみの持つ素朴な魂が冷たい現実の枠を破り、民族の垣を通してぢかに迫ってくるからであろうか」[16]と、民族の枠を越えて、農民に対する愛着を現していた。

1943年の8月には『満洲国農業政策』（東海堂）が出版されるが、序言に「小平権一には公私ともにお世話になっている」と書いてあることから、1938年には農林省次官で、1939年には満洲糧穀会社理事長であった小平権一とはかなり親しかったことがわかる。

そして、1944年の11月9日には病気で亡くなるが、その翌年の1945年6月に、満洲での調査研究をまとめた『満洲水稲作の研究』（河出書房）が出版される。横山は1944年の2月に書いた序言において「満洲水稲作の技術的経営的諸問題は、直接の実態調査の結果から導かれたものであり、静かな研究室や書斎の中から生まれたものでなく、足まめに全満主要米作地帯を歩き回り、白衣の鮮農をオンドルの上で具体的に調べた生きた報告の集積である」[17]と、自負していた。

さらに、横山は「満洲水稲作に関する基礎的生産事情たる家族構成、人口構成、土地・小作・雇用関係、労力構成、耕種技術、灌漑方法等を明らかにし、更に進んで水稲作の経営経済的諸条件を個人経営の場合と大経営の場合と分ちて考察し、鮮農の経営生活、水稲再生産条件を明らかならしむるために食糧事情と金融事情とを調べ、以上の全般的な結論として満洲水稲生産力増強上の隘路が何処にあるか、之が打開のために執らるべき方策に付ての所見を総合的に開陳した」[18]と、著書の成果を述べている。

以下では、主に『満洲水稲作の研究』から見られる横山の満洲稲作に対す

3）横山敏男の農業調査研究
（1）満洲稲作に対する見解

横山は、近代中国東北地域の水稲作の実態を明らかにすることは、朝鮮人移民の実態を明らかにすることであり、すでに居住していた漢人農民と新しく移住した朝鮮人農民間の民族的接触・交流より生じる政治的・経済的・文化的諸問題が絡み合っているところは、日本で行われた稲作についての研究と著しく異なっている[19]とし、東北地域の水稲作における朝鮮人移民問題の重要性を指摘している。

また、水稲作は高度な技術と集約的労力を必要とする商品作物とし、食糧増産の視点から国家的事業として大規模の土地改良を行い、水田造成の必要性を主張した。すなわち、水田の自然発生的な横の広がりは一定の限界にぶつかり、自然増加はほとんど期待することができないため、大規模のアルカリ地帯、または湿地などの土地改良や水田造成をなくしては水田の拡張は困難であるとした。しかもこのような大規模の土地改良水田造成は、個人の手によっては不可能であり、どうしても国家的事業とならざるを得ない[20]と主張した。

さらに、明治以後の日本における稲作生産力の発展は、化学肥料の導入によることも多いが、その最大のものは在来品種を淘汰して、優良品種を経営内に取り入れていったことによるとする。そのうえで、経営の集約度の強化高度化ということは単に施肥量の多いこと、能率の高い機具の導入のみでなく、優良品種の採用に始まる[21]と強調した。

最後に、奥田亨が指摘した満洲の稲作における無肥料農法の理由：①水田技術の低さ、②大部分は開田の歴史が浅く、土壌肥料分に富んでおり、施肥する時は収穫前に倒伏するおそれがあること、③朝鮮人の浮動性及び貧困さのため、④漢人は一般に水田は最下等地を利用すべきものというのが一般的な考え方であり、水田に施肥することなどは無用不経済と看做していた[22]、

に対して、「何も好き好んで転々と移住したわけでなく、貧困なるが故に一寸した小作条件のよさでも求めて転住したために、小作田に施肥することができなかったとみるべきかも知れない。要するに施肥の効果を鮮農の社会経済的貧困が、化学肥料の購入を不可能ならしめていたこと、更に家畜使用の少なさは当然堆肥厩肥を製造することができなかったことこそ理由が求められるし、開田早々の際は雑草の生え方も比較的少なく、従って除草も楽であり、無肥料でも一定の収量を確保し得られたが故に、ここに知らず知らずの裡に地力を減耗する無肥掠奪農法がつづけられてきた」[23]と、朝鮮人移民の生活実態から、稲作における無肥料農法に一定の理解を示しつつ、施肥の重要性を指摘した。

　すなわち、満洲における稲作農業は民族問題に帰結されるとし、朝鮮人移民との深いかかわりを指摘した。そして、国家的事業としての土地改良や優良品種の普及及び施肥の必要性を主張したのである。

(2) 調査研究成果の一例

　横山は『満洲水稲作の研究』の第4章「北満の水田及畑作経営に於ける労力構成——北安省海倫県瑞穂村調査報告」において、主に海倫県（現黒龍江省内）瑞穂村善牧屯及び東北屯の朝鮮人と漢人農家20戸に対する1942年の戸別調査によって「康徳六年（1939年）の呉、金両氏の調査[24]との比較において変化を遂げた方向を究明すると共にこの変化をもたらした諸条件を追究する」[25]と、その主旨を述べている。

　そして、その調査において、善牧農場の社会構成について「大土地所有者はいずれも不在地主であり、在屯農家においては極めて小面積の土地を所有するもの数戸に過ぎず、耕作農家の大部分は小作農である。かつ大耕作者の存在を見ないのであって、北満農村に普通見られる如き屯の中心をなす勢力を欠き、小貧農及び雇農が圧倒的多くを占めている」[26]と述べている。また、1939年の金・呉の調査と1942年の調査を比較して、朝鮮人農民と漢人農民はいずれも経営規模の零細化が進んでいたことと漢人農家の雇農戸数が

1939年の46.9％から1942年の55.2％に増加したことを指摘していた。そして、1942年には1939年に比べて漢人農民と朝鮮人農民ともに小作戸数の割合の増加が著しく、地主及び地主兼自作などの在屯土地所有者の戸数の増加が見られた。土地の約9割以上は不在地主の所有で、不在地主は奉天市、ハルビン市、海倫および海北街に居住し、年に1回収穫を待って、小作料の徴収に屯にきていた[27]と述べている。

横山の調査からは、1939年の調査時に比べて朝鮮人農家と漢人農家はともに経営の零細化が進み、漢人農家における雇農の割合も増えたことがわかる。これは北満農村における農家の階層性を、農村発生の当初から存在したものと[28]し、階層性を静態的にとらえていた平野蓊の認識に対する有力な反論となるものである。また、善牧農場の創立者である鄭駿秀の回想からも確認できるように、善牧農場での定住期間が比較的長い農家と定住期間の短い農家の間にもすでに経済格差が現れていた。このように農家が経済的能力の差異から富農や貧農に細分化される状況は、間島地域における楊城村を事例とした1930年代の朝鮮人農家に対するイ・ヒョンチャンの論文でも指摘されている[29]。

そして、北満における朝鮮人農民はほとんど小作人として稲作に従事していたため、経営面積の大きい漢人農家が稲作を営む際に稲作に熟練している労働力の確保が非常に困難であったが、南満地域では最も近い平安北道から季節的に必要な労働力を求めることができたとし[30]、北満とは生産事情がかなり異なっていたと指摘した。

このように、直接調査に出かけたことから、彼の研究成果は理論的なまとめ方よりも具体性に富んでいた。そのため、北満農村社会の変貌や南満地域における朝鮮半島からの労働力の問題などを実証するうえでは、重要な参考史料となる。

終わりに

　近代中国東北地域における稲作という新しい農耕文化は、朝鮮人移民の定住と日本の勢力拡張とともに展開され、漢人地主と朝鮮人農民、漢人農家と朝鮮人農家の交流のなかで、より広範囲に普及されることになる。

　近年の中国東北地域における稲作農業に関連する研究成果をみると、「支配と抵抗」といった枠を越えて、国民国家の相対化が試みられていることがわかる。農業技術の移転、国境を越えた人の移動という視角から近代中国地域史を理解することによって、より多様な当時の基礎社会も明らかにされつつある。

　横山敏男はかつてプロレタリア文学の理論家──池田寿夫として名を馳せた転向者であったが、満洲での生活に関して様々なエッセーも書き残している。彼が日本人の中国語学習の必要性を主張し、稲作における朝鮮人移民の果たした役割を強調していることからは、満洲を日本の文化一色で塗りつぶしてはならないという思いがうかがわれる。また、満洲糧穀株式会社や農産公社に勤めていながら、南満・北満に直接調査に出かけ、各地における朝鮮人移民の生活実態や米品種の分布・水利状況などを含めて稲作農業の状況を詳しく論じている。1940年代に入ると『満鉄調査月報』などから確認できるように、現地調査の研究成果が相当少なくなるなかで、横山は1939年から1944年まで満洲農業に関連する調査研究の成果を発表している。そのため、彼の調査研究の成果は1945年以前の東北地域における稲作農業を分析する上で欠かせない貴重な研究史料である。ただし、日本の「大東亜共栄圏」における食糧増産が大きな課題であった時代に書かれていたことから施肥の必要性を何よりも重要視していたことや、彼自身は満洲国政策に協力し、推進する立場であったことから、批判的に読み解く必要性があると考える。

III. 知識人からみた「東アジア共同体」

注
1) 民国初期の東北地域における官地の払い下げについては、江夏由樹「辛亥革命後、旧奉天省における官有地の払い下げについて」『一橋論叢』第98巻第6号、1987年、を参照。
2) 当時東北地域では約85万5千石の米が消費された。そのなかで、日本人約20万人の米の消費24万石を除くと、およそ61万5千石余りは各地における漢人および朝鮮人の食糧或いは種籾として消費された。満鉄興業部農務課『満洲の水田』1926年、116-117頁。
3) 徐建生『民国時期経済政策的沿襲與変異（1912～1937）』福建人民出版社、2006年、7頁。
4) 清末から満洲事変に至るまでに、奉天省と吉林省における稲田会社の設立年月、設立者などについては、金穎『近代満洲稲作の発達と移住朝鮮人』（ソウル国学資料院、2004年）を参照。
5) 1918年末には農家総戸数265万2,484戸のうち地主は8万1,541戸（3.6％）、自作は52万3,332戸（19.7％）、自小作は104万3,836戸（39.4％）、さらに小作は100万3,775戸（37.8％）を示している。朝鮮総督府『朝鮮の小作慣習』調査資料第26輯、1929年、28頁。
6) 松村高夫「日本帝国主義下における『満州』への朝鮮人移動について」慶應義塾経済学会『三田学会雑誌』63巻6号、1970年、64頁。1920年代後半には特に地主の減少傾向（土地集中）が顕著になった。また、1919年から30年にかけて自作農は19.7％から17.6％へ、自小作農は39.3％から31.0％へと減少しているのと逆に、小作農は37.6％から46.5％へと増加している。細川嘉六「植民史」『現代日本文明史10』1941年、286頁。一方、「産米増殖計画」における土地改良・農事改良の進展に伴って、米穀生産は反当たり収穫量・総収穫量ともに徐々に増大していった。しかし、それ以上に顕著なのは、米の日本への輸移出量の急増であった。河合和男『朝鮮における産米増殖計画』未来社、1986年、134-135頁。
7) 前掲、『朝鮮の小作慣習』28頁。
8) 1919年、3.1運動勃発直後、総督府は「旅行証明書」制度を設け、個々の渡航者を管理・制限する措置をとった。旅行証明書制度は1922年に廃止されたが、関東大震災直後には9ヶ月にわたって再び実施された。1927年からは「渡航証明書」、1929年からは「帰鮮証明書」（日本への再渡航証明書）の制度がとられ、1945年まで続いた。水野直樹「朝鮮人の国外移住と日本帝国」杉原薫他『岩波講座　世界歴史19　移動と移民』岩波講座、1999年、261頁。

9）江夏由樹「1910～1920年代の中国東北部（旧満洲）における水田開発――水稲文化の展開から見た日本・朝鮮・中国の関係」濱下武志・崔章集編『東アジアの中の日韓交流』慶應義塾大学出版会、2007年、178頁。

10）1910年代、日本政府は中国東北地域における水田開発の可能性、そこに存在する土地所有権、朝鮮人移民の問題などについて個別的調査を進めていった。同上、189頁。

11）金基勳氏は日本の朝鮮人移民に対する政策を5つの項目にわけて分析している。すなわち、①満洲国初期の放任政策（1932～1933年）、②朝鮮総督府の反発と「計画移民」の送出（1932～1936年）、③統制政策の形成（1934～1936年）、④統制政策の施行と修正（1937～1941年）、⑤対満朝鮮農業移民政策の崩壊（1942～1945年）である。金基勳「『満洲国』時代日帝の対満朝鮮人農業移民政策史研究」『学芸誌』第3輯、陸軍士官学校博物館、1993年。

12）日中戦争開戦当初、満洲における米穀政策については、大豆生田稔「日中戦争開戦当初における対植民地・『満州』米政策」（『城西人文研究』第13号、1986年、75-77頁）を参照。

13）朴敬玉『近代中国東北地域の朝鮮人移民と農業』御茶の水書房、2015年、193-194頁。

14）同上、192-193頁。

15）横山敏男『新京郵信』肇書房、1942年、37頁。

16）同上、288頁。

17）横山敏男『満洲水稲作の研究』河出書房、1945年、3頁。

18）同上。

19）同上、2頁。

20）同上、477頁。

21）同上、483頁。

22）奥田亨・工藤要「満洲に於ける水稲作の耕種技術の現状」『満鉄調査月報』第22巻第1号、1942年1月。

23）前掲『満洲水稲作の研究』、484頁。

24）呉振輝・金仁基「北満における朝人農家の入植過程と鮮満人農家の土地所有並利用事情」『満鉄調査月報』第20巻7号、「農業経営における北満満人部落の労力関係」『満鉄調査月報』第20巻8号、1940年。

25）前掲、『満洲水稲作の研究』127頁。

26）同上、129頁。

Ⅲ. 知識人からみた「東アジア共同体」

27) 同上、136 頁。
28) 平野蕃は「北満における小作農家、農業労働者層は、北満において農民層分化の結果発生したものよりも中・南満において土地を喪失し北満に流入したその子弟である場合が多かった。つまり、北満における階層分化の上層部と下層部とは既に農村発生の当初において、上層と下層とが一所にたまたま会同したと見るべき場合が多く、このことがまた北満の雇用・被雇用関係、土地の貸借関係に明瞭に現われている」と述べている。平野蕃『満洲の農業経営』中央公論社、1941 年、83 頁。
29) 이형찬「1920～1930년대 한국인의 만주이민연구」『일제하 한국의 사회계 급과 사회변동』（イ・ヒョンチャン「1920～1930 年代韓国人の満洲移民研究」『日帝下韓国の社会階級と社会変動』）韓国社会史研究会、1988 年、所収。
30) 具体的には年頭に契約しておき、朝鮮で田植えがちょうど終ったころは南満における移植期にあたるため、この季節に朝鮮まで募集にいき、引率してきたりした。一般的には南満に居住している朝鮮人が自分の出身地の村にいき、待遇とそのほかの条件を提示して引率してきた。その待遇のなかには日給何円というほか、食事の内容、回数、酒煙草の有無などが含まれている。旅費は満洲に行く際は雇用主の負担であるが、帰国する際は被雇用者の負担になるのが通例であった。しかし、場合によっては帰国旅費を雇用主が負担することもあり、食事は米飯を支給することが最大の魅力であった。もし米と粟の混食であったら、被雇用者のほうでは米を食べさせてくれる雇用主を探して移転していたので、雇用主側はどうしても米のみを食べさせるという条件を提示しなければならなかったという。前掲、『満洲水稲作の研究』39 頁。

◆参考文献◆

横山敏男『新京郵信』肇書房、1942 年。
──『満洲国農業政策』東海堂、1943 年。
──『満洲水稲作の研究』河出書房、1945 年。
池田寿夫「日本プロレタリア文学運動の再認識」平野謙編『全集・現代文学の発見・第 3 巻　革命と転向』学芸書林、1968 年。
衣保中『近代朝鮮移民与東北地区水田開発』長春出版社、1999 年。
金穎『近代東北地区水田農業発展史研究』中国社会科学出版社、2007 年。
江夏由樹「1910～1920 年代の中国東北部（旧満洲）における水田開発──水稲文化の展開から見た日本・朝鮮・中国の関係」濱下武志・崔章集編『東アジアの中の日韓

交流』慶応義塾大学出版会、2007年。

朴敬玉「朝鮮人移民の中国東北地域への定住と水田耕作の展開——1910～1920年代を中心に」日本現代中国学会編『現代中国』第82号、2008年。

――『近代中国東北地域の朝鮮人移民と農業』御茶の水書房、2015年。

横山悟「プロレタリア作家　父・池田寿夫の時代（下）」『週刊長野』2009年9月12日。

市立小樽文学館『池田寿夫（横山敏男）旧蔵書目録』、2010年。

湯川真樹江「満洲における米作の展開1913～1945——満鉄農事試験場の業務とその変遷」三田史学会『史学』第80巻第4号、2011年12月。

藤原辰史『稲の大東亜共栄圏——帝国日本の〈緑の革命〉』吉川弘文館、2012年。

李海訓「近代東北アジアにおける寒冷地稲作と優良品種の普及」『社会経済史学』第79巻第2号、2013年8月。

第13章
遅子建『偽満洲国』
からみる中国東北地方

後藤 岩奈

はじめに

　「東アジア共同体」を共通のテーマとする文章の執筆に当たり、中国近現代文学を専攻とする筆者も、この「東アジア共同体」というものが具体的にどのようなものであるのか、また実現可能なものなのか否か、など考えさせられることとなった。今現在、これらの点について何か結論めいたものを出すことはできないし、また無理に結論を出すこともないと思われるが、少なくとも、日本海周辺諸国の人々が、それぞれお互いの地域の特殊性、異質なものを考慮し、理解しようとしたり、また人として共有できるものを持ち、共感、共鳴したりすることは良いことだと思うし、文学の分野で言うなら、それらの地域の人々が生み出した文学、すなわち詩歌や小説、劇作、随筆、記録などに触れることで、そこに悦びを見出したり、時として違和感を感じたり、反発することによって、そこから新たな価値を見出す、生み出すことがあっても良いと思われる。

　新潟県は、信濃川、阿賀野川という2つの川をもつ日本の穀倉地帯である。1970年代、亀田郷水利事業の技術を以て、中国黒龍江省の三江平原の水利事業に援助協力した関係から、1978年より新潟市とハルピン市、1983年から新潟県と黒龍江省が友好都市としての提携をしている。黒龍江省の三江平原も、黒龍江（アムール川）、松花江（スンガリー川）、烏蘇里川（ウスリー川）、さらに嫩江という大河をもつ中国東北部の穀倉地帯である。

Ⅲ. 知識人からみた「東アジア共同体」

　本章では、東アジア、環日本海地域でも、特に新潟とも関わりの深い黒龍江省を中心とする中国東北部に的を絞り、黒龍江省出身の女性作家遅子建の長編小説「偽満洲国」を取り上げることにする。[1] この作品には中国東北部に居住している様々な階層、職種、人種・民族の人々とその生活、生き様が描かれている。この作品を中心に、同じく黒龍江省出身の女性作家蕭紅の作品にも言及して、作家遅子建は、何を、どのように表現しようとしたのかについて見てゆきたいと思う。

1. 遅子建「偽満洲国」について

1) 遅子建の経歴[2]

　1964年2月27日、黒龍江省漠河県北極村の生まれ。父親は小学校の校長、母親は専業主婦であった。3人兄弟で、姉と弟がいる。その後、塔河県永安で育つ。1970年、6歳で北極村の母方の実家に預けられ、祖父母と暮らす。1971年永安に戻り、塔河の小中学で学び、1981年に大興安嶺師範科学校に入学、1983年から創作を始めている。1984年9月、同校を卒業し、塔河の永安中学、塔河第二中学、地区師範学校の教師となる。

　1985年1月、雑誌『北方文学』新年号に最初の作品「那丢去了……」を発表。1986年には、1984年より書き始めた「北極村童話」を雑誌『人民文学』2月号に発表、これが事実上のデビュー作となる。同年父が死去。

　1987年春、北京の魯迅文学院短期班に参加。同年秋、西安の西北大学の作家班に参加。1988年、北京師範大学と魯迅文学院合同主催の第1回作家班に参加する。1989年、ハルピンで雑誌『北方文学』の編集の仕事につき、読書と執筆に専念する。1996年、「霧月牛欄」で第1回魯迅短編賞を受賞。1998年に結婚しているが、2002年、夫の黄世君は交通事故で死去している。2007年、2005年の「世界上所有的夜晩」で第4回魯迅文学賞受賞、2008年「額爾古納河右岸」で第7回茅盾文学賞を受賞している。

2）「偽満洲国」の内容要約
(1) 1932 年春の新京の街の様子から平頂山の虐殺まで[3]

　満洲国の首都新京の街。綿打ち職人の王金堂は、この道 30 年の職人で、毎日街に出かけて、道端で綿打ちをする。9 歳になる孫の吉来は、塾のない日には付いて来る。吉来は 2 年前に平頂山に嫁入りした叔母の美蓮のことを考えていた。

　王小二は本名を王順林といい、22 歳で独身、街の料理屋で給仕をしている。吉来の叔母美蓮が新京にいた頃、彼女に気のある彼は、食べ物をもって美蓮の家を訪ねていたが、美蓮が平頂山に嫁いてゆくと、落ち込む。店で女将と揉めた王は、店をやめてハルピンの姉のもとへゆく。吉来の祖母は王金堂より 14 歳年上の 72 歳である。満洲族で、太っていて目が悪い。先祖の家系に朝廷に奉仕していた人がいたと言われている。

　吉来の小学校の教師王亭業には病気の妻と 5 歳の娘宛雲がいる。ある日、彼は床屋に行くが、店主の弟は日本軍の銃弾で死亡していた。王の同僚の鄭家晴は 28 歳で、歴史の教師である。彼は読書会を組織するが、この会は実は抗日活動をしていた。王と鄭は読書会の行われる胡教授の屋敷へゆき、教授の娘で奉天の外資系商社で働く 21 歳の于小書を知る。

　姉を訪ねてハルピンに来た王小二。姉と義理の兄の間には 2 人の子供がいる。長女で 15 歳の謝子君、次女で 13 歳の謝子蘭である。謝子蘭はロシア人老婆の家で声楽を習っており、老婆の孫娘柳芭と親しくしている。7 月、松花江の洪水で、激流が道里区に流れ込む。王小二は義理の兄の働く小麦製粉工場の小麦粉を洪水から守り、柳芭の父親で糧油購買公司を営む阿寥沙に見込まれ、この会社の職員になる。

　奉天の質屋「豊源当」の店主王恩浩は 40 歳で、吉来の父親であるが、妻と息子には無関心であった。王は日本人山口川雄と知り合う。外資系銀行勤めで骨董と囲碁が好きな山口は王恩浩と意気投合し、大和飯店や「豊源当」で語り合う。山口は于小書と恋愛中であった。日本人と付き合う王恩浩を、質

屋の店員は快く思わない。

　中秋の名月の頃。美蓮は夫、姑とお供え物をする。撫順にいる夫一家も戻って来る。夜中、抗日遊撃隊の攻撃で、撫順炭鉱の配給店と石炭場が火事になる。これに対し日本軍守備隊は村を取り囲み、村人たちを機関銃で虐殺する。美蓮は日本兵に見つかり、妊娠した腹を裂かれて殺される。美蓮の10歳の甥である揚浩は生き残り、1人の老人に助けられる。

（2）1933年、馬賊胡二らの張家襲撃から王小二の右腕切断まで [4]

　朱運山を頭目とする馬賊40数人は遼河両岸で活動していた。子分の胡二は射撃の名手で、義理堅く、女と酒が好きだった。朱らは大富豪張隆発の家に強盗に入り、張が日本人から仕入れた銃を奪う計画を立てる。張隆発の妻は日本人で、胡二は日本人の女を犯したがるが、朱は戒める。朱らは張家を襲撃し、銃を奪うのに成功するが、胡二は日本人妻をさらいにゆく。しかし胡二がさらったのは、張と逢引きしていた小間使いの中国人娘だった。

　王亭業が逮捕され、読書会は解散する。鄭家晴は病気と称して姿を消す。王亭業が読書会に参加したのは于小書に惹かれたからであったが、彼女が奉天に行ってからは無意味になる。会の議論は現実離れしていた。三月、王は逮捕され、牢獄で尋問される。床屋の店主に頼まれて代書した諧謔詩に抗日スローガンが含まれており、王は拷問を受ける。

　揚浩は平頂山の虐殺現場から逃げ、糞拾いの老人に救われ、彼の家に住むようになる。家には半身不随の妻と18歳の双子の孫、すなわち揚昭と揚路がいた。揚昭は宗教に凝っていて人に優しいが、揚路は横柄であった。ある日、棺桶屋の揚三爺、油屋ら3人の男が来て、棺桶代として、老人が飼っていた雌豚と揚浩を連れてゆくことになる。病身の妻が死に、老人は2人の孫に「これからは好きな事をしていい」と言い、2つに割れた銅鏡を2人に渡す。翌朝、揚昭と揚路はそれぞれの道に旅立った。

　日本人羽田少尉は満洲開拓団の護衛をして佳木斯港に着く。北海道から来た団員の中に、故郷の民謡を好んで歌う中村正保がいた。一行は永豊鎮へゆ

第 13 章　遅子建『偽満洲国』からみる中国東北地方

く。団員らは満洲についての知識がなく、厳しい現実や原住民の怒りに遭う。羽田の任務は、1 つは新しい移民先を現地視察すること、1 つは抗日武装勢力の情報収集であった。24 歳の羽田は、日本を離れる前、銀座で千人針の少女から腹巻をもらい、その少女に惚れ込んでしまうが、彼女の身元は分からなかった。羽田は毛皮の買い集めと称して、抗日情報を集めるため、ウスリー川のホジェン族の村へゆく。ある日、羽田は高熱を出して意識を失い、譫言で日本語を話す。

　王金堂が吉来を奉天の王恩浩の元に連れて来る。吉来は「豊源当」が好きになり、張弓子という小僧と一緒に住むようになる。王恩浩は、平頂山で妹が殺されたことを知り、日本人である山口と付き合うのが嫌になる。質屋の人々はそれを喜ぶ。

　王小二は三江地域で食糧の仕入れをする。想像を超える寒さ。関東軍の「地籍整理」で広い土地は軍事用に強制徴収され、耕地面積は急激に減少する。昨年の世界不況で運送代も値上がりし、食糧買い取りを抑えたため、農民の抗議が起こる。阿寥沙の商社は大豆と小麦が主な輸出品で、王小二は毎年食糧買い集めのため農村に行く。農村では、彼は好んで地元の農家に宿泊した。今回も李という農民の家に泊まったが、その家の 18 歳の娘秀絹を見て恋に落ちる。この村は抗日遊撃隊がよく現れたため、日本の憲兵隊と警察署に目をつけられていた。王小二は買い集めた食糧を輸送中、阿片を運ぶ馬賊の頭劉麻子に目撃される。劉麻子から密告を受けた日本人騎兵隊が襲撃し、王は食糧を奪われ、右手を失う。

（3）1934 年、劉秋蘭が漬物屋で働き始めてから、鄭家晴の結婚まで[5]

　大晦日、王亭業の妻劉秋蘭は娘の宛雲を連れて張元慶の家に借金に行く。王が逮捕されての生活苦からであったが、張の妻に断られる。劉は張老婆から漬物屋の 17 歳の息子で知的障害のある阿永の世話の仕事を勧められ、漬物屋で働くことになる。

　馬賊の胡二が張隆発の家を襲ってさらったのは小間使いの中国人娘紫環で

317

あった。その後、馬賊の頭目朱運山は死に、胡二は紫環と北上し大興安嶺へゆき、オロチョン族と仲良くなる。彼らは、夏は「撮羅子」（白樺の皮で作った屋根の移動できる小屋）、冬は「地窖子」（オロチョン族の住居）に住み、狩りで生計をたて、乗馬や酒が好きな民族だった。彼らの話では、人間とも鬼とも見える怪物がいるという。烏日楞という名で、薬草が分かり薬を作ってくれる。彼は日本人の道案内をして遭難した人らしい。紫環は烏日楞を訪ねて不妊を診てもらったところ、1カ月後、吐き気がして妊娠した。

　棺桶屋に連れて来られた楊浩。棺桶屋は死人が出ると棺桶が売れる。噂では楊路は軍隊で幹部になったらしい。楊浩は、楊路が軍隊を連れて来て日本人を全員殺すことを願う。

　羽田少尉はホジェン族の村で身分が知られ、魚籠に入れられ川に捨てられるが、脱出し、3月の土龍山の農民暴動の鎮圧に参加する。ハルピン道里区で羽田のお気に入りの店は「蒼泉酒店」で、50過ぎの女将がいた。週末の常連には、ほかに阿寥沙一家と謝子蘭もいた。ハルビン道外区の阿片窟「酔雲煙館」で右手を失った王小二が働いていた。劉麻子への復讐で、道路に丸太をしかけて劉を落馬、骨折させた。ハルビンに戻った王は、阿寥沙の会社を辞め「酔雲」で働く。姪の謝子蘭と2人で「蒼泉」にゆき、羽田を見かける。

　満洲国皇帝溥儀は、皇帝になればすべてが大きく様変わりすると思っていたが、現実は厳しかった。父親が弟たちを連れて彼を見舞いに来た時、護衛隊を駅へやったため、関東軍の抗議を受け、溥儀は料理人たちに当たる。

　王亭業に詩の代筆を頼んだ床屋は新京を離れ、抗日遊撃隊に入隊した。冬に日本軍守備隊を攻撃する計画で、四平に派遣されるが、集合場所の「尋安客桟」で鄭家晴と彼の妻の沈雅嫻を見かける。鄭は王亭業が逮捕されると新京から逃げ出した。鄭は大学時代の友人沈初慰と会い、大連にある彼の紡績輸出入会社でともに働くことになり、沈初慰の姉で、鄭より4歳年上の沈雅嫻と結婚した。彼女は女優を志望していた。

（4）1935 年の王恩浩の乞食への施しから、1936 年秋、鄭家晴が大連に戻るまで[6]

　毎年大晦日に、「豊源当」の主人王恩浩は、街の乞食たちのために施しをする。吉来は、去年一緒に石遊びをした"犬耳"という名の乞食の少年と遊びたがるが、犬耳は今年は来なかった。彼は 16 歳年上の寡婦と結婚していた。前夫との間の長男丁力は 13 歳で、犬耳とは 3 歳違いで、犬耳と母との結婚に反感を持ち、妊娠した母をわざと転ばせ流産させる。次男の丁陽は 8 歳で、犬耳と馴染む。満洲国政府は「帰屯併戸」を実施し、隣接する村を併合し、より大きな集落を作る。

　楊昭は家を出、神霊に関わる所を廻り、朝鮮族居住地である長白山の霊光塔へゆくが、中年の男が「黙って座っているだけで、何の役にも立たない」と言って仏像を壊している。妻が日本兵に強姦されて自殺したという。楊昭はロシア正教の宣教師になろうとするが、中国人に対しては厳しい審査基準で、諦める。郊外で肉屋と知り合う。彼は仏教徒で、生きるために豚を殺すが、その罪を償うため、鳥籠の鳥を放すよう農民に説得して歩いている。ある日、街で馬車の馬が暴走し、肉屋の女の子は引きずられて死ぬ。肉屋夫婦の生死を悟った態度に感銘を受け、楊昭はハルピンの極楽寺の僧侶になる。

　楊路は故郷を離れ、すぐ南満抗日遊撃隊に入った。翌年共産党員になり、各地の戦闘に参加した。彼は師団長の楊靖宇に憧れ、戦死を覚悟の上でついて行く。楊路の新しい任務は、下石砬子に駐屯している日本軍小隊の襲撃であったが、楊路は日本兵の機関銃に撃たれ、力が尽き、銅鏡を握ったまま倒れる。

　1935 年の春、溥儀は日本を訪問する。横浜に入港、秩父宮雍仁親王、天皇、内閣総理大臣の出迎えを受け、赤坂離宮へ。従者の 1 人は料理店へゆき、芸者を呼ぶ。芸者が従者の股間に手を伸ばすと、そこには男性の物がなかった。

　溥儀のもとへは、関東軍高級参謀の吉岡安直がたびたびやって来て指示を出す。溥儀は華北から持ち込まれた 1 枚の新聞紙に恐怖する。それは共産党の新聞であった。この新聞紙で電球を包んで売った電球屋は閉鎖され、店主

商人も逮捕されたという。

　劉秋蘭は夫王亭業の逮捕で学費が捻出できなくなり、娘の宛雲は学校に行けない。勤め先の漬物屋の主人李金全は50過ぎで、朝鮮人の妻朴善玉と娘1人、知的障害のある息子阿永がいる。使用人でモンゴル族の丁立成は劉秋蘭に気があり、朴善玉はそのことを劉に告げるが、劉は「私の夫は必ず帰って来る」と言って断る。

　胡二と紫環の間に息子が生まれ、2人の関係は良くなる。烏日楞の名声も高まる。紫環はオロチョン族とも親しくなる。五月の春祭では「薩満神」が四方から集まる。オロチョン族はあらゆる物を神と見なし、世界の万物には生命があり、正鬼が宿っていると信じている。8月のある日、息子の除歳が痙攣をおこすが、烏日楞は雷で気絶しており、「薩満神」を呼ぶ。胡二と紫環は祈り続け、子供の魂は帰ってきた。1936年秋、胡二は三合站から黒河に貴重品を運ぶ仕事を引き受ける。紫環と除歳も一緒に行く。現地の人によると、ここ数日、黒河埠頭に入る荷物は全部日本人に没収されているという。

　正月の元宵節はどの家でも「花灯」を飾る。王金堂は街に花灯を見物にゆく。靴修理屋の一人息子で雑貨屋の祝興運に頼まれ、王金堂は「粘豆包」の仕入れの手伝いに行くが、翌日、約束の時間が過ぎても2人は戻らなかった。吉来は1936年で13歳になったが、遊び好きで勉強に興味がなく、よく物をくすね、王恩浩の悩みのたねである。于小書は山口川雄と結婚する。小書は吉来の勉強を見てやることになる。

　「酔雲煙館」の斜め向かいに新しい妓楼「錦綉閣」が開店する。ここの看板娘は四喜という妓女であった。王小二は金を貯めて四喜を買いに行くが、四喜はかつて王小二が食糧の買い集めに行って泊めてもらった李家の娘李秀絹であった。

　鄭家晴は1936年の後半、仕事で北京と上海に行く。女優志望の妻沈雅嫻も一緒に上海へ行き、映画製作所で売り込みを繰り返す。初秋、作家の魯迅が亡くなる。鄭家晴は、現在の自分は魯迅の小説中の孔乙己と同じだと思う。魯迅の葬儀に行くが、逃げ出し大連に戻る。

第13章　遅子建『偽満洲国』からみる中国東北地方

（5）1937年、虎頭での強制労働から、1938年、胡二らのオロチョン族との生活まで[7]

　王金堂と祝興運は「労工」狩りの日本軍に捕まり、虎頭鎮にある関東軍の基地工事現場に連行され、現場の厨房で働かされる。祝興運は関節炎を患い、娘の祝梅と息子の祝岩を心配する。2回妻の夢を見るが、いずれも他の男と交合中の夢であった。

　初春、村に病気が流行り、薬屋の呉老冒は走り回る。呉が病気を治したため、棺桶屋の商売が滞り、楊三爺は嫉妬する。楊三爺の妻楊三娘は怠け者で、食べてばかりいる。最近、今年15歳になった楊浩に優しくなる。夕食の時、楊三娘は楊浩に酒を飲ませ、彼と関係しようとするが、楊浩は寝てしまい、果たせない。

　「錦繍閣」の妓女四喜は日本軍を恨んでいた。かつて王小二が食糧の買い付けで家に泊り、彼が食糧を運送するのを劉麻子が日本軍に密告して、李秀絹一家は逮捕され、李秀絹以外全員殺された。李秀絹はハルピンの街で錦繍閣のやり手婆に目を付けられ、店に入り看板娘となった。四喜は王小二を憎み、王は自己嫌悪に陥る。ある日、王は「錦繍閣」で四喜を指名して外に連れ出すが、彼女の過去を詮索し、四喜にスープを頭からかけられる。

　祥貴人、本名譚玉齢は17歳で皇宮に入り、半年になる。彼女は皇帝溥儀と夜を共にしたことがない。また前妻の婉容を見たことがなかった。ある日、彼女は溥儀に呼ばれ、語り合う。溥儀は2つの事件に怒っていた。1つは弟の溥傑が日本人嵯峨浩と結婚したこと、もう1つは護衛軍と日本軍人が乱闘して、護衛軍が縮小された事件であった。

　開拓団員の中村正保と、彼に「配給」された満族の娘との結婚式が行われる。相手は22歳の張秀花。中村は満洲に来て4年、気候にも慣れてきた。もう1人の日本人大島健一郎は10日早く張麗華と結婚する。1934年から政府は、開拓団員に補助金を支給する特別政策を行う。去年の末から、政府は開拓団員に家族を持たせるため、地元の未婚の女性を見つけ、強引に団員に手配していた。いわゆる「配給妻」である。配給妻の中には、子供が産めない

体と分かり離縁される者もいた。秋に張秀花は2、3日おきに実家に通い、中村に妊娠したことを告げる。しかし大島が来て、張麗華の話では、秀花には3年付き合った男がいるということで、中村は秀花が実家に帰るのを禁ずる。

獄中の王亭業は2年後に精神錯乱になる。瞑想で于小書の姿を見る。

15歳になった吉来は、于小書に家庭教師に来てもらい勉強していたが、今はやめている。吉来は2人の女の子と知り合う。1人は千代田通りの料亭「金丸」の娘で、日本人で17歳の麻枝子、もう1人は麗水巷の張栄彩老婆の隣に住む洗濯屋の娘で13歳の李小梅。一方于小書の結婚相手は日本人山口川雄であった。

夫である王亭業の消息が数年ない劉秋蘭。娘で11歳の宛雲は家事をやり、母と毎日漬物屋に行って働き、阿永の世話をする。

抗日戦士の李文は、死んだ楊路にマントウを供えて抗日活動について語りかけ、銅鏡の半分を持っている楊昭を見つけることを誓う。

犬耳は妻との夜の営みを拒み、妻は死んだ前の夫を懐かしがり、犬耳は嫉妬する。のちに犬耳は「帰屯併戸」の日本人集落を出て、再び物乞いになる。

羽田は中学の同級生である北野南次郎と「蒼泉」で会う。羽田は謝子蘭との仲が破綻していた。謝子蘭は阿寥沙と交際を始めていた。羽田は「蒼泉」で阿寥沙、謝子蘭を見かけ、2度と来ないと決める。北野は関東軍731部隊（石井四郎部隊）の所属で、ハルピン郊外で細菌兵器研究とそのための人体実験をしていた。

胡二と紫環、4歳の除歳は、オロチョン族の居住地で「地窖」で生活する。紫環は烏日楞から薬草を教えてもらい採る。紫環は、夏に川で、たくさんの花を飾った女性の遺体を載せた筏が上流から流れて来たのを思い出す。オロチョン族の「如意」という風習だという。

(6) 1939年、楊浩と喜梅の秋歌見物から、1942年の趙尚志の死まで [8]

楊浩は欒老四の娘喜梅と秋歌見物にゆき、2人は仲を深める。

雑貨屋の女主人張秋英は、夫の祝興運が失踪した。この夫婦には息子の祝

岩と娘の祝梅がいた。張秋英は性欲が強く、屠殺業の丁屠夫や傘屋の李四回とも関係をもつ。雑貨の仕入れ先で盗みをはたらいた張秋英は、それが発覚するが、仕入れ先の主人と寝て許してもらう。それを知った店員からも体を求められる。

　溥儀は「巡幸」として佳木斯、鶴崗の炭鉱、牡丹江、延吉を廻る。熱河の農民は罌粟(けし)を収穫する。街の阿片小売所では誰でも買えた。関東軍は慰安所を設置。「北辺新興計画」として、羽田は慰安婦の女性20人を鉄道で北満洲辺境に移動させる。そこで羽田は、かつて銀座で千人針のお願いをしていた少女で、今は慰安所で働く吉野百合子と再会する。

　抗日将軍楊靖宇は、部下の裏切りや日本軍の報復、兵士の脱落で、兵士が少なくなっても抗日闘争を続けるが、食糧も尽き、村人の協力も得られない。日本の警察岸谷隆一郎は楊靖宇の生け捕りを夢見るが、交戦中に楊を射殺してしまう。楊の腹を裂くと、その胃袋には木の根、木の皮、古い綿しか入っておらず、岸谷は目を潤ませる。

　日本人中村と結婚した張秀花は女の子を生み、妮妮と名付けるが、中村は、生まれたのが結婚後7か月で、早すぎると疑う。出産して実家に帰った秀花は、従兄が結婚したことを知り、泣いて悔しがる。家に戻った秀華は、お腹にいる中村の子をわざと流産させる。

　仏教徒となった楊昭は、ハルピンの極楽寺で修行生活をしていた。

　虎頭の日本軍基地の工事現場では、連行された祝興運は絶望していた。ある日、中国人3人が脱走したが、2人が見つかり、そのうち1人が射殺され、1人が犬の餌にされた。

　吉来は李小梅と麻枝子の2人を妊娠させ、父の王恩浩は怒って吉来を倉庫に閉じ込める。王恩浩は吉来の結婚について、麻枝子は日本人だから、李小梅の方がよいと考え、麻枝子に会い話をする。麻枝子は諦め、子供は自分で育てるという。王は結婚式の準備を始める。

　女優李香蘭は日本の歌曲「荒城の月」が好きだった。関東軍参謀の吉岡安直の家で、皇帝溥儀、満洲映画協会の甘粕正彦と会う。吉岡の勧めで、彼女

は溥儀の前で「荒城の月」を歌うが、みな悲しそうな顔になり、心に痛みを覚える。

　鷗浦県城で胡二はオロチョン族の友人の毛皮を持って、秋林公司の経営者のベラルーシ人の物資と交換する。烏日楞の死後、紫環は胡二を無視するようになり、胡二は彼女を殴るが、息子の除歳からも無視されるようになり、落ち込む。

　王亭業の娘宛雲は漬物屋の息子の阿永の世話をしていたが、ある日、阿永は宛雲の体を奪う。彼女は「将来もう誰も私を貰いたがらない」と考え、阿永と暮らす決心をする。

　1年前、王亭業はこの監獄に来た。病院のようで、周囲の人はみな日本人医師である。獄中の者はマルタと呼ばれ、医学研究の実験品となった。北野南次郎は生きた人間を実験台にする快感に浸る。彼は女のマルタが欲しくなり、果たすが、彼女はすでに梅毒であった。

　溥儀は独りが嫌で、祥貴人の部屋を訪ねるが、彼女は体調が良くない。太平洋戦争勃発後、溥儀は多忙で、度々建国神社へ行く。祥貴人の容態が悪化し、吉岡安直は日本人医師に診断させ、溥儀は吉岡を疑う。祥貴人の死を知った溥儀は、日本人が死なせたのだと思う。

　李文はロシアで設立された抗日教導旅団で軍事訓練を受ける。抗日聯軍の趙尚志は各地で戦うが、警察の佐田井久二郎がスパイを送り込み、趙の部隊は全滅し、趙も死亡する。

(7) 1943年、楊三娘の死から、1945年、李文と拳頭が会うまで[9]

　楊三爺は楊浩と欒喜梅との交際を認めたが、楊三娘は反対する。師走の頃、楊三娘は発病し、元宵節に亡くなる。楊浩と喜梅は結婚する。宴会の後、楊三爺は薬で2人を眠らせ、喜梅を犯す。のちに楊浩と楊三爺は棺桶を届けに行き、匪賊に襲われ、楊三爺は殺されたという。楊浩は棺桶屋の主人となり、喜梅が妊娠すると脱胎させる。

　日本人中村の子として生まれた長女は、本当は張秀花の従兄の子であった。

第 13 章　遅子建『偽満洲国』からみる中国東北地方

強制結婚させられ、秀花は日本人の子は生まないと誓う。初めて中村の子を妊娠した時はわざと流産させた。その後は気づかれて監視され、男の子を生んだ。中村は息子を溺愛したが、秀花は虐待した。大豆を息子の鼻と喉に詰め込むと息子は死ぬ。彼女は後悔し、精神が正常でなくなる。友人の張麗華は視力を失い、大島と別れて実家に戻ったが、再婚して不自由な目が良くなる。秀花はある夜、庭に出て星を眺め、村の外に出、飢えた狼に襲われた。

　日本政府は戦争支援の名目で金属を買った。祝興運の娘祝梅は学校で表彰されたくて、家の雑貨店から鉄製品を盗んで学校に持ってゆき、表彰され模範学生とされる。息子の祝岩は、教室の扉が倒れて怪我をした。金属を国に納めるため、祝梅が教室の扉の蝶番を 1 個だけ残して取り外したため扉が落ちたのであった。日本降伏後、祝梅は学校で校長から嫌な顔をされるようになり、初恋の相手劉義も去ってゆき、学校が嫌いになり家出する。

　烏日楞の死に衝撃を受けた紫環は息子除歳と漠河へゆく。胡二は呼瑪の金鉱で働き、2 人に会いに漠河へ行くつもりであった。埠頭に慰安船が入る。甲板で公演があり、ハルピンから来た新人歌手の謝子蘭が歌う。その後甲板の謝子蘭は胡二を呼び込み、胡二は彼女を抱いて唇を求める。謝子蘭は阿寥沙との結婚が破局し、家を出て、日本人が募集した慰安船の公演の女優に応募し、この町に来た。胡二の野性に惹かれ、部屋に誘う。胡二は船で石炭運びをして漠河に着き、老人のように老けた紫環と再会する。

　謝子蘭はのちにハルピンで「蒼泉」に羽田に会いに行くが、「蒼泉」の女将は日本人に逮捕されていた。彼女は国民党のスパイで情報を集めていたという。1945 年の秋、胡二は狩りにゆき、ソ連軍に捕まりシベリアから脱出して来た中村正保と出会う。彼は中村を連れ帰り、劉三保と名付け、共に生活する。中村は除歳と山に行き、日本の民謡を歌う。除歳は彼が日本人だと知り、学校の先生に告げる。中村は戦犯収容所に連行される。

　楊昭は腫瘍の病気を治すため賓県の高名な医者を訪ねて手術をし、肉屋の家で養生する。この家の息子で豆腐売りの拳頭は楊昭が好きである。彼は楊昭の持っている銅鏡を欲しがる。彼の父が医者から聞いた話として、楊昭は

長く生きられないとのこと。医者の言う「現生は来生であり、来生も現生である。生中に死あり、死中に生あり。往々来々永久に終わり無し」という言葉を聞き、楊昭はチベットに行くことを決め、拳頭に銅鏡を渡し、楊路に自分の行方を伝えて欲しいと告げる。家に戻ると、匪賊2人が侵入していて、彼らは僧侶の肉を食べると長生きできると信じて、楊昭の心臓をえぐり、人肉を煮込んで食べる。

虎頭基地の工事はすべて終わるが、完成後の祝賀会に出た中国人仲間は誰も帰って来なかった。王金堂は何があっても生きて戻ると決意し、毎朝妻の安全を祈る。

731部隊の北野南次郎は、敗戦が近づき自分の実験生活が終わりに近づいていることを感じる。王亭業は完全に精神異常になる。王亭業の死に、北野は自分の憐れさと孤独感に襲われる。

吉来と結婚した李小梅は、結婚後態度が変わり、喧嘩が多くなる。吉来は後悔する。「豊源当」も没落してゆく。

鄭家晴は妻沈雅嫻とフランス行きを考えるが、ある男性から妻宛てに来た手紙を読んでしまい、男性の存在を知り、2人は破局する。鄭家晴は1人でフランス行きの船に乗る。

皇宮では、譚玉齢が急死した後、女優学校の学生であった李玉琴が皇宮に入る。溥儀は李玉齢を気に入るが、李はふとしたことで溥儀の機嫌を損ねてしまう。8月6日広島への原爆投下。9日ソ連の対日宣戦布告と空襲。溥儀は列車で新京を離れる。15日、日本の無条件降伏。日本へ行こうとするが、奉天飛行場でソ連軍に捕まる。日本の降伏、ソ連の占領、日本人の逃亡、集団自決、強制連行。王金堂は新京に帰り、老いた妻と抱擁する。

大雪で列車は賓県で止まる。抗日戦士の李文は安宿「小住」に泊まり、女将劉嫂と語り合う。翌日、劉嫂は街に豆腐を買いに出る。豆腐屋の息子拳頭が銅鏡の半分を持っているのを見て、李文は楊路からもらった銅鏡と合わせると、2つの銅鏡は1つに重なった。

第13章　遅子建『偽満洲国』からみる中国東北地方

3）「偽満洲国」から見られるもの

　この作品を読むことを通して、筆者なりに気付いたことを7点挙げてみる。

　まず1点目に風景描写について。中国東北部の四季、各地方の山河などの自然や風景、動植物などの生き物などが美しく抒情的に描写されている。

　2点目に、細部に対する関心、配慮とその描写。例えば、満洲国皇帝の訪日に随行した従者が日本の料亭で芸者を呼ぶが、彼が去勢された宦官であることが分かり、酒を頭にかけて涙を流す従者に寄り添い、一緒に酒を飲む芸者のエピソードなど。

　3点目に、当時の満洲国に住み、生活していた様々な職種、階層、民族、国籍、宗教の人々が描かれている。職種や階層では、皇帝と皇族、その従者たち、軍人、警察官、農民、漁民、綿打ち職人、雑貨屋、漬物屋、洗濯屋、肉屋、床屋、仕立て屋、製粉業、食糧会社、レストランや料亭、電気屋、教師、僧侶、宗教者、俳優、妓女や慰安婦、阿片窟、馬賊、物乞いなど。民族では漢族、朝鮮族、モンゴル族、ホジェン族、オロチョン族、日本人、ベラルーシ人、ロシア人など。宗教では仏教、ロシア正教、日本の神道など。

　四点目に、作品中に「生と死が一体になった人生観」が見られる。例えば、平頂山での虐殺の場面で、男女の性交と虐殺の状況が重ねて描かれている。

　　美蓮は右肩に弾が当たって倒れると、夫がすぐに彼女の体にかぶさってきた。はじめ美蓮は夫がその唇で優しく彼女の口を舐め、愛し合う直前のように甘い愛撫でもするのかと思ったが、その後彼女は身体の上の夫がまるで絶頂に達したように急に激しく痙攣するのを覚えたが、美蓮の身体に湧き出してきたものは、彼女を育む純白の芳しい生命の泉ではなく、どくどくと流れる血であった。[10]

　このほか楊昭を手術した医師の言葉や、娘を失った仏教徒である肉屋夫婦の態度など。

5点目に、全編を通して、男女の性の営み、性と生、生と死の密接なつながりが叙述の大きな対象となっている。かつての中国現代当代文学では、政治を中心とした歴史の叙述が多かったが、莫言の「豊乳肥臀」、余華の「兄弟」などに見られるような、男女の性、性欲、或いは食欲、物欲などの欲望、本能、そこから来る生命力を軸とした歴史の叙述をする作品が現れ、「偽満洲国」は、後者の流れと相通ずる所があるのかもしれない。

　6点目に、生活者、庶民の視点について。例えば日本人の描写を例に挙げてみると、「満洲国」と言えば日本の植民地政策に基づいた傀儡政権であり、当時の中国人、特に中国東北部に住む人たちにとっては、当地に来た日本人は「侵略者」であり、「悪」であったと言うこともできよう。しかしこの作品の中では、日本の軍人、開拓団民などの非道な行為も描かれているが、その描き方は、「善」対「悪」、「正義」対「侵略者」というような図式ではなく、そういった日本人たちをも、等しく満洲国に住み暮らしている者、満洲国を構成する1つの要素として、この時代、このような状況の下での「1つの生活者の生態」として描かれているようである。

　7点目、フィクション（虚構）と作者の想像力について。作品を読んでいて、歴史事実を踏まえた上でのフィクションであることは分かるが、「この立場、この状況の人だったら、こう考えたかもしれない。こういう行動をとったかもしれない」と、思わず納得してしまう、説得力のある人物描写となっている。例えば、溥儀の抑圧された閉鎖的な生活環境と不安定な心理状態、女優志願の沈雅嫻や学校から表彰されたい祝梅の女優李香蘭への思い、731部隊の北野の王亭業の死後の感傷、楊靖宇の腹を裂いた後の岸谷隆一郎の感情など。ここに歴史的な事実を踏まえた上での作者遅子建の想像力の逞しさのようなものを感じた。

2. 遅子建と蕭紅の比較について

1) 蕭紅とその作品について

ところで、筆者は「偽満洲国」を読んでいて、同じく黒龍江省出身の女性作家蕭紅の小説「生死場」や「呼蘭河伝」と相通じる、共通する所があるように感じられた。2人の共通点を考えるにあたり、まず蕭紅の経歴と作品について見てみることにする。[11]

(1) 蕭紅の経歴

蕭紅は1911年、黒龍江省呼蘭県(現在のハルピン市呼蘭区)の地主の家庭に生まれた。8歳のときに生母が病死し、父は継母を迎えるが、父と継母から冷遇されることとなり、祖父の愛情を受けて育つ。9歳で県内の小学校入学、13歳で親の意向で婚約するが、ハルピンの女子中学で魯迅などの新文学に触れ、美術や社会問題にも関心を持つ。婚約者と同棲し、妊娠出産するが、婚約者は姿を消す。作家の蕭軍と知り合い結婚し、自らも文学活動を始める。1934年青島で小説「生死場」を書き、翌年上海で魯迅の評価と尽力により同作を出版する。1936年から半年、病気療養と日本語学習のため東京へ。日中戦争勃発後、蕭軍と共に武漢、臨汾、西安、重慶を転々とする。進路の違いから蕭軍と離婚し、美術家の端木蕻良と結婚する。この頃小説「呼蘭河伝」の執筆を始める。1940年香港にゆくが、肺結核と診断される。同年末に「呼蘭河伝」を脱稿。1942年1月死去。享年30歳であった。

(2) 「生死場」について

蕭紅の小説「生死場」はハルピン近郊の農村三家子を舞台として、満洲国の成立による村民たちの生活の変化が描かれる。農村の女たちは日々の労働、男たちからの虐待、出産の苦痛に加え、日本軍からの身の危険にさらされる。疫病の流行、洪水、小作料の値上げ、地主への抵抗、抗日匪賊になる者、日本軍の抗日匪賊狩り、女の拉致、日本への抵抗の組織化も描かれる。体の障

Ⅲ．知識人からみた「東アジア共同体」

害で思うように働けず、妻や子を虐待し、時に死に至らしめる男たち。妊娠しているのに夫から求められて夜の営みをして苦痛に見舞われる女。村一番の美人であったが、中風を患い、夫からも見放されて、病気が悪化して死んでゆく女。子供をたくさん生み夫から虐待される妻。日本軍に強姦される女性だけでなく、大都会ハルピンに仕事を探しにゆき、同じ中国人（男性）からも騙されて肉体を奪われる女性なども描かれる。中国の文学史上「抗日文学」とされているが、農村の女たちの物語とも読める。

(3)「呼蘭河伝」について

「呼蘭河伝」は自伝風の長編小説で、蕭紅の故郷である呼蘭をモデルにした架空の街「呼蘭河」を舞台として、自らの幼いころの記憶に残っている街の様子、街で見かけた人々、実家の家庭内の様子、家族、親族、同居している人々、隣近所の人々が描かれ、また街の風俗習慣、伝統行事、封建的な共同体の迷信や、四季の移ろい、天体、自然、動物、植物、昆虫などの姿が抒情的に描かれている。その中でも特に「女性」を書くことに力が込められており、迷信の支配、封建的家族制度の中で、人として扱われない女性たちが描かれる。また街の人々から見下されたり、蔑まれているような人々を淡々と描きつつも、一方でそのような人々の中からも、ある者は静かに、ある者は逞しく生き続けようとする姿を見出しているように思われる。作者自身の生母との死別、父や義母からの冷遇、祖母との関係、幼年期に目撃したであろう呼蘭の街の女性たちの境遇、婚約者王恩甲との同棲と破綻、ハルピンでの妓楼に売られる一歩手前の生活、出産した子供を人手に渡したこと、蕭軍との同棲とその矛盾、流産などの実体験が背景となっていると思われる。[12]

2）遅子建と蕭紅の作品の共通点について

筆者が遅子建の「偽満洲国」と蕭紅の作品に共通すると感じた所は、第１節「3)『偽満洲国』から見られるもの」で挙げた点とも重複するが、中国東北部の山河などの自然や四季の風景、動植物など生き物の抒情的な描写、細

部に対する関心と配慮、「生と死が一体となった人生観」、男女の性愛、性と生、生と死の密接なつながり、性欲、食欲、物欲、金銭欲、支配欲、自己顕示欲など様々な欲望とその生命力、時として虐待をも受ける女性たちの境遇、多く街の人々から見下され、蔑まれる境遇にある者たちへの眼差し、などである。

遅子建と蕭紅の文学の共通点については、中国、日本の研究者によってすでに多く指摘されている。[13] 川俣優氏は、2人の共通性や文学的出発点について、次のように述べている。

> 遅子建と蕭紅の文学は、周囲の世界への異和と愛への渇望の感覚を基底にしたものという共通性がある。(中略)遅子建と蕭紅はその生い立ちの上で、似たような体験を経ている。それぞれの状況に異なる面はあるが、生きていく上で同じような困難に直面させられた時期がある。二人は、幼い時に母親との離別を体験したのだ。蕭紅は八歳の時に、母親を亡くした。遅子建は同じ年頃で、両親・姉弟と離れて祖父母の元で暮らしたことがある。子どものいなかった叔母の養女に望まれたようだ。その叔母になつかなかった遅子建はやがて、両親の元へ戻った。しかし、突然だまされるように母の実家へ置き去りにされた体験は、幼い少女の心をひどく傷つけた。その体験の意味をふりかえり、その傷を癒すことが遅子建の文学の意味であるかのようだ。蕭紅は母と死に別れ、遅子建は一時的に両親と離れて暮らしたわけだが、状況を理解できない少女の心が大きく傷つけられたことでは共通している。(中略)二人の作品には、人と人のつながりに傷つき、愛を切実に求める思いが描かれていく。[14]

幼少期における家族との離別という体験を共有し、それを文学の出発点としている点に二人の繋がりがあることを指摘できるであろう。(中略)両者の文学の基本的なテーマは、存在への不安から派生する"生と死"をめぐる考察と言えるのではないだろうか。[15]

3) 遅子建と蕭紅の作品執筆の動機について

　遅子建と蕭紅の作品執筆の動機について考えてみるならば、川俣氏の指摘する「家族との離別」と「周囲の世界への異和と愛への渇望の感覚」、「存在への不安から派生する"生と死"をめぐる考察」ということに加えて、次のようなこともありはしないだろうか。

　まず蕭紅の「呼蘭河伝」執筆の動機について。蕭紅は1934年にハルピンを離れ、各地を転々とした。その放浪生活の中で、故郷に対する望郷の念はあったであろう。しかし「呼蘭河伝」の内容を見ると、それは単純に生まれ故郷が懐かしいというものではなく、幼年期の体験が自分に与えた影響、自分の成長、自己形成として述べられているようである。良くも悪しくも、自分をはぐくみ育て、現在の自分を形作った場所、という思いがあり、現在の自分の原点を確認しておきたいという思い、自分の記憶に残っている呼蘭についての記憶を整理、総まとめし、いくらか創作や脚色を加えて、自分の納得のいく形にまとめておきたいという思いがあったのではないか。そうすることで、以後の自分の創作活動の基礎、基盤としたかったのかもしれない。年齢的には20代の終わり頃である。[16]

　「偽満洲国」執筆の動機について、遅子建はその「後記」で次のように述べている。

　　1990年、私は卒業してハルピンに戻り、自分の部屋を持ち、ついに安定して着実に読書と執筆ができるようになった。この時、またも「偽満洲国」の執筆の考えが抑えきれずに浮かんで来た。その年の末、私は日本を訪れ、東京での晩餐会が終わった後、突然一人の白髪混じりの日本の老人が私の前まで来て、流暢な中国語で私に向かって言ったその最初の言葉は、「あなたは満洲国から来たのですか」であった。私はその当時、屈辱を受けたように感じた。というのも、満洲国の歴史はすでに終結して半世紀余りになり、しかもあの頃の歴史が、東北の人間にとっては苦難の歴史でもあった

第13章　遅子建『偽満洲国』からみる中国東北地方

からだ。この老人は三十年代に東北を訪れ、当時はある新聞の記者をしていたという。彼は私から今の東北の状況を知ろうとしており、もう一度東北を訪れて見てみたいと熱望していた。このことは私にとって衝撃であった。私は、東北の老人たちが昔の事を回想する時、いつも「満洲国の頃は……」と言うのを思い出した。この時期の歴史が中国人に残した烙印はいかに深いものであったのか。帰国後、私は省図書館に行き関係資料を調べ始め、ノートをいくつか作った。[17]

母親との離別とその心の傷から出発したとも言える遅子建の文学は、個人の思いとその身の周りを描くことが多いが、日本の老人の満洲国への思いと、中国東北の老人たちの言葉から、自分の故郷とも言える漠河県北極村をも含む旧満洲国（中国東北部）を1つの区切り、枠組みとして、その中の人々（個々人）の生き様や境遇（その多くは心の傷をもっている）を、個々人の総和としてまとめ、描き出してみたかったのではないか。またそれは、1つの物事に対して正反対の視点が共存する彼女の思考の中で、それまでの個人の思いを軸とする描写を根底としつつも、自分が身を置く東北の歴史の流れを遡り、個々人の総和として、自分の周りの環境全体を描こうとしたところが、彼女の発想、思考の対称的なもう1つの面というか、バランス感覚なのかもしれない。[18]

まとめ

以上、遅子建の「偽満洲国」を読んで、そこに描かれているもの、筆者なりに気づいた点、同郷の作家蕭紅との比較、2人の作品執筆の動機について見てきた。川俣優氏によると、遅子建は蕭紅の作品をよく読んで敬愛していたという。また同氏は蕭紅と遅子建のおかれた運命や境遇を、「個人的な運命であるだけでなく、中華文明のアウトサイダーとして"関外"の民と見なされる東北人の境遇でもある」と述べている。[19]

333

黒龍江省、或いは中国東北部を題材とした文学作品は、やはり地理的に中央から離れ、「裏日本」と呼ばれる境遇にあり、厳しい冬の寒さがあり、その一方で豊かな山河に恵まれ、広大な穀倉地帯であり、素朴な人間が多い土地柄で、また対岸の中国東北部、朝鮮半島、極東ロシアとのつながりも深い新潟の地で生活している人たちにとっても、これらの作品を読んで共感、共鳴するところが少なくないのではなかろうか。

 自らの故郷、郷土を題材にした文学作品は古今東西数えきれないほどあるが、自らの故郷、郷土と自分の人間的な成長の関係を考えたり、整理したり、またそれを文学的に表現する方法を考える上で、「偽満洲国」をはじめとする遅子建や蕭紅の作品も、大いに示唆するところがあり、また刺激を与えてくれる作品だと思われる。

注
1) 雑誌『鐘山』2000 年 3、4 期に掲載された時の題名は「満洲国」であったが、同年、作家出版社から単行本として出版される際に『偽満洲国』と改題されている。邦訳に孫秀萍訳『満洲国物語』上下巻、河出書房新社、2003 年、がある。
2) 遅子建の経歴については、川俣優「遅子建の「北極村の童話」をめぐって」（明治学院大学一般教育部付属研究所『明治学院大学一般教育部付属研究所紀要』2000 年）、竹内良雄「遅子建、覚え書き―北極村から北極村へ」（慶應義塾大学日吉紀要刊行委員会『慶應義塾大学日吉紀要　中国研究』2008 年）に基づいている。
3) 遅子建『偽満洲国』上巻、作家出版社、2000 年、1-51 頁。
4) 同上、52-122 頁。
5) 同上、123-185 頁。
6) 同上、186-316 頁。
7) 同上、317-430 頁。
8) 同上、下巻、431-676 頁。
9) 同上、677-893 頁。
10) 同上、41 頁。
11) 蕭紅の経歴については、平石淑子『蕭紅研究―その生涯と作品世界』汲古書店、

2008 年、に基づいている。「生死場」「呼蘭河伝」の内容については、蕭紅『呼蘭河伝』陝西師範大学出版社、2009 年に所収のものをテクストとした。
12) 拙稿「蕭紅『呼蘭河伝』について」（AISRD 国際地域研究学会『国際地域研究論集』創刊号（No.1）2010 年）、73-74 頁。
13) 遅子建と蕭紅の共通点を指摘した論文で、中国で発表されたものに以下のものがある。李暁華「郷土話語的女性言説―論蕭紅和遅子建的地縁小説」『北京大学学報』（2003 年)、胡亭亭、王洪濤「蕭紅、遅子建生死観之比較」『黒龍江社会科学』5 期（2005 年）、金鋼「論蕭紅与遅子建的郷土追憶」『龍江春秋―黒水文化論集之六』(2009年)、郗程「蕭紅与遅子建創作的比較研究」『西安社会科学』第 27 巻、第 4 期（2009年)。
14) 前掲、川俣優「遅子建の「北極村の童話」をめぐって」、10-11 頁。
15) 川俣優「遅子建における生と死」（明治学院報国團『明治学院論叢』、2003 年）24 頁。
16) 前掲、拙稿「蕭紅『呼蘭河伝』について」73 頁。
17) 前掲、『偽満洲国』下巻「後記」、894-895 頁。
18)「偽満洲国」について土田肇枝氏は次のように述べている。「遅子建の関心は市井の人々の記憶に生き残っている「満洲国」を再構成することにあり、傀儡国家の興亡を描くことは念頭になかったと思われる。これは彼女の創作スタイルとも一致する。人一倍記憶や追憶を重視する作家である彼女は、この作品で個人の追憶と共同体の追憶を重ねることに挑んだのであろう（中略）読者たちの戸惑いは、満洲国滅亡に向けて全ての描写が集約されず、むしろ細部へのこだわりに拡散してしまう点にあった。（中略）作家の蔣子龍はこの作品を、「清明上河図」的な手法で様々な階層の人々の生きざまを描いている、と評価している。絵巻物に喩えることで、彼女のスケッチ風―散文的な叙述特徴と、焦点を分散する構成の特徴を巧みに捉えた指摘である」。土田肇枝「東北中国の作家たち⑥　遅子建」『月刊中国図書』15、2000 年 1 月、20-21 頁。

　竹内良雄氏は、「満洲地方に住んできた住民が帝国の成立とともに、抵抗したり、内通したり、そこに住む人々の様々な個人的な歴史を語っているが、ほとんど英雄を語ることもなく、その時代に生きた庶民を描いていて、歴史書とは違った満州国の歴史を描いている（中略）遅子建から見た歴史は、庶民の生活が積み重なって構築されたものであり、大上段から見下ろす歴史ではない」と述べている。竹内良雄「解説」『コレクション中国同時代小説 7　今夜の食事をお作りします』勉誠出版、2012 年、426 頁。

Ⅲ．知識人からみた「東アジア共同体」

19）川俣優「黒龍江が生んだ文学　―遅子建と捨て子たちの世界」西原和海、川俣優編『満洲国の文化―中国東北のひとつの時代』せらび書房、2005 年、246、251-252 頁。

謝辞：中国の文献閲覧にあたり、黒龍江大学外事弁公室の李暁娜さんの御協力を得た。ここに感謝の意を表します。

あとがき

　新潟県立大学国際地域学部は2013年から2014年までワンアジア財団の「アジア共同体講座開設大学への研究助成金」を得て、連続講座「東アジア研究：環日本海地域社会とアジア共同体」を開講した。本書は、この連続講座を担当した教員による講義記録およびそれと問題意識を共有する「歴史・文化」の外部研究者による論考を加えた共同研究の成果である。

　今日、グローバル化が進展するなかで、東アジア地域では経済的な相互依存関係の深化が顕著である。文化交流や人的交流の進展ともあいまって、将来における平和で協調的な東アジア地域社会の形成、ひいては「東アジア共同体」の創設が真に期待される。しかし、東アジア地域では今日、相互関係は極度に冷え込み、統合どころか紛争も懸念される事態となっている。とりわけ過去の歴史をめぐる課題が政治問題化し、各国のナショナリズムを刺激し、相互の融和と交流を困難にしている。「東アジア共同体」を創設するためには、これらの問題を克服しなげればならない。世界大戦や民族対立の歴史を克服する西欧諸国がEUとして統合されつつあるのは周知の事実であるが、遺憾ながら東アジア地域の現実はこれとはかなりの距離がある。

　2年間の講座においては、「東アジア共同体」意識を醸成し、「東アジア共同体」の理論と実践の重要性を認識し、未来を託す若者たちの交流による相互理解を促進することが目標になった。これは、未来の希望を創るためには最も重視すべき課題である。東アジアにおいては、経済分野の相互依存は急速に進んでいる。しかし、これが「相互の信頼」醸成に結びついているわけではない。東アジア諸国間の歴史認識の違いは、依然として「東アジアへの一体感」ないし「共同体意識」の違いの重要な要因となっている。

　たんなる経済利益の追求を目的とした経済関係を超え、東アジア地域内の「相互認識・相互理解」を深めるためにはどのような努力をすべきなのか、

という共通の問題意識のもとに本書は編まれている。東アジア諸国間の相互対話を進めるには、東アジア地域の固有のロジックと歴史的背景の違いを理解しなければならない。そのうえで、多様性にもとづいた地域社会の可能性を探求しなければならない。そして、地域間国際関係の調整を図り得る人材、さらには東アジアの将来への展開を開くための知識や情報・見識・実行力を有する人材を育てる必要がある。そのような人材を活用して「人的・文化的交流」を拡大させることが大切である。このような「人的・文化的交流」は、対等性を担保しやすい個人や自治体・集団間でまず進めるべきである。つまり、国家間ではなくて、人々や各集団間のさまざまな交流の積み重ねによって「相互の信頼」を醸成しなければならず、それが実現してはじめて国家間の相互共通意識が芽生えてくるであろう。

近年、日本・中国・韓国・台湾など東アジアの若者のあいだである種の文化的共通意識が育ちつつある。いわゆる、大衆文化における「韓流」「日流」「華流」のブームである。アニメ・漫画・ファッション・音楽などの分野である種の一体感が生れつつあり、その過程で政治の「国境」を乗り越えた「文化的共同体」が形成されつつある。これは、「東アジア共同体」における「地域間関係を担う人材」の育成にもつながっている、と考える。

歴史認識や領土・領有権問題などで東アジア諸国間の関係が悪化しているなかでも、日本を訪れる中国人・韓国人の旅行者数が年々増加している。日本政府観光局（JNTO）によると、2014年に日本を訪れた東アジアの観光客数のうち中国人は約222万人で、前年の約1.8倍に増加した。台湾は約262万人（前年の約27％増）、香港は約82万人（約2割増）、韓国人も約248万人（約9.3％増）であった。このように観光客が増えていけば、東アジア諸国間の相互理解も深まることが期待される。

民間における「人的・文化的交流」の進行という社会現象は、「東アジア共同体」創設の出発点となる、と編者は考える。「人的・文化的交流」を好機ととらえて恒常的な交流を進めていくためには、東アジアの未来を考える魅力的なプロジェクトを開発し、さまざまな分野で競争と協力とを実現する高等

あとがき

　学術機関・研究者間のネットワークを形成すべきである。そうなれば、東アジアにおける交流はさらなる展開を見せることになるだろう。

　2015年は戦後70周年にあたり、日韓条約50周年でもある。しかし、日韓関係も日中関係も問題山積である。その問題を解明し解決するために私たちは共同研究を実践した。

　本書が多くの方がたに読んでいただけることを希望します。読者の皆さまから率直なご批判、ご意見、ご提言をお寄せいただけることを期待いたします。

　最後に、本講座で講義をいただき、玉稿をお寄せいただきました諸先生、本講座をご支援いただいた本学国際地域学部の教職員の皆さんに御礼申しあげます。さらに、今回の寄付講座をたまわりましたワンアジア財団の関係者の皆さまに心から感謝いたします。末筆ながら、創土社の酒井武史氏、増井暁子氏には企画の段階からご助力をいただいた。篤く御礼申しあげます。

2014年12月
権寧俊

◇執筆者一覧◇

権寧俊(クォン ヨンジュン):新潟県立大学国際地域学部准教授
一橋大学大学院言語社会研究科博士課程修了。博士(学術)。共著:『中国・朝鮮族と回族の過去と現在』(創土社、2014年)、論文:「中華民国期前半の間島における対朝鮮人教育政策と民族教育運動」(『北東アジア地域研究』第14号、2008年)、「朝鮮人共産主義運動と中国共産党の対朝鮮人政策」(『国際地域研究論集』創刊号、2010年)、「中国朝鮮族における民族教育の現状と課題」(『国際地域研究論集』第2号、2011年)など。

堀江薫(ほりえ かおる):新潟県立大学国際地域学部教授
専修大学大学院法学研究科博士課程修了。博士(法学)。共著:『現代日本の法的論点 国際社会の中で考える』(勁草書房、1994年)。論文:「国際的環境問題と主権の壁」(『憲法問題9』三省堂、1998年)など。

若月章(わかつき あきら):新潟県立大学国際地域学部教授
東海大学大学院政治学研究科政治学専攻博士後期課程単位取得退学。政治学修士。共編:『北東アジア事典-環日本海圏の政治・経済・社会・歴史・文化・環境』(国際書院、2006年)、共著:『国境を超える実験-環日本海の構想-』(有信堂、1992年)、『日本海学の新世紀3-循環する海と森』(角川書店、2003年)、『日本海学の新世紀8総集編-日本海・過去から未来へ』(角川書店、2008年)など。

木佐木哲朗(きさき てつろう):新潟県立大学国際地域学部教授
明治大学大学院政治経済学研究科政治学専攻博士後期課程単位取得退学(政

治学修士）。共著：『東アジアの文化人類学』（八千代出版、1991 年）、『社会人類学からみた日本』（河出書房新社、1993 年）、『社会と象徴 人類学的アプローチ』（岩田書院、1998 年）、『アジア世界：その構造と原義を求めて・下』（八千代出版、1998 年）、共編：『変貌する東アジアの家族』（早稲田大学出版部、2004 年) など。

櫛谷圭司（くしや　けいじ）：新潟県立大学国際地域学部教授
東京都立大学大学院理学研究科地理学専攻博士課程中退。理学修士。共著：『自治体外交の挑戦－地域の自立から国際交流圏の形成へ』（有信堂、1994 年）、『東アジア経済の局地的成長』（文眞堂、1994 年）、『ボーダーレス時代の地域間交流』（アルク、1999 年）、『東亜区域意識与和平発展』（四川大学出版社、2001 年）など。

金光林（きん　こうりん）：新潟産業大学経済学部教授
東京大学大学院総合文化研究科博士課程修了。博士（学術）。共編：『北東アジア事典―環日本海圏の政治・経済・社会・歴史・文化・環境』（国際書院、2006 年）。論文：「高麗神社からみる朝鮮渡来文化」(『比較文学研究』第 64 号、1993 年）、「日本の朝鮮における植民地支配と日鮮同祖論」(『工学院大学共通課程研究論叢』第 37 − 2 号、2000 年）、「日鮮同祖論を通してみる天皇家の起源問題」(『新潟産業大学人文学部紀要』第 11 号、2000 年）、「A Comparison of the Korean and Japanese Approaches to Foreign Family Names」（Journal of Cultural Interaction in East Asia Volume 5, 2014）など。

内田知行（うちだ　ともゆき）：大東文化大学国際関係学部教授
一橋大学大学院社会学研究科博士課程単位取得退学。単著：『黄土の大地

1937～1945　山西省占領地の社会経済史』（創土社、2005 年）、共編：『黄土の村の性暴力』（創土社、2004 年：第 24 回山川菊栄賞）、『日本の蒙疆占領　1937～1945』（研文出版、2007 年）、共著：『近現代中国政治史』（ミネルヴァ書房、2012 年）、『戦時期中国の経済発展と社会変容』（慶應義塾大学出版会、2014 年）など。

谷垣真理子（たにがき　まりこ）：東京大学大学院総合文化研究科准教授
東京大学大学院総合文化研究科博士課程修了。博士（学術）。共編：『原典中国現代史：台湾・香港・華僑華人』（岩波書店、1995 年）、『模索する近代日中関係：対話と競存の時代』（東京大学出版会、2009 年）、『変容する華南と華人ネットワークの現在』（風響社、2014 年：第 4 回地域研究コンソーシアム賞研究企画賞）。論文：「返還後の香港における区議会選挙」（『ODYSSEUS』第 15 号、東京大学、2011 年）など。

韓相禱（ハン　サンド）：韓国建国大学校史学科教授
韓国建国大学大学院史学研究科修了。文学博士。単著：『韓国独立運動と国際環境』（韓国語、ハンオル、2000 年）、『中国革命における韓国独立運動』（韓国語、集文堂、2008 年）、『韓国独立運動の時代認識研究』（韓国語、景仁文化社、2011 年：第 10 回韓国独立記念館学術賞）など。

波田野節子（はたの　せつこ）：新潟県立大学名誉教授
青山学院大学文学部日本文学科卒業。単著：『李光洙・〈無情〉の研究』（白帝社、2008 年）、『韓国近代文学研究』（白帝社、2013 年）、『日本留学生作家研究』（ソミョン出版（ソウル）、2011 年）、共著『講座 東アジアの知識人 3』（有志舎、2013 年）など。

崔学松（さい　がくしょう）：静岡文化芸術大学文化政策学部専任講師
一橋大学大学院言語社会研究科博士課程修了。博士（学術）。単著：『中国における国民統合と外来言語文化』（創土社、2013 年）、共著：*Asian Community and Coexistence in Multi-Ethnic and Multi-Cultural Contexts*（University of Kelaniya Press、2013 年）、『アジアの相互理解のために』（創土社、2014 年）、『「アジア共同体」─その創成プロセス』（日本僑報社、2015 年）など。

朴敬玉（パク　キョンオク）：一橋大学特別研究員・学習院女子大学非常勤講師
一橋大学大学院社会学研究科博士課程修了。博士（社会学）。単著：『近代中国東北地域の朝鮮人移民と農業』（御茶の水書房、2015 年）。論文：「朝鮮人移民の中国東北地域への定住と水田耕作の展開──1910〜20 年代を中心に」（『現代中国』82 号、2008 年：第 5 回太田勝洪記念中国学術研究賞）、「在中国東北地区日本勢力的拡張与農業開発──以漢人与朝鮮移民関係為中心」（『中日学者抗戦文史研究論文集』重慶出版社、2009 年）など。

後藤岩奈（ごとう　いわな）：新潟県立大学国際地域学部教授
北九州大学大学院外国語学研究科修士課程修了。文学修士。論文：「胡風と〈民族形式〉をめぐる論争について」（『新潟大学言語文化研究』第 8 号、2002 年）、「黄喬生『魯迅与胡風』について」（『県立新潟女子短期大学研究紀要』第 46 集、2009 年）、「蕭紅『呼蘭河伝』について」（『国際地域研究論集』創刊号、2010 年）など。

歴史・文化からみる東アジア共同体

2015 年 3 月 31 日　第 1 刷

編者
権　寧俊
著者
堀江 薫・若月 章・木佐木 哲朗・櫛谷 圭司・金 光林
内田 知行・谷垣 真理子・権 寧俊・韓 相禱
波田野 節子・崔 学松・朴 敬玉・後藤 岩奈
発行人
酒井 武史

装丁デザイン　山田剛毅

発行所　株式会社　創土社
〒165-0031 東京都中野区上鷺宮 5-18-3
電話 03-3970-2669　FAX 03-3825-8714
http://www.soudosha.jp
印刷　株式会社シナノ
ISBN978-4-7988-0221-3　C0022
定価はカバーに印刷してあります。

創土社では、学術本製作の支援を行っています。

　図表の多い専門書籍や教科書、寄稿者の数が多い論文集も安価で美しく製作しており、以下の特徴があります。

〈全国書店で流通〉
・新刊時には大手書店の店頭に並び、またその後も全国書店から予約、注文ができます。
・amazon、楽天などの大手ネット書店専用の流通在庫を持ち、短期間で読者へお届けします。

〈一般読者に向けた本づくり〉
・一般読者が手に取りやすいようなデザイン性の高いカバーを、製作いたします。
・エクセルなどで作ったグラフも、そのまま印刷原稿とせずに、美しい印刷物になるよう作り直します。
・表データではわかりにくいものは、訴求力の高いグラフなどへ変更をご提案をし、弊社で製作いたします。
・論文調の文体について、一般読者にもわかりやすい文体のご提案をいたします。

〈准教授、非常勤講師などの方への製作費用の支援〉
・製作費につきまして、様々な形態をご用意しております。

黄土の大地 １９３７〜１９４５ 山西省占領地の社会経済史

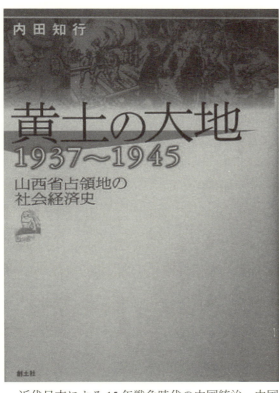

近代日本による15年戦争時代の中国統治、中国占領の実像はどのようなものであったのか。日中間の歴史認識の断絶をうめるために、中国山西省の日本占領史を明らかにする。

【目次】
序章 「周縁植民地」としての山西省占領地／1章 山西省抗日政権の財政収入と製鉄・運輸／2章 山西省傀儡政権の財政的基盤／3章 山西省傀儡政権のアヘン管理政策／4章 西省傀儡政権下の製鉄事業／5章 山西省傀儡政権下の鉄道事業／終章 結論と今後の課題

【著者紹介・内田知行（うちだ　ともゆき）】
大東文化大学国際関係学部教授。『黄土の村の性暴力』（石田米子・内田知行共編・創土社）で第24回山川菊栄賞を受賞。

Ａ５上製 ・310ページ　本体価格2400円＋税
ISBN：978-4-7893-0034-6　（全国書店からご注文できます）

抗日戦争と民衆運動

　抗日戦争期、新中国誕生を準備した民衆運動に着目。陝甘寧辺区の農業生産互助運動、抗日根拠地のアヘン管理政策とアヘン吸飲者救済運動、重慶国民政府と日本人の反戦運動・朝鮮人独立運動や、日中民間交流活動をとりあげる。

【目次】
序章 抗日戦争と民衆運動／1章 陝甘寧地区における農業生産互助運動／2章 陝甘寧辺区の義倉建設運動／3章 抗日根拠地のアヘン管理政策とアヘン吸飲者救済活動／4章 華北「新解放区」における反漢奸運動と減租減息運動／5章 重慶国民政府と日本人の反戦運動／6章 重慶国民政府と抗日戦争時代の朝鮮人独立運動／7章 抗日戦争時代の日中民間交流活動―自由学園北京生活学校の思想と実践／終章 民衆運動の歴史から学んだこと

　A5上製 ・343ページ　本体価格2400円＋税
　ISBN：978-4-7893-0115-2　（全国書店からご注文できます）

中国における国民統合と外来言語文化
建国以降の朝鮮族社会を中心に

多民族国家中国——新中国成立後の最大の政治課題は「国民統合」、それぞれ独自の帰属意識を持つ住民の間に共通した国民意識を醸成することだった。本書は中国東北地域・朝鮮族社会における外来言語文化の受容を考察し、少数民族に対する中国の勢力拡張と支配の特徴を浮き彫りにする。

【目次】
1章 建国から百花斉放・百家争鳴運動までの外来言語文化／2章 1950~60年代の外来言語の借用問題／3章 整風運動から1960年代前半までの外来言語文化／4章 文化大学命期における外来言語文化受容をめぐる論争／5章 改革開放から1980年代末までの外来言語文化

【著者紹介・崔 学松（さい がくしょう）】
静岡文化芸術大学文化政策学部国際文化学科専任講師。専攻はアジア地域研究。

A5上製 ・232ページ 本体価格 2000円＋税
ISBN：978-4-7988-0219-0 （全国書店からご注文できます）

中国・朝鮮族と回族の過去と現在

民族としてのアイデンティティの形成をめぐって

松本ますみ 編

朝鮮族と回族の起源は、他の場所から中国への移民から始まっており、中国内においても重要な民族である。本書はこの２つの民族のアイデンティティの形成について、近代と現在の変遷に焦点をあてて検証する。

【目次】
I 章 変容する朝鮮族の民族教育 / 権寧俊／II 章 華北在留朝鮮人と蘆台模範農村 / 小林元裕／III 章 満洲国から戦後直後の社会を生きた朝鮮族女性たちのライフヒストリー／花井みわ／IV 章 雲南回族のイスラーム回帰現象とアラビア学校／松本ますみ／V 章 中華民国期におけるウイグル人の民族アイデンティティ / 清水由里子／VI 章 回族・朝鮮族における民族文化継承と学校教育 / 新保敦子／VII 章 アンケート調査――朝鮮族の民族教育と生活実態 / 権寧俊／VIII 章 アンケート調査――回族の民族教育と生活実態 / 松本ますみ

Ａ5上製 ・270 ページ　本体価格 2800 円＋税
ISBN：978-4-7988-0216-9（全国書店からご注文できます）

シリーズ・ワンアジア
アジアの
相互理解のために

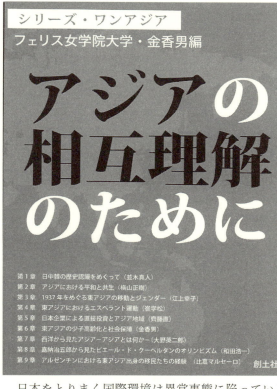

日本をとりまく国際環境は異常事態に陥っている。とくに日中韓の緊張関係は政治・外交面からはじまり、経済分野まで拡散している。こうした事態を改善するために、いま私たちは何を考え、何をすべきか。本書は東アジア共同体の実現という理想に邁進するためのヒントを提供してくれる。

【目次】
1章 日中韓の歴史認識をめぐって／2章 アジアにおける平和と共生／3章 1937年をめぐる東アジアの移動とジェンダー／4章 東アジアにおけるエスペラント運動／5章 本企業による直接投資とアジア地域／6章 東アジアの少子高齢化と社会保障／7章 西洋から見たアジア—アジアとは何か／8章 嘉納治五郎から見たピエール・ド・クーベルタンのオリンピズム／9章 アルゼンチンにおける東アジア出身の移民たちの経験

A5上製 ・232ページ 本体価格2000円＋税
ISBN：978-4-7988-0219-0 （全国書店からご注文できます）

好評既刊！中国関連書籍

中国の海上権力―海軍・商船隊・造船～その戦略と発展状況

浅野亮・山内敏秀 編　A5 ソフトカバー・280 ページ 本体価格 2800 円＋税

南シナ海で石油掘削を続ける中国とベトナムの緊張状態は高まる昨今、海軍、商船隊、造船業における中国の発展はめざましく、もはや尖閣諸島問題だけでは済まされない。海幕防衛部 1 等海佐（現職）、元潜水艦艦長、同志社大学法学部教授、日本海事センター研究員、元 JETRO 上海事務所船舶機械部長など、国内外の海上問題におけるスペシャリストたちが中国の海上問題を鋭く考察する。

中国の軍隊

浅野著　四六ソフトカバー・288 ページ 本体価格 2000 円＋税

毎年 2 けた以上の伸びている国防費、その詳細は不明だが、ハイテク戦争に備え近代化に力を入れていることは間違いない。周辺諸国・地域の中国脅威論も根強い。兵力・組織・歴史・戦略の多角的視点から、225 万人という世界最大の兵力を擁する軍事大国の実像に迫る。

変革期の基層社会―総力戦と中国・日本―

奥村 哲編　A5 ハードカバー・302 ページ 本体価格 3000 円＋税

日中戦争・国共内戦・東西冷戦は中国をどう変えていったか。農民・農村を中心とする「普通の民衆」（基層社会）に焦点をあてる。近現代の戦争＝総力戦においては、庶民は総動員され、否応なく国民意識を注入されていった。その中国的特色とはなにか。東アジア、特に日本と比較して考察する。

新中国の 60 年～毛沢東から胡錦濤までの連続と不連続

日本現代中国学会編　A5 ハードカバー・312 ページ 本体価格 2800 円＋税

毛沢東から始まった中国で、60 年目の今、毛沢東の再評価が行われている。第一線の中国研究者たちの協同作業による新たな「中国認識」の枠組み。